MW00803944

Math in Focus®

Matemáticas de Singapur de Marshall Cavendish

Consultor y autor
Dr. Fong Ho Kheong

Autores
Chelvi Ramakrishnan y Bernice Lau Pui Wah

Consultores en Estados Unidos
Dr. Richard Bisk
Andy Clark
Patsy F. Kanter

Distribuidor en Estados Unidos

Published by Marshall Cavendish Education
Times Centre, 1 New Industrial Road, Singapore 536196
Customer Service Hotline: (65) 6213 9444
US Office Tel: (1-914) 332 8888 Fax: (1-914) 332 8882
E-mail: tmesales@mceducation.com
Website: www.mceducation.com

Distributed by
Houghton Mifflin Harcourt
222 Berkeley Street
Boston, MA 02116
Tel: 617-351-5000
Website: www.hmheducation.com/mathinfocus

First published 2015

Math in Focus® Student Book 1A
ISBN 978-0-544-20728-8

Printed in the United States of America

1 2 3 4 5 6 7 8 1401 20 19 18 17 16 15
4500465462 A B C D E

Contenido

Los números hasta 10

Busca la **Práctica y Resolución de problemas**

Libro del estudiante A y Libro del estudiante B	Cuaderno de actividades A y Cuaderno de actividades B
• **Practiquemos** en cada lección • ¡Ponte la gorra de pensar! en cada capítulo	• **Práctica independiente** para cada lección • ¡Ponte la gorra de pensar! en cada capítulo

Números conectados

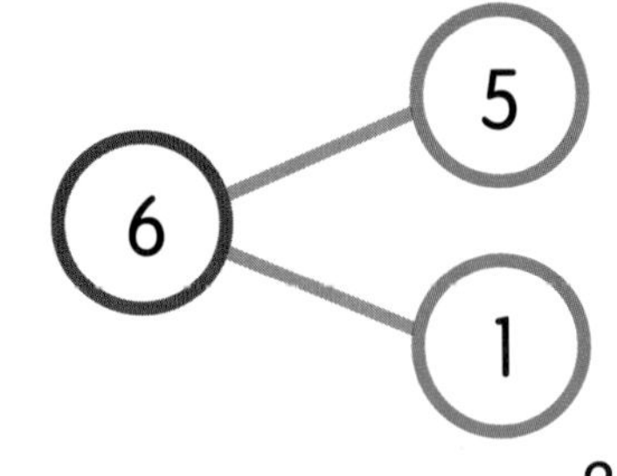

Busca **Oportunidades de evaluación**

Libro del estudiante A y Libro del estudiante B	Cuaderno de actividades A y Cuaderno de actividades B
• **Repaso rápido** al comienzo de cada capítulo para evaluar la preparación para el capítulo • **Aprendizaje con supervisión** después de uno o dos ejemplos para evaluar la preparación para continuar	• **Repaso/Prueba del capítulo** en cada capítulo para repasar o evaluar el material del capítulo • **Repasos acumulativos** ocho veces durante el año • **Repaso semestral y Repaso de fin de año** para evaluar la preparación para la prueba

Operaciones de suma hasta 10

Operaciones de resta hasta 10

Figuras y patrones

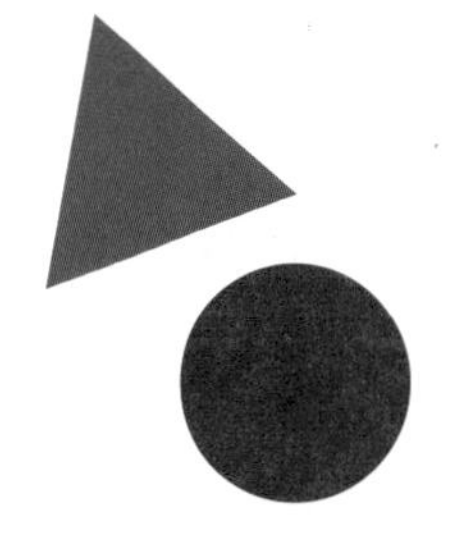

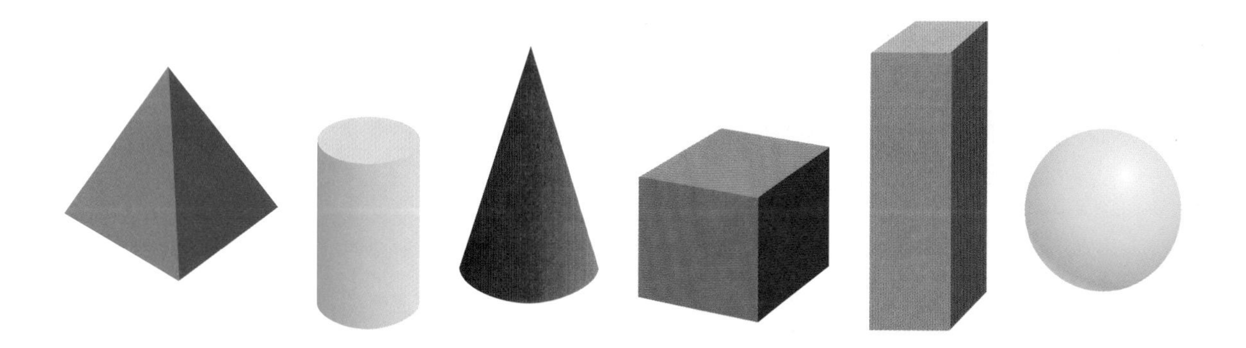

Números ordinales y posición

Los números hasta 20

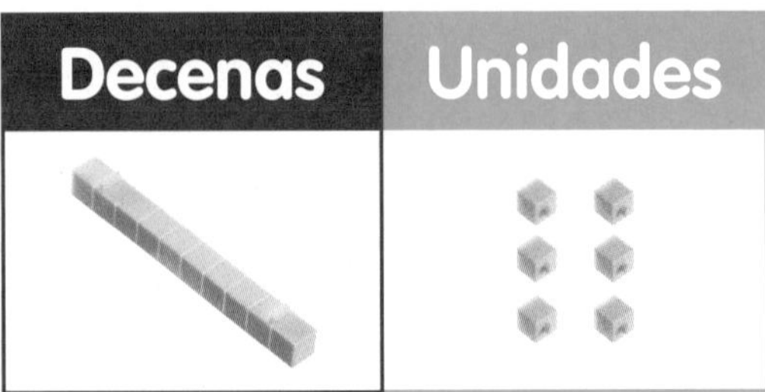

Operaciones de suma y resta hasta 20

La longitud

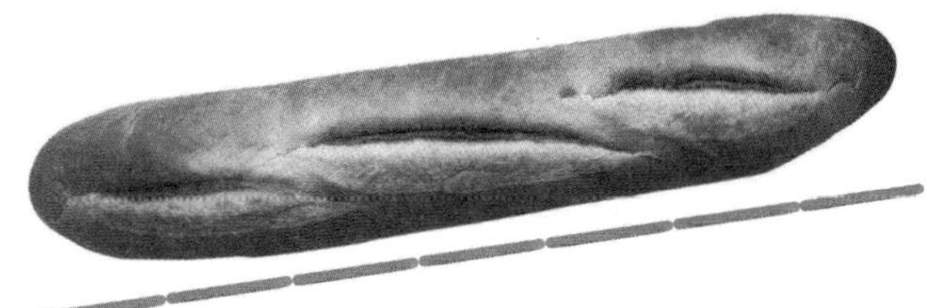

Bienvenidos a

Math in Focus®

Este fantástico programa de matemáticas llega desde el país de Singapur. Estamos seguros de que disfrutarás todas las distintas maneras de aprender matemáticas.

¿Qué hace que *Math in Focus*® sea un programa diferente?

- **Dos libros** Este libro viene con un **Cuaderno de actividades**. Cuando veas POR TU CUENTA, escribe en el **Cuaderno de actividades** en lugar de escribir en las [ ] de este libro de texto.
- **Lecciones más extensas** Es posible que algunas lecciones tomen más de un día, para que puedas comprender completamente las matemáticas.
- **Las matemáticas tendrán sentido** Aprenderás a usar los números conectados para comprender mejor cómo funcionan los números.

En este libro, hallarás

Aprende	Aprendizaje con supervisión	Practiquemos	POR TU CUENTA
Significa que aprenderás algo nuevo.	Tu maestro te ayudará a resolver algunos problemas.	Practica. Asegúrate de comprender el tema muy bien.	Ahora resuelve algunos problemas en tu **Cuaderno de actividades.**

También hallarás *Juegos, Manos a la obra, ¡Ponte la gorra de pensar!* y mucho más. ¡Disfruta verdaderos desafíos matemáticos!

CAPÍTULO 2 Números conectados

Gatitos, gatitos, gatitos bonitos,
¡qué pequeños y simpáticos son!
Siete están adentro.
Tres están afuera,
¡Todos con moñitos y en una cesta de color!

¿Cuántos gatitos hay?

7 3 ?

IDEA IMPORTANTE
Se pueden usar números conectados para mostrar las partes y el entero.

Lección 1 Formar números conectados

28

¿Qué hay en el Cuaderno de actividades?

Math in Focus® te da el tiempo necesario para aprender conceptos matemáticos importantes y resolver problemas matemáticos. El **Cuaderno de actividades** te ofrecerá distintos tipos de práctica.

- Los problemas de *Práctica* te ayudarán a recordar el nuevo concepto matemático que estás aprendiendo. Busca en tu libro POR TU CUENTA. Este símbolo te indicará qué páginas debes usar para practicar.
- *¡Ponte la gorra de pensar!*

  Los problemas de *Práctica avanzada* te enseñarán a pensar en otras maneras de resolver problemas más difíciles.

  La *Resolución de problemas* te da oportunidades de resolver los ejercicios de distintas maneras.
- En las actividades del *Diario de matemáticas* aprenderás a usar tu razonamiento y a describir tus ideas ¡por escrito!

Los estudiantes de Singapur han usado este tipo de programa de matemáticas por muchos años. Ahora tú también puedes hacerlo... ¿Estás listo?

Nombre: ______ Fecha: ______

Capítulo 2 Números conectados

Práctica 1 Formar números conectados

Observa los ▢.
Completa las partes.

Ejemplo
entero
parte
parte
4
3
1

1.
5
2
3

2.
1
0
1

Lección 1 Formar números conectados 21

CAPÍTULO

1 Los números hasta 10

Uno, dos, tres, cuatro.
¡Miren esa ola! ¡Mojó mi zapato!
Cinco, seis, siete, ocho.
¡Hora de jugar! ¡Vengan todos!
¿Qué sigue después? Nueve y diez.
¡Comencemos otra vez!

IDEA IMPORTANTE

Cuenta y compara números hasta 10.

Recordar conocimientos previos

Contar

Los juguetes que muestran igual número están emparejados.

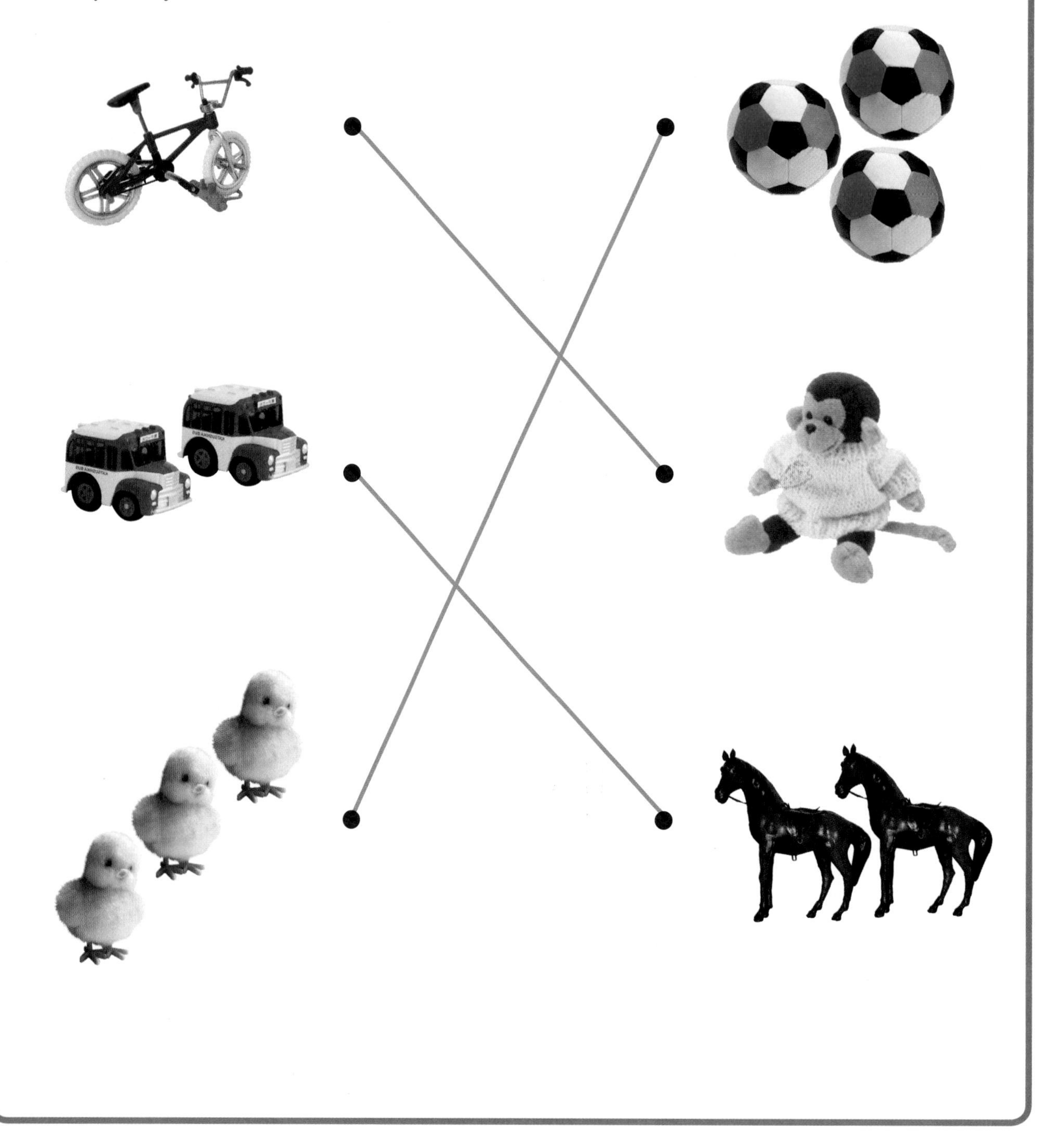

Empareja los ▲ con los ⬮ que muestran igual número.

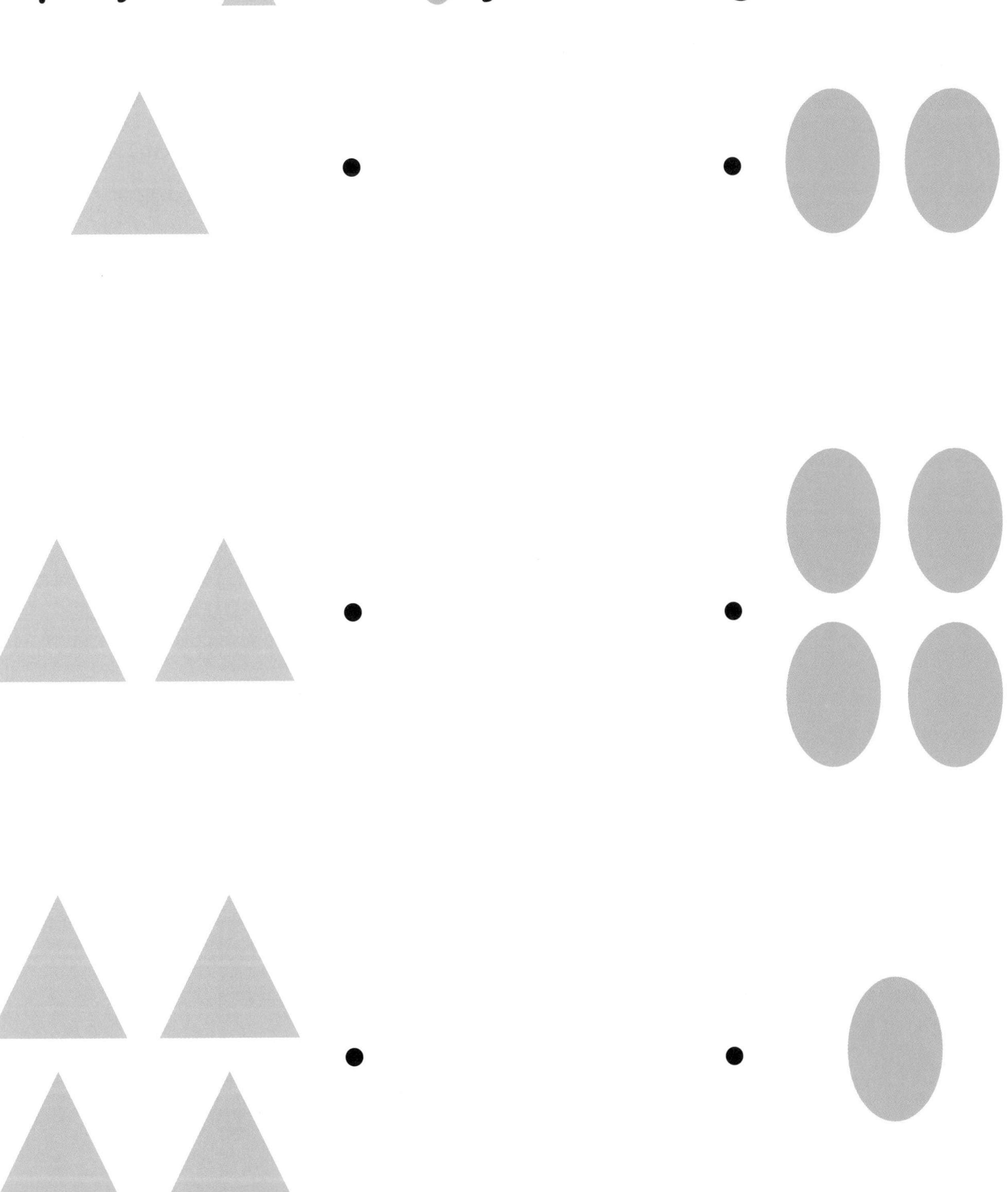

Contar hasta 10

Objetivos de la lección

- Contar de 0 a 10 objetos.
- Leer y escribir de 0 a 10 en números y en palabras.

Vocabulario

cero uno dos
tres cuatro cinco
seis siete ocho
nueve diez

Aprende

Señala con el dedo y cuenta.

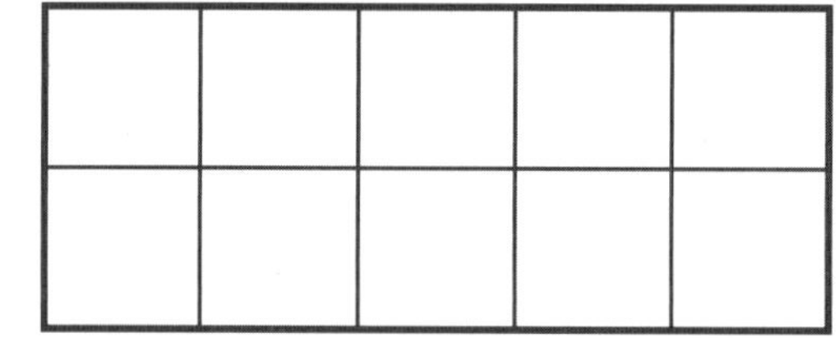

0
cero

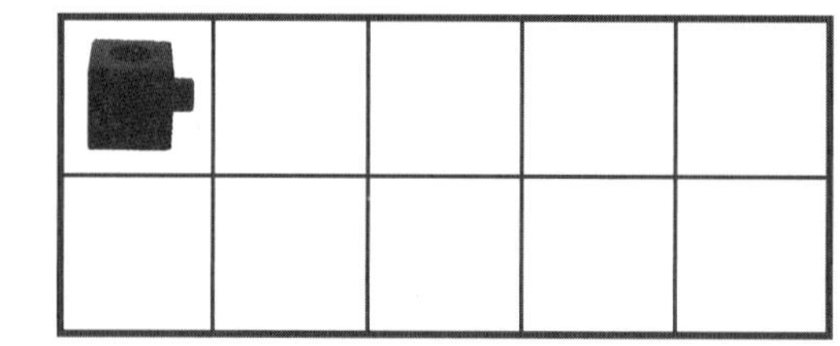

1
uno

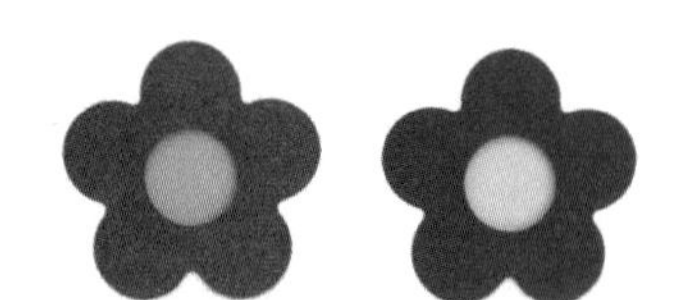

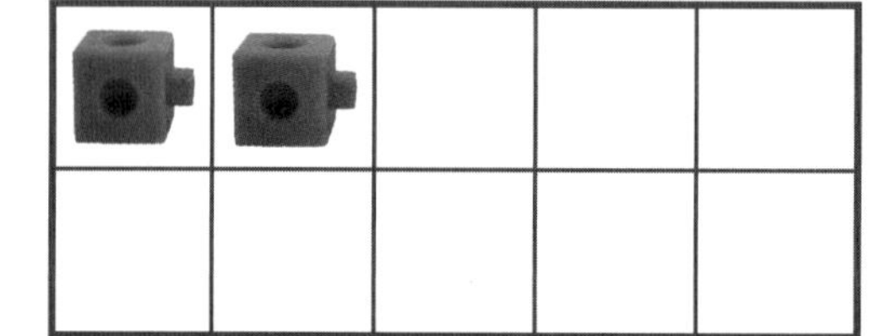

2
dos

3
tres

4
cuatro

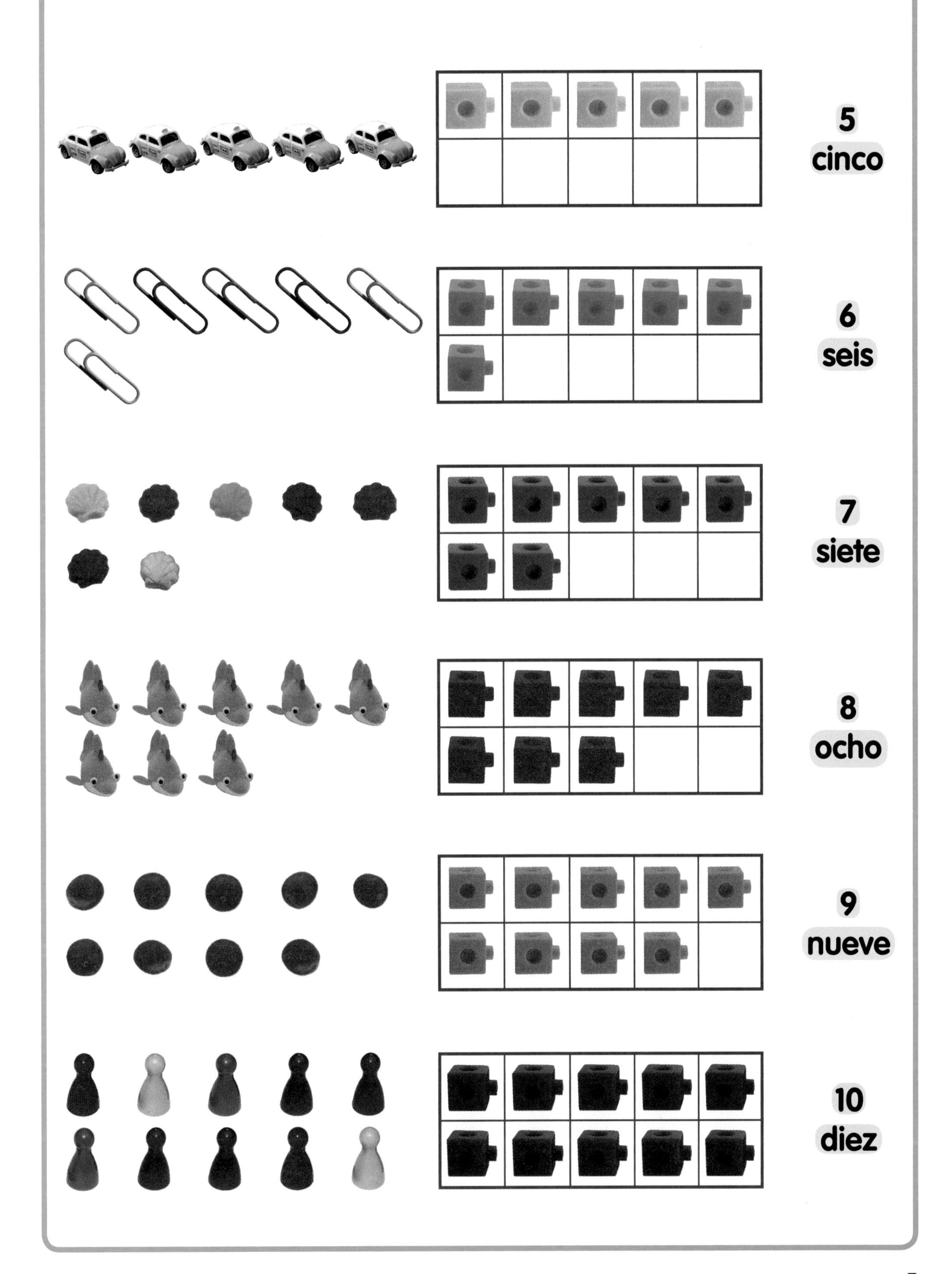
5
cinco
6
seis
7
siete
8
ocho
9
nueve
10
diez

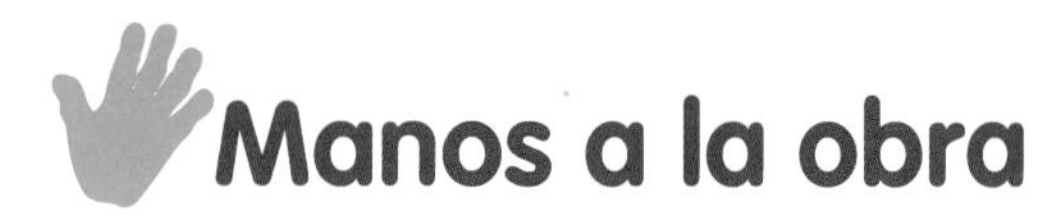

Manos a la obra

Usa .

Coloca un en cada ilustración de un .

Luego, cuenta.

1

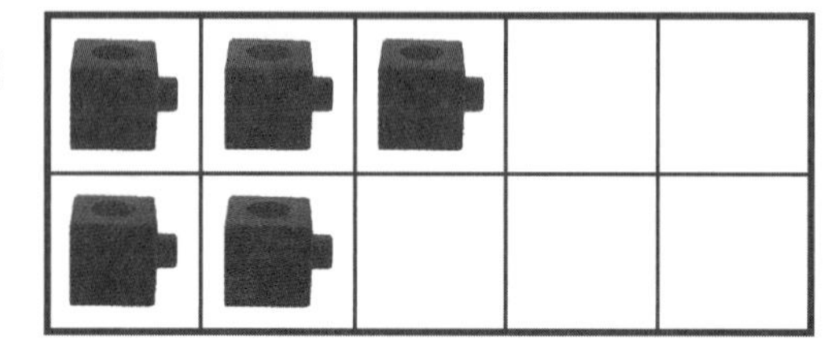

2

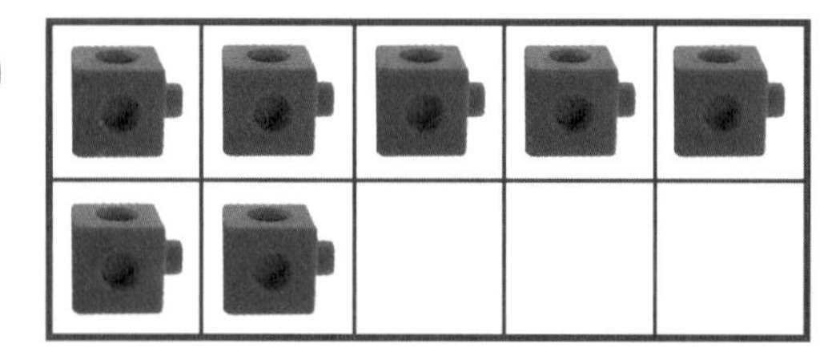

3

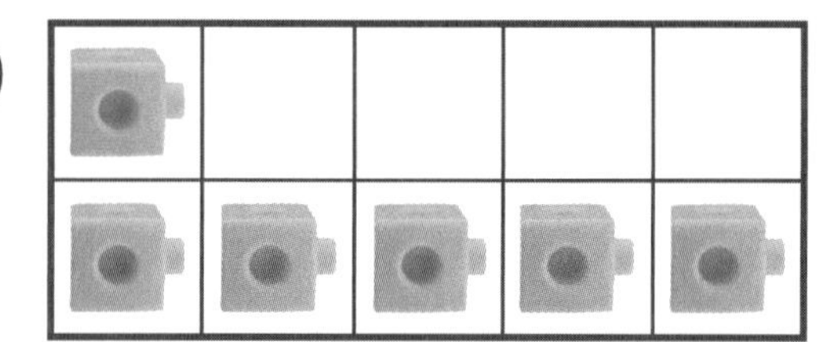

Ahora coloca el número correcto de  **en una .**

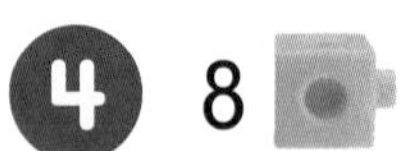

4 8

5 10

Aprendizaje con supervisión

Cuenta.
Escribe el número.

Ejemplo

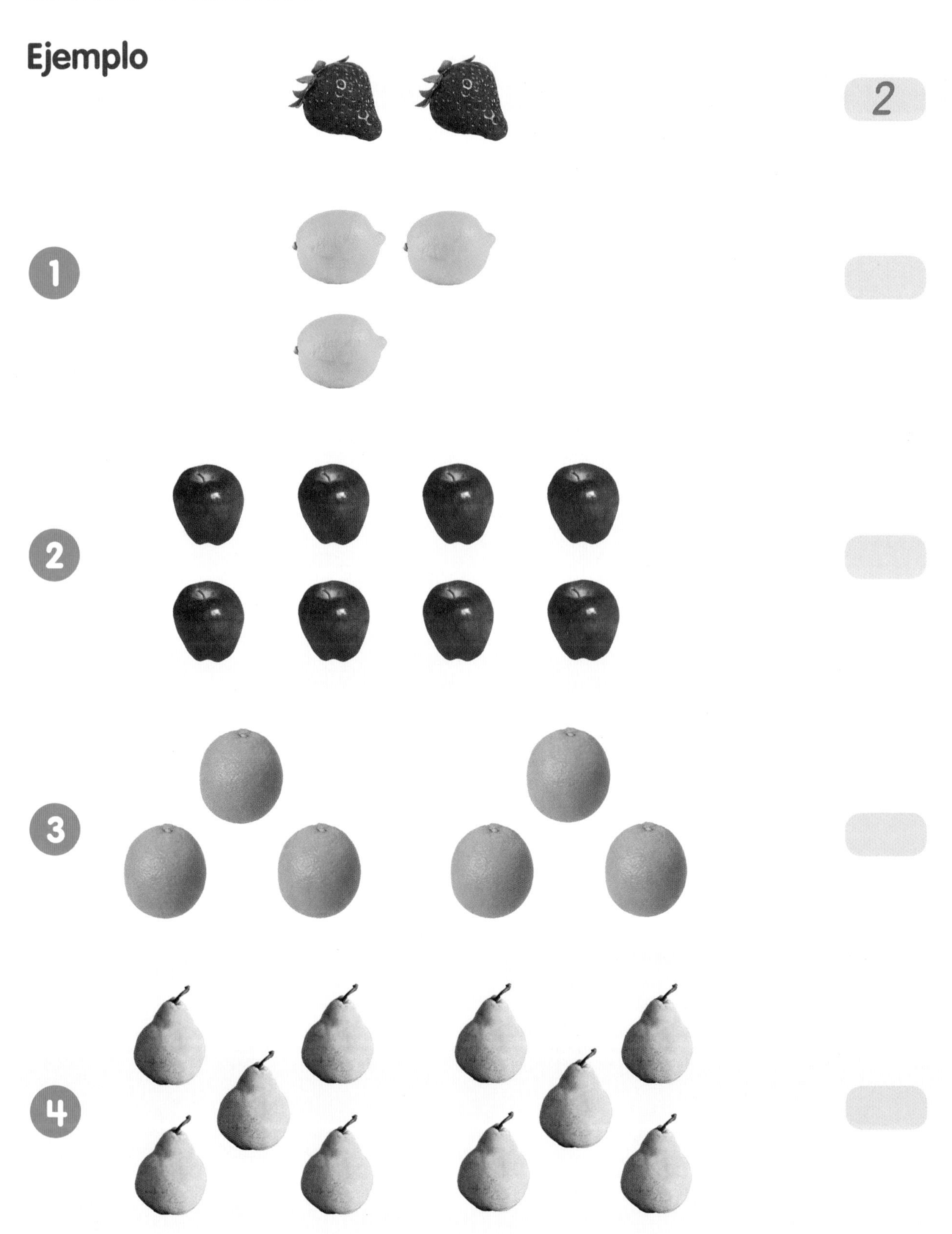

Señala los insectos y cuenta.
Escribe cuántos hay en números y en palabras.

Ejemplo

¿Cuántos hay?
Cuenta. Escribe el número.

8

Exploremos

Trabajaja en grupos de 3 ó 4.

PASO 1 Elige un número entre 2 y 10.

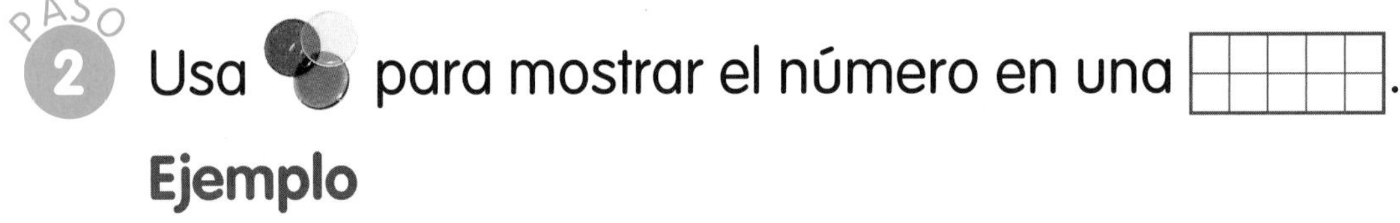

PASO 2 Usa para mostrar el número en una .

Ejemplo

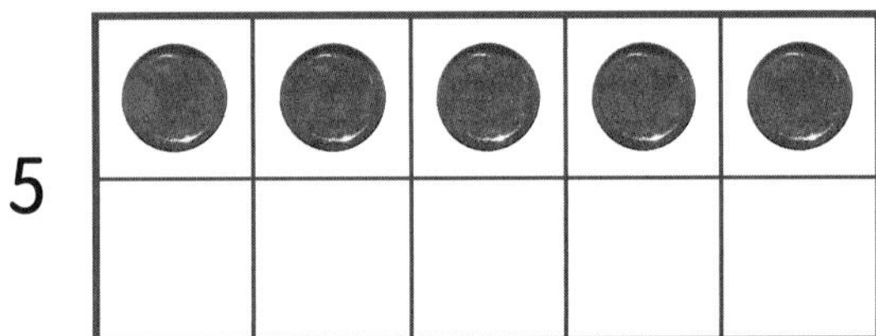

PASO 3 Luego, halla otras maneras de mostrar este número.

Ejemplo

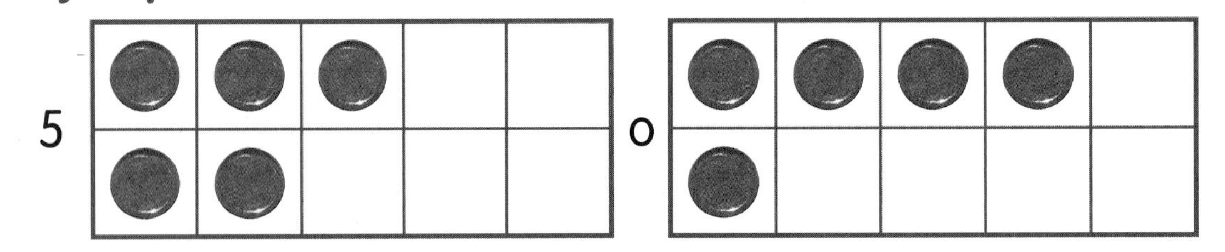

PASO 4 Haz el PASO 1, el PASO 2 y el PASO 3 de nuevo.

Usa un número diferente.

Juego

¡Llega a 10!

Jugadores: 3

Instrucciones: Usa solo 1, 2 ó 3 dedos para contar.

PASO 1 El jugador 1 empieza a contar desde 1.

PASO 2 El jugador 2 sigue contando hacia adelante.

PASO 3 El jugador 3 sigue contando hacia adelante.

Fin

¡El jugador que llega a 10 gana!

Practiquemos

¿Cuál es el número? Cuenta.
Escribe el número.

1

2

3

Comparar números

Objetivos de la lección

- Usar una correspondencia de uno a uno para comparar dos conjuntos de objetos.
- Identificar el conjunto que tiene más, menos o igual número de objetos.
- Identificar el número que es mayor o menor que otro número.

Vocabulario
igual
más
menos
mayor que
menor que

Aprende

Empareja y compara.

Hay 4 niños.

Hay 4 manzanas.

El número de niños y el número de manzanas es **igual**.

Hay 4 niños.

Hay 3 manzanas.

Hay **más** niños que manzanas.
Hay **menos** manzanas que niños.

Manos a la obra

Usa una copia de estos calcetines y zapatos.

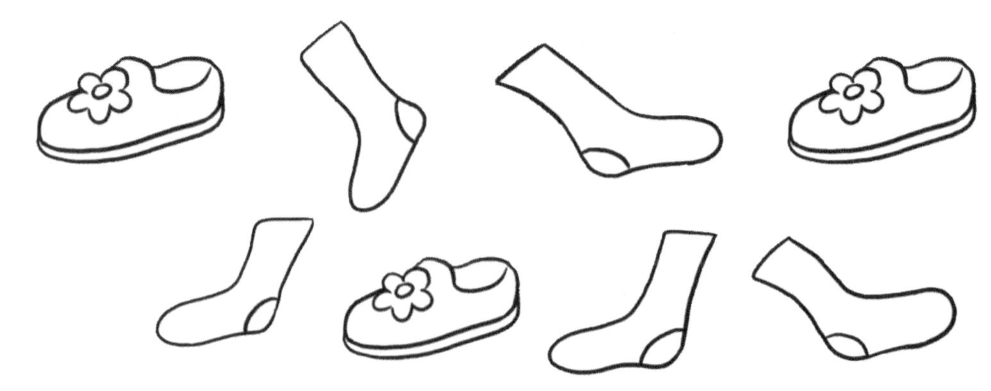

PASO 1 Recorta los y los .

PASO 2 Usa dos .

Pega todos los en una .

Pega todos los en la otra .

PASO 3 Relaciona y compara el número de y .

Escribe **más** o **menos**.

Hay ______ que .

Hay ______ que .

PASO 4 Haz el PASO 1, el PASO 2 y el PASO 3 de nuevo.

Usa un número diferente de y .

Aprendizaje con supervisión

Relaciona y compara.
Escribe más o menos.

1

Hay ______ que .

Hay ______ que .

2

Hay ______ que .

Hay ______ que .

Manos a la obra

Este es un tren numérico. 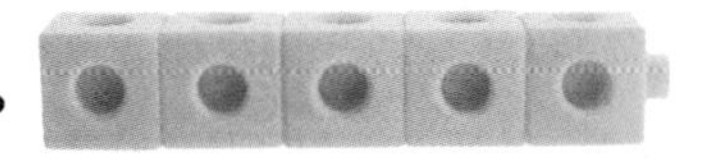

Usa  **para formar trenes numéricos.**

1 Forma un tren numérico con más de 3 .

¿Cuántos hay en tu tren? ____

2 Forma un tren numérico con menos de 3 .

¿Cuántos hay en tu tren? ____

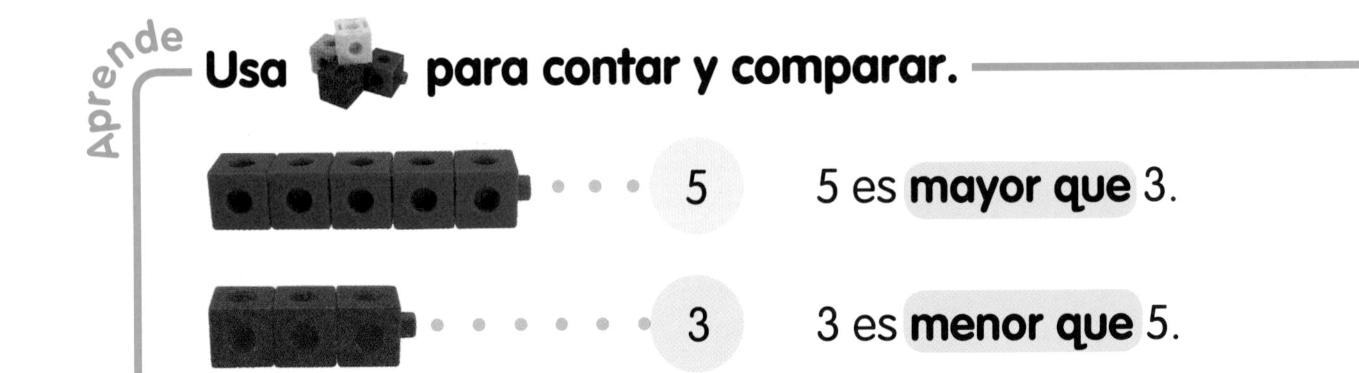

Aprendizaje con supervisión

Escribe los números que faltan.

3

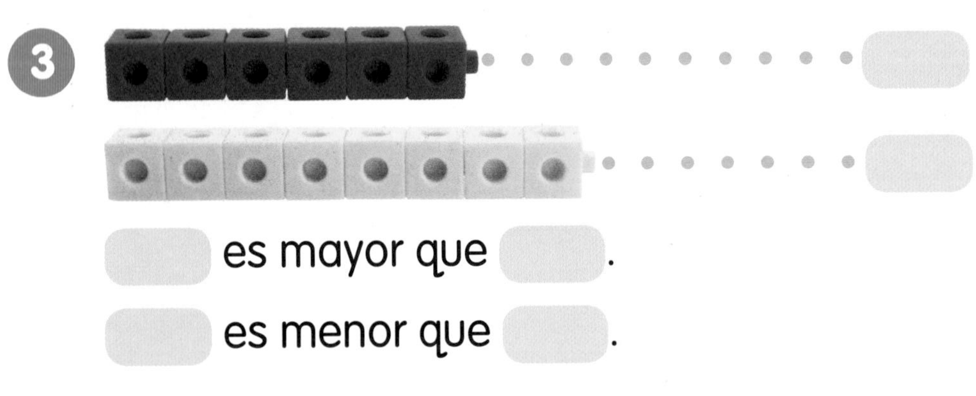

____ es mayor que ____.

____ es menor que ____.

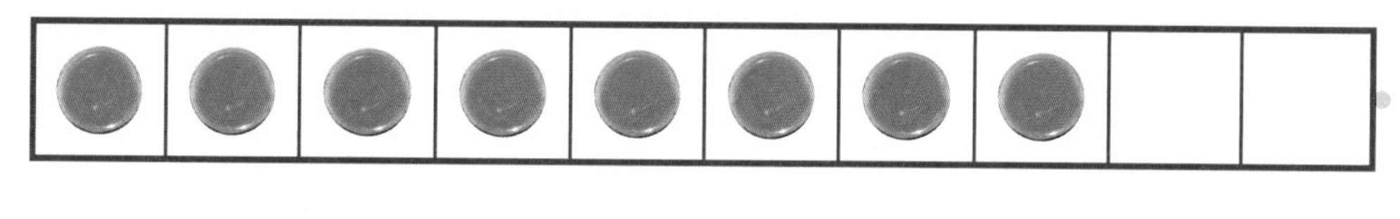

____ es mayor que ____.

____ es menor que ____.

Manos a la obra

Usa [cubos] para formar trenes numéricos. Luego, responde a cada pregunta.

1. Forma un tren numérico con 4 [cubo].
2. Forma un tren numérico con 9 [cubo].
3. Compara 4 y 9.
   ¿Cuál número es mayor? ____
   ¿Cuál número es menor? ____

Responde a cada pregunta. Usa trenes numéricos como ayuda.

4. ¿Cuál número es mayor: 7 ó 4 ? ____
5. ¿Cuál número es menor: 6 ó 9 ? ____

Practiquemos

Resuelve.

1. Señala los dos grupos que muestran igual número de objetos.

2 ¿Cuál pecera tiene más peces: A o B?

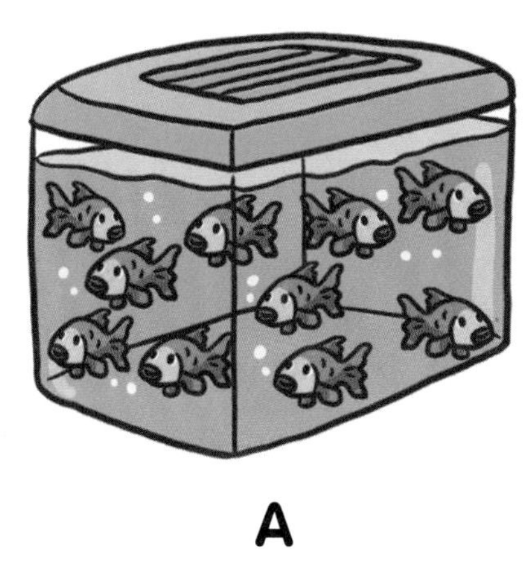

A

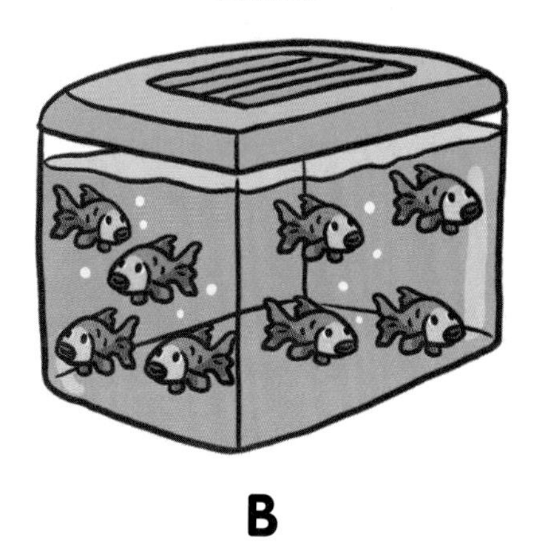

B

3 ¿Cuál caja tiene menos pollitos: A o B?

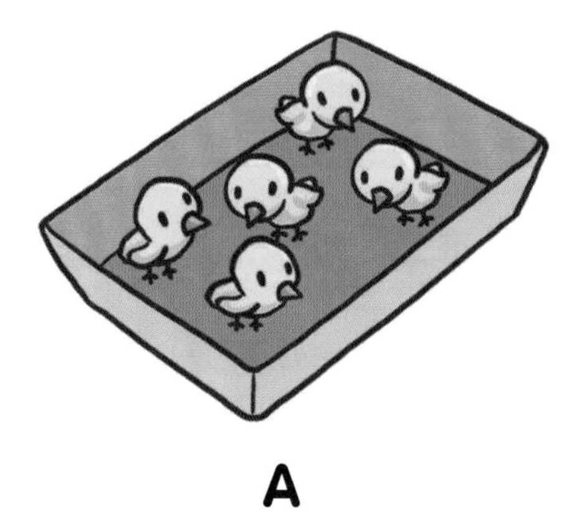

A

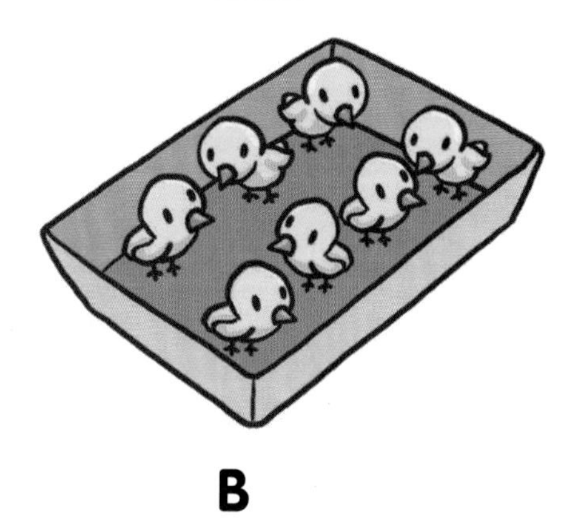

B

¿Cuál número es mayor?

4 2 ó 4

5 7 ó 3

¿Cuál número es menor?

6 9 u 8

7 5 ó 6

POR TU CUENTA

Ver Cuaderno de actividades A: Práctica 2, págs. 7 a 12

LECCIÓN 3

Formar patrones numéricos

Vocabulario
patrón
más que
menos que

Objetivo de la lección

- Formar patrones numéricos.

Aprende

Forma un patrón.

Joe forma el siguiente **patrón** con .

¿Cuántos siguen en el patrón?

1, 2, 3, 4, 5, **6**

6 siguen en el patrón.

Aprendizaje con supervisión

Resuelve.

1. Megan forma un patrón con cuentas.

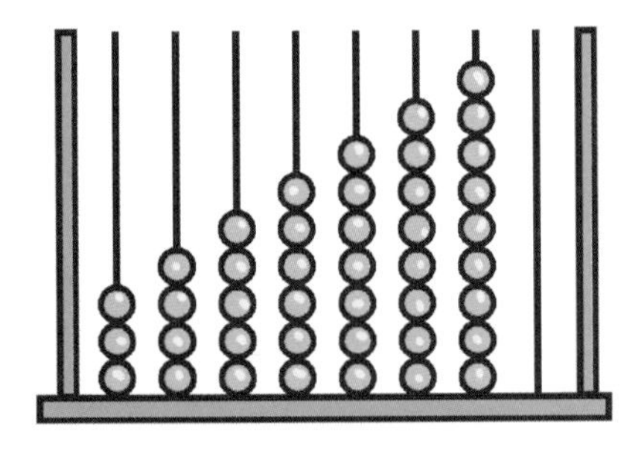

¿Cuántas cuentas siguen en el patrón? ______

2 John forma un patrón.

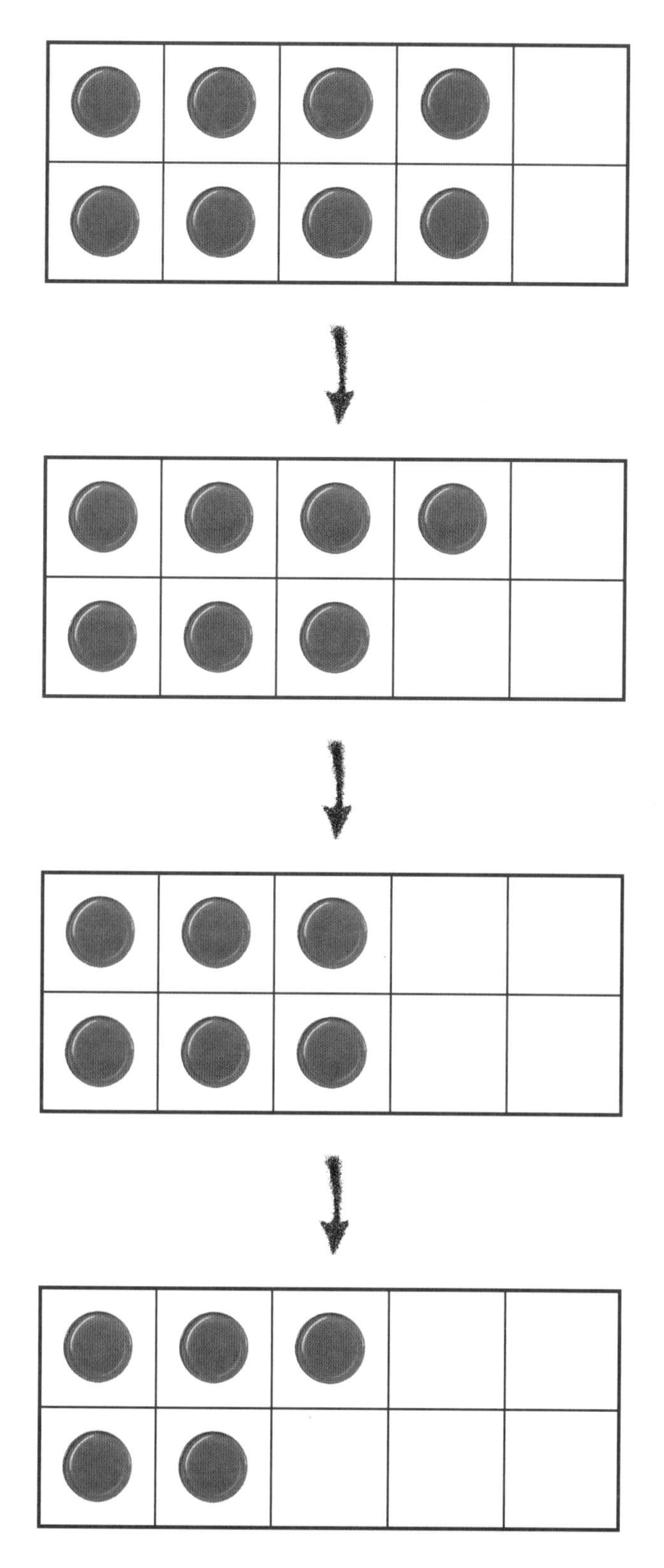

¿Cuántas ● hay en la ▭ que sigue? ____

Manos a la obra

Usa  para formar torres que muestren un patrón.

Ejemplo

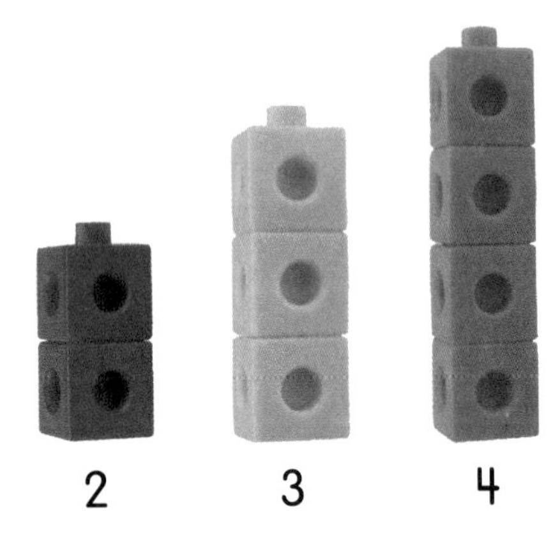

Esto muestra un patrón de 2 a 4.

1. Muestra el patrón de 4 a 7.
2. Muestra el patrón de 9 a 6.

Aprendizaje con supervisión

Resuelve.

3. Cuenta hacia adelante.
   Halla el número que sigue en el patrón.
   1, 2, 3, 4, 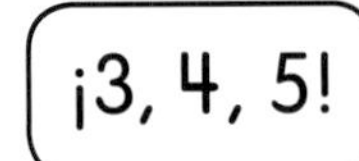

4 Escribe los números que faltan en los patrones numéricos.

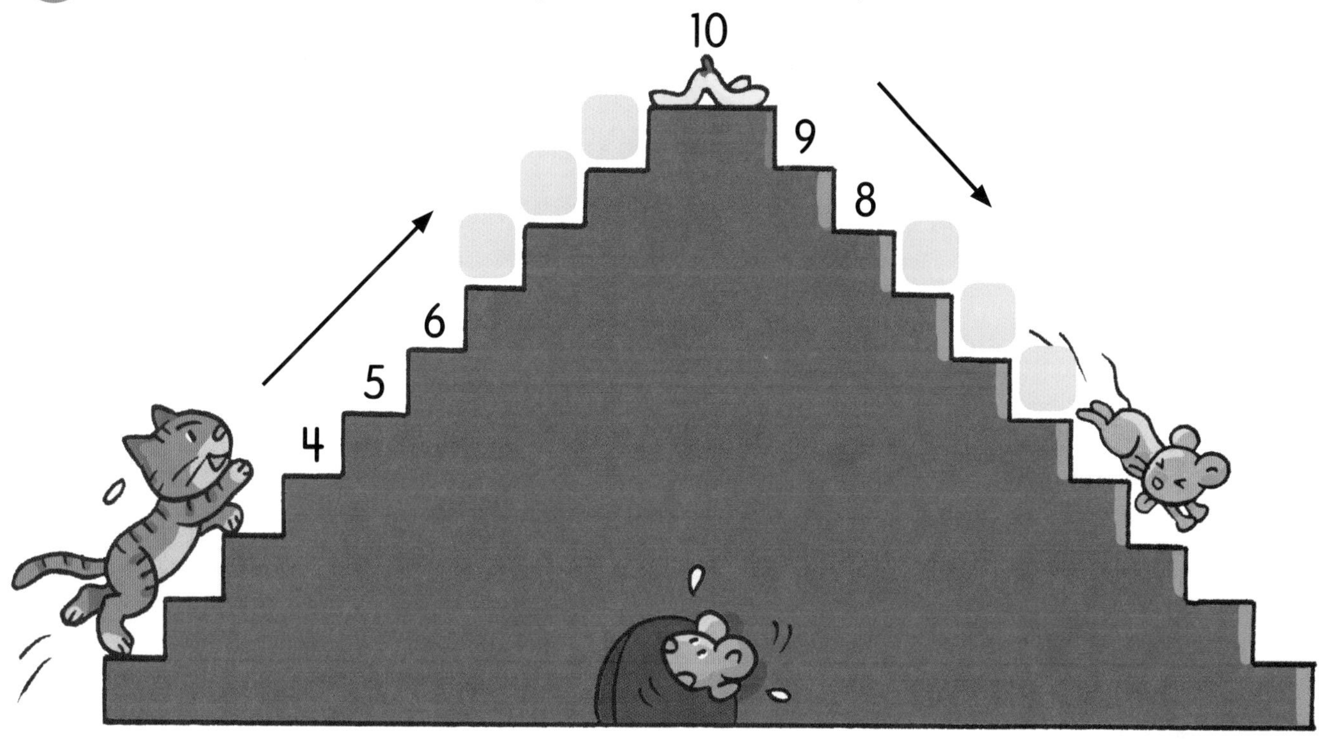

Aprende

Usa [cubos] para hallar 1 más.

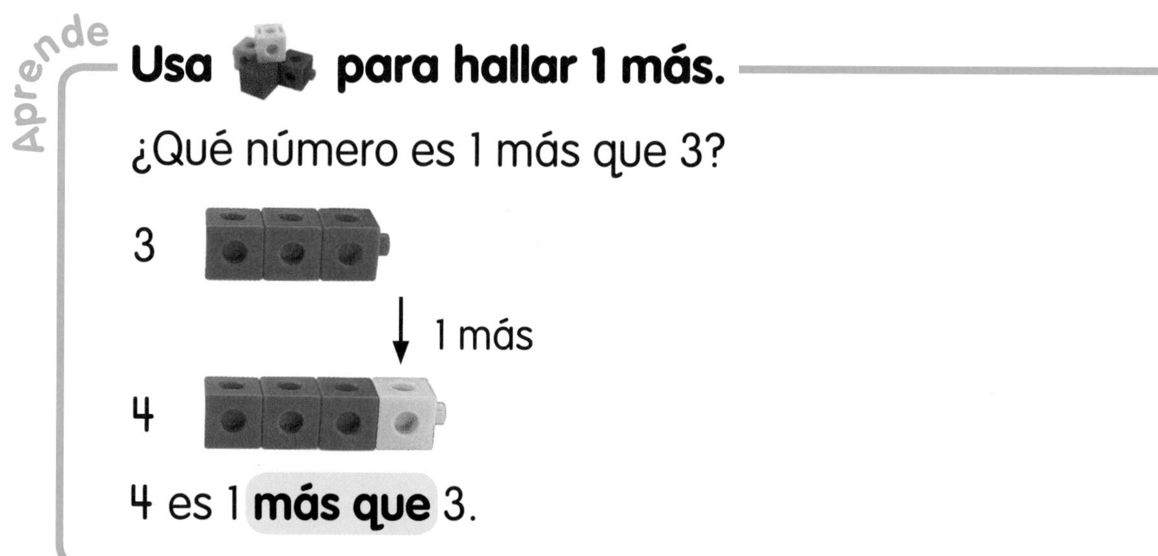

Aprendizaje con supervisión

Resuelve.

5 ¿Qué número es 1 más que 8?

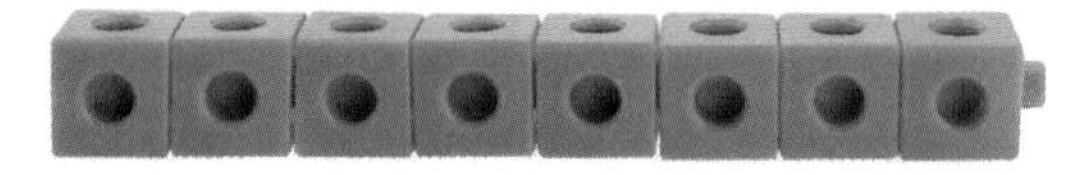

[ ] es 1 más que 8.

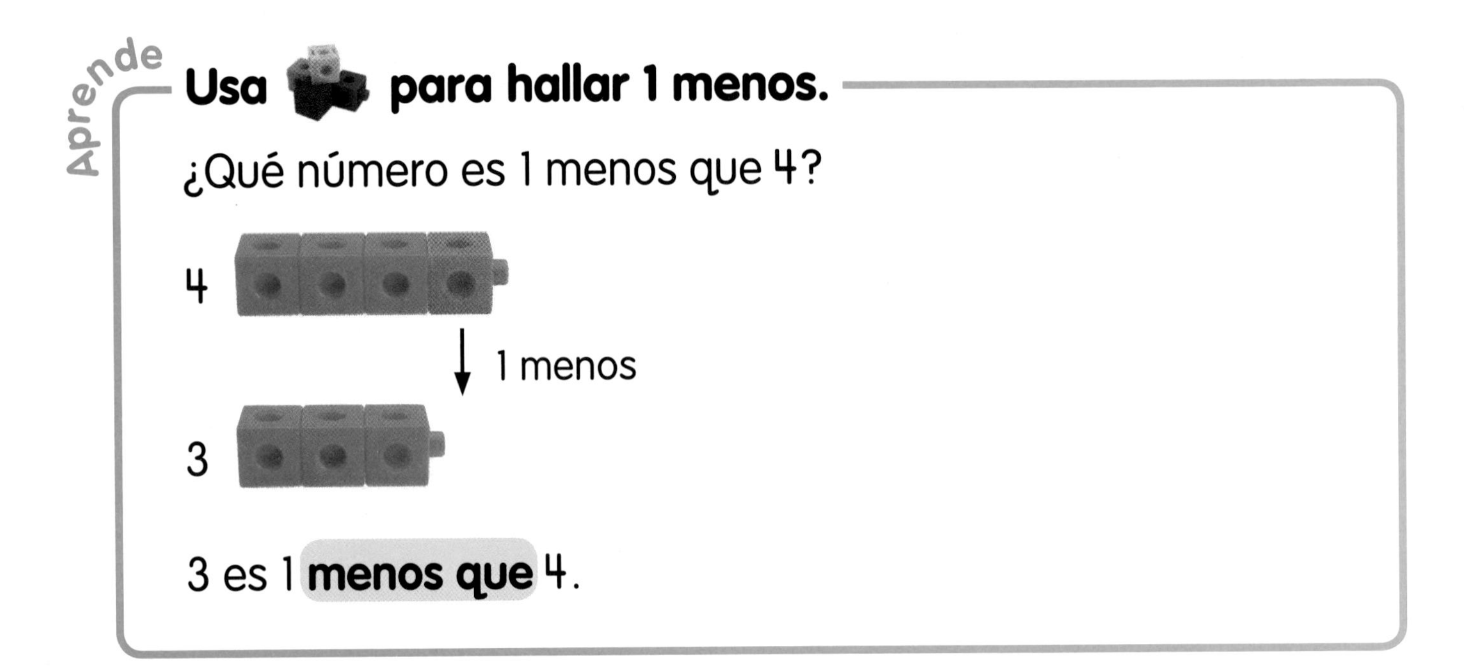

Aprendizaje con supervisión

Resuelve.

6 ¿Qué número es 1 menos que 6?

___ es 1 menos que 6.

Cuenta y responde.

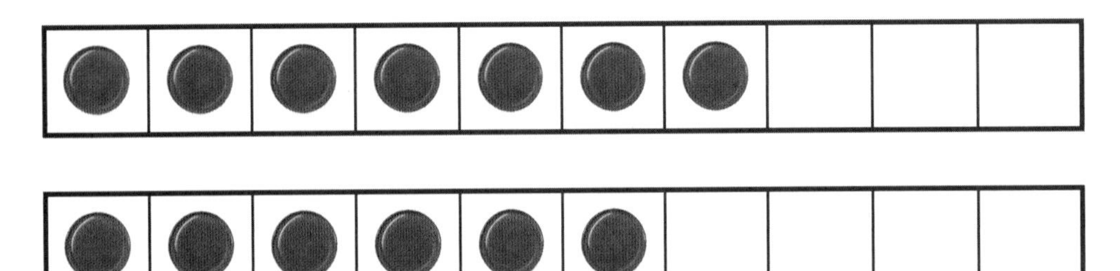

7 ___ es 1 menos que ___.

8 ___ es 1 más que ___.

Practiquemos

Resuelve.

1. 1 más

1 más que 5 es ____.

2. 1 menos

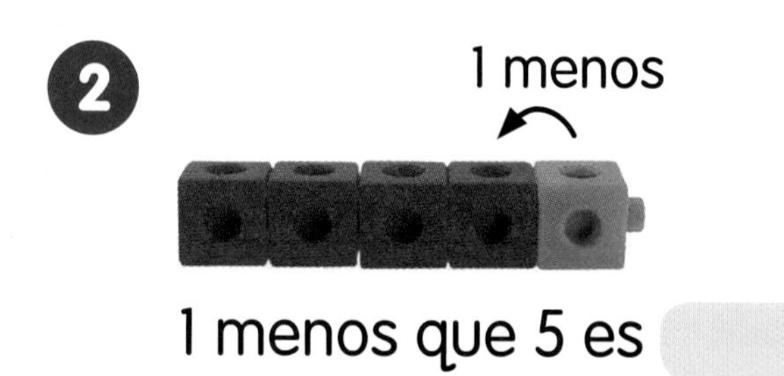

1 menos que 5 es ____.

3. 1 más que 7 es ____.

4. 1 menos que 8 es ____.

Escribe los números que faltan en cada patrón.

5. 1, 2, 3, ____, ____

6. 2, 3, 4, ____, ____, 7, 8

7. ____, 7, 8, 9, ____

8. 10, 9, ____, ____, ____, 5, 4

9. 5, 4, 3, ____, ____, ____

POR TU CUENTA
Ver Cuaderno de actividades A:
Práctica 3, págs. 13 a 16

LECTURA Y ESCRITURA

Diario de matemáticas

¿Cuáles enunciados son verdaderos?

1. Una bicicleta tiene 2 ruedas.
2. Un gato tiene 4 patas.
3. 5 es más que 7.
4. 8 es 1 menos que 9.

DESTREZAS DE RAZONAMIENTO CRÍTICO

¡Ponte la gorra de pensar!

RESOLUCIÓN DE PROBLEMAS

Aquí hay algunas fichas.

8

Agrupa los números de esta manera.

Números menores que 5	Números de 5 a 7	Números mayores que 7

¿Qué puedes decir sobre las fichas de cada grupo?

POR TU CUENTA

Ver Cuaderno de actividades A: ¡Ponte la gorra de pensar! págs. 17 a 18

Resumen del capítulo

Has aprendido...

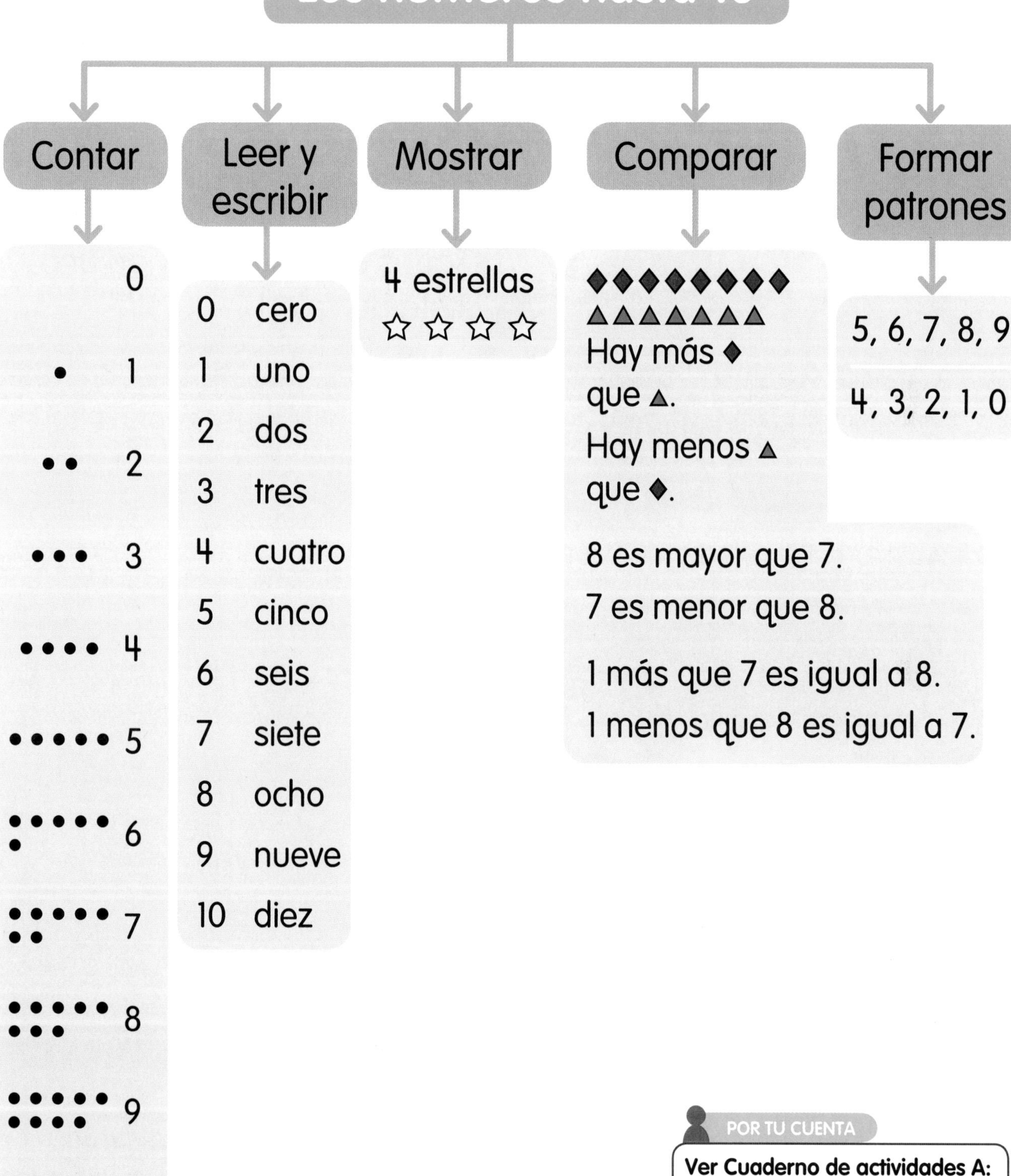

POR TU CUENTA

Ver Cuaderno de actividades A: Repaso/Prueba del capítulo, págs. 19 a 20

Números conectados

Gatitos, gatitos, gatitos bonitos,
¡qué pequeños y simpáticos son!
Siete están adentro.
Tres están afuera,
¡Todos con moñitos y en una
cesta de color!

IDEA IMPORTANTE

Se pueden usar números conectados para mostrar las partes y el entero.

Lección 1 Formar números conectados

Recordar conocimientos previos

Contar

Hay 5 .

1 2 3 4 5

Este es un tren numérico de 4 .

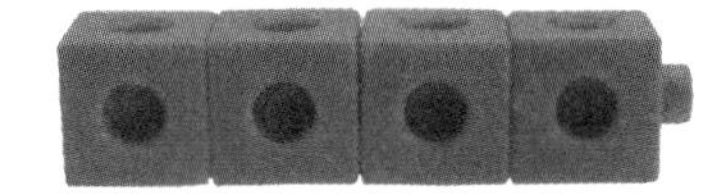

✔Repaso rápido

¿Cuál es el número?
Cuenta.

1. 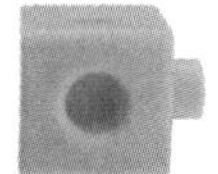 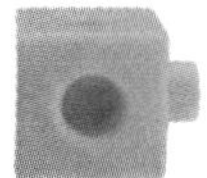 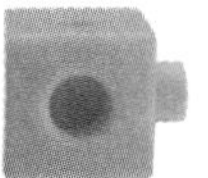

2. 

LECCIÓN 1

Formar números conectados

Objetivos de la lección

- Usar cubos interconectables o una balanza matemática para hallar números conectados.
- Hallar números conectados diferentes para los números hasta 10.

Vocabulario

parte

entero

números conectados

Aprende

Puedes formar números conectados con .

Puedes usar un tren numérico para formar números conectados.

Sam separó 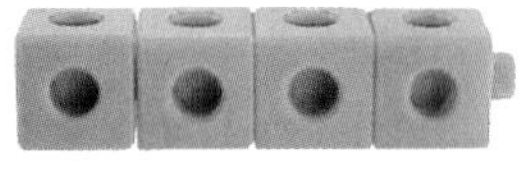 en dos partes.

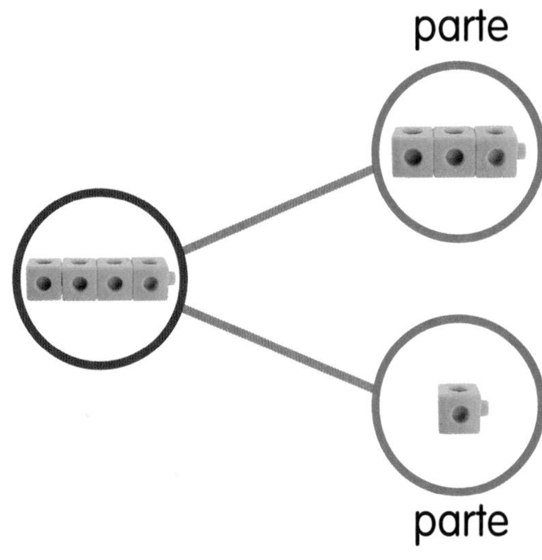

¿Cuántos hay en cada **parte**?

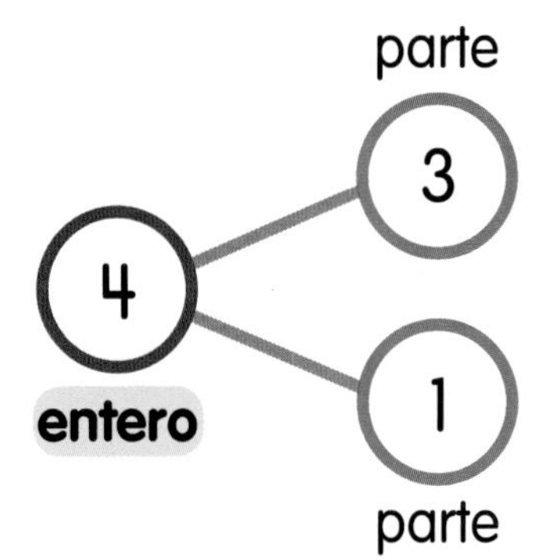

3 y 1 forman 4.
Esta ilustración muestra **números conectados**.

Manos a la obra

Usa .

¿Qué otros números forman 4?

1 ____ y ____ forman 4.

4
0

____ y ____ forman 4.

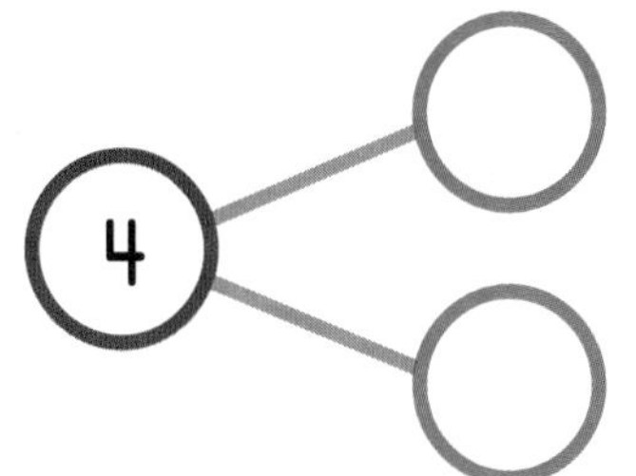

¿Qué números forman 5?

2

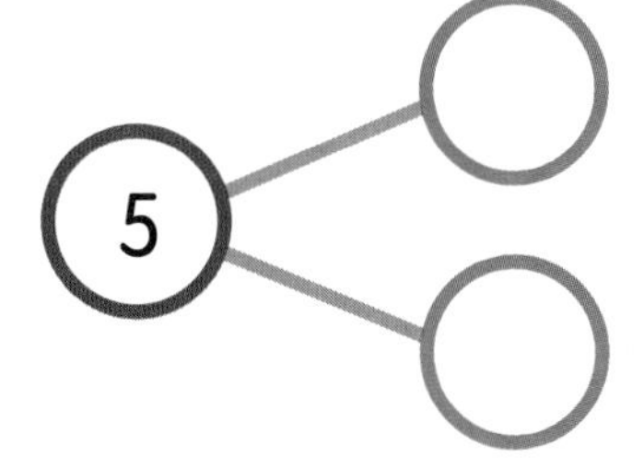

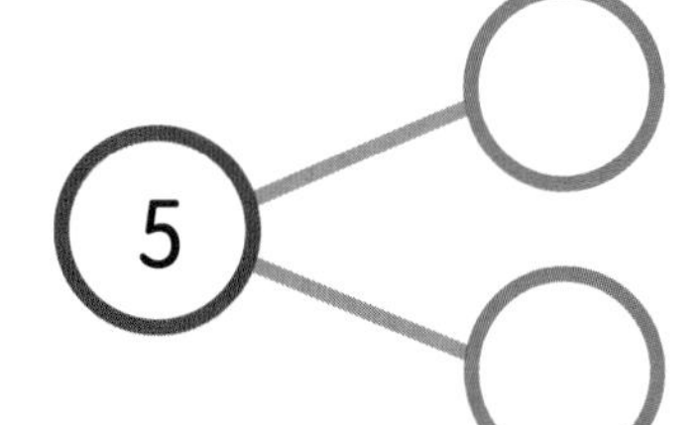

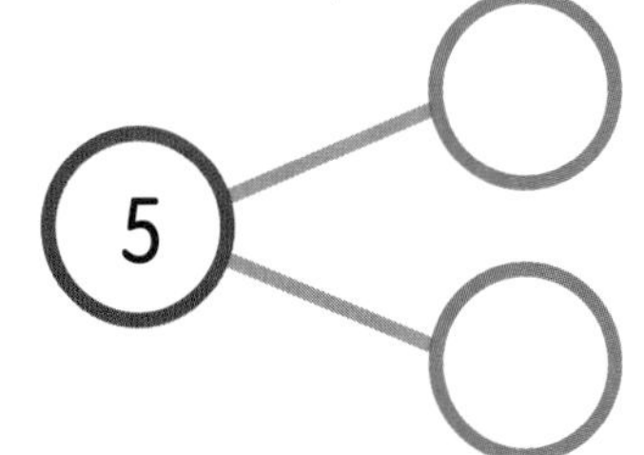

Aprende

Puedes formar números conectados con una balanza matemática.

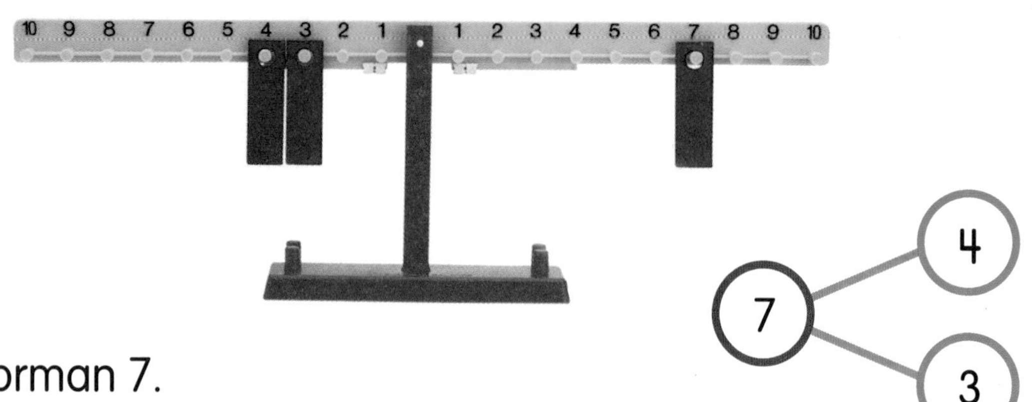

4 y 3 forman 7.

Manos a la obra

¿Qué otros números forman 7?
Usa una balanza matemática como ayuda.

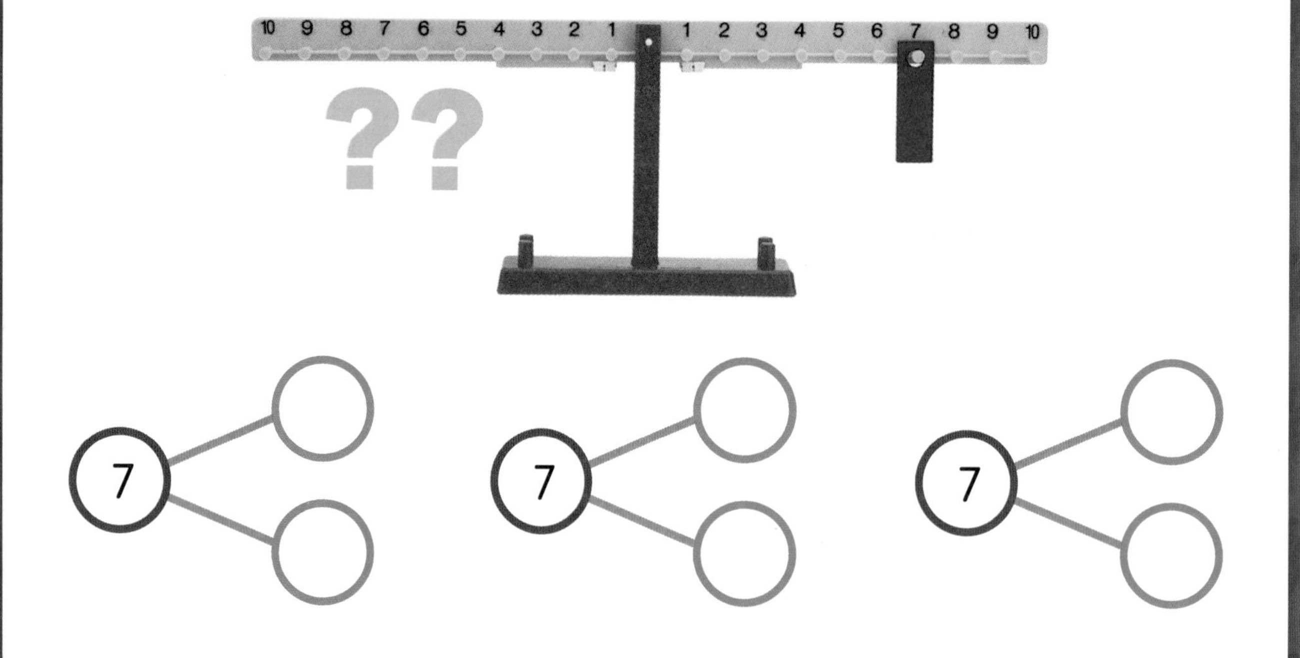

Practiquemos

Forma números conectados para estos números.
Usa o una balanza matemática como ayuda.

1

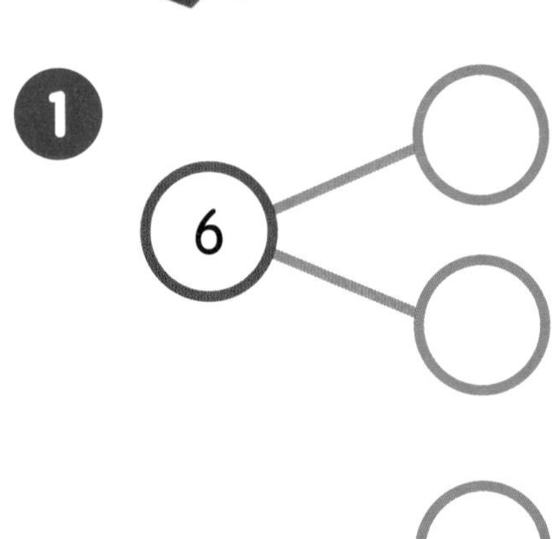

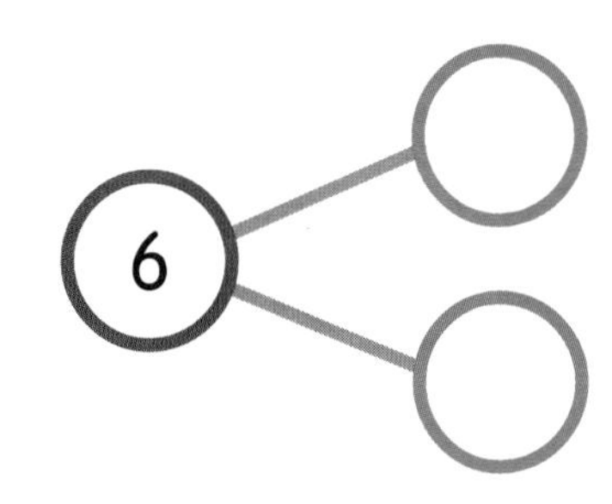

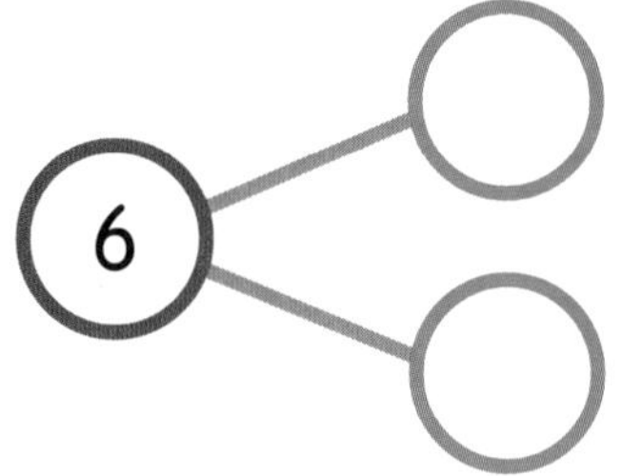

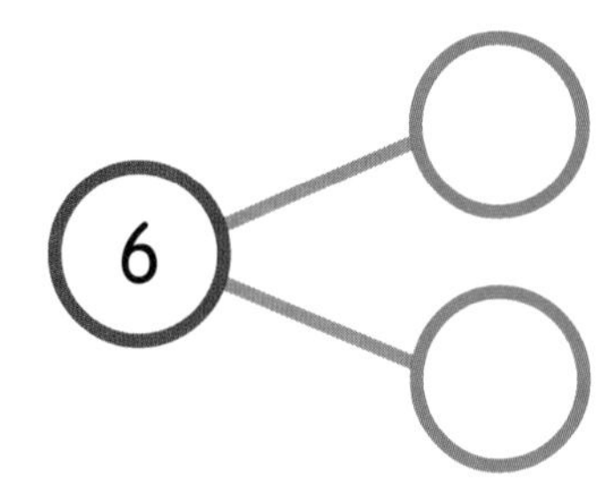

2

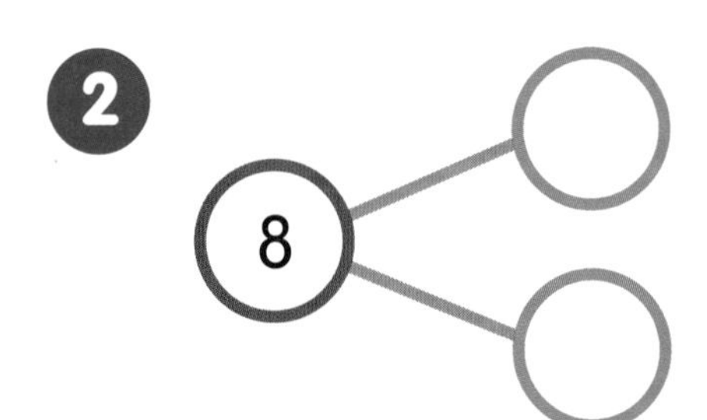

3

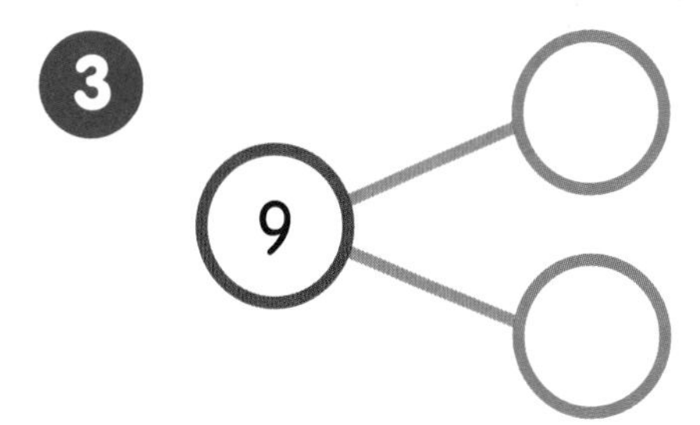

POR TU CUENTA

Ver Cuaderno de actividades A:
Prácticas 1 a 3, págs. 21 a 30

Observa la ilustración.
Forma dos números conectados.

banco rojo y ___ bancos azules

forman ___ bancos.

Exploremos

Usa [cubes] o una balanza matemática como ayuda.

1. Halla tres números que sumen 9.

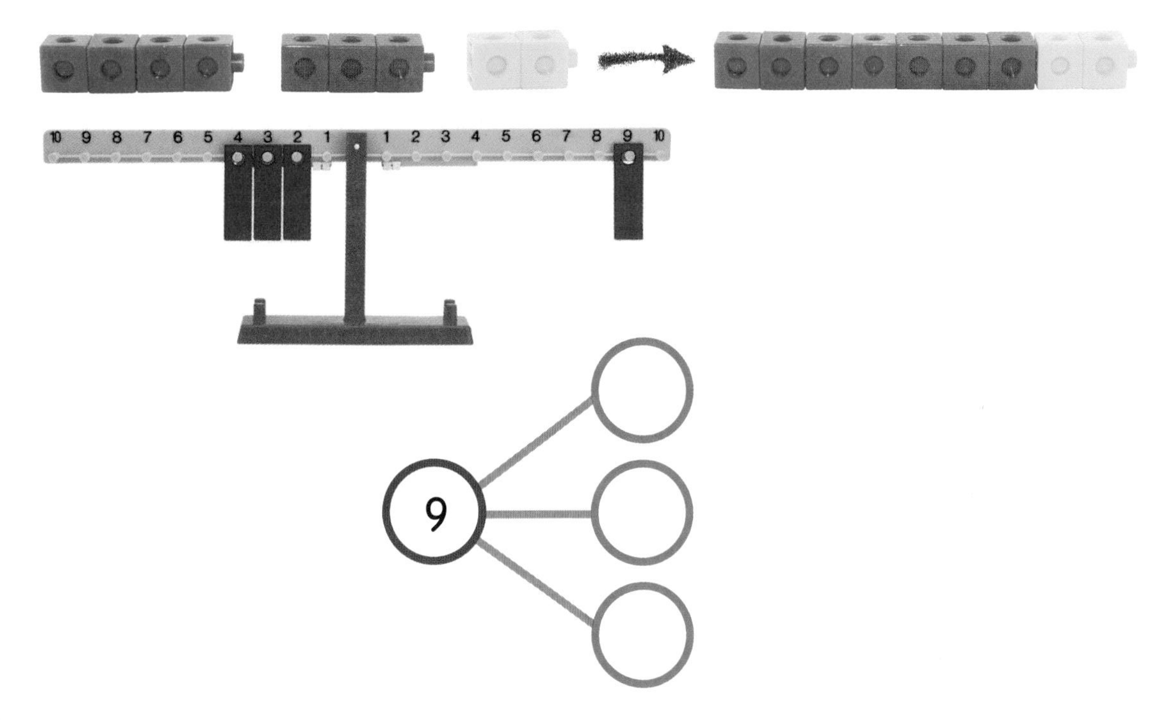

2. Muestra otras dos maneras de hacerlo.

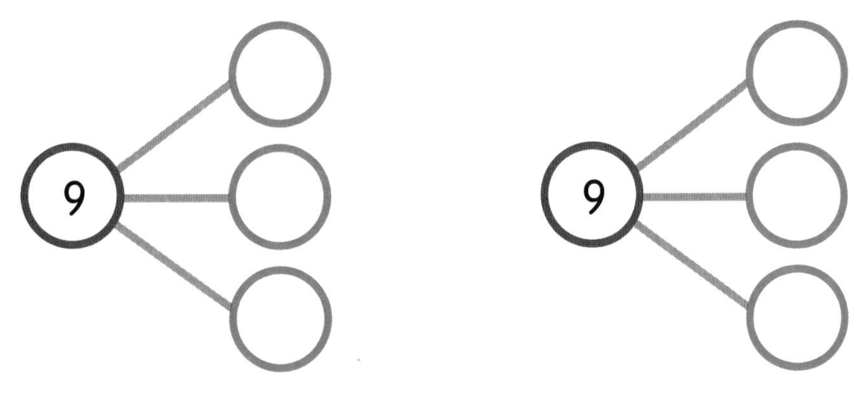

3. Halla tres números que sumen 10.
Muestra otras dos maneras de hacerlo.

Exploremos

Usa .

PASO 1 Conecta algunos y para formar un tren numérico.

Ahora, agrega algunos al tren numérico.

Asegúrate de que el tren numérico tenga 10 o menos.

PASO 2 Cuenta el número total de y .

Cuenta el número de .

Suma el número total de y al número de .

¿Qué número obtienes?

PASO 3 Cuenta el número total de y .

Cuenta el número de .

Suma el número de al número total de y .

¿Qué número obtienes?

¿Obtuviste el mismo número en el PASO 2 y el PASO 3?

Elige diferentes números de , y .

Haz el PASO 1, el PASO 2 y el PASO 3 de nuevo.

¿Qué observas?

RESOLUCIÓN DE PROBLEMAS

Halla el número de cuentas.
Usa números conectados como ayuda.

1 Hay 6 cuentas debajo de los dos vasos.

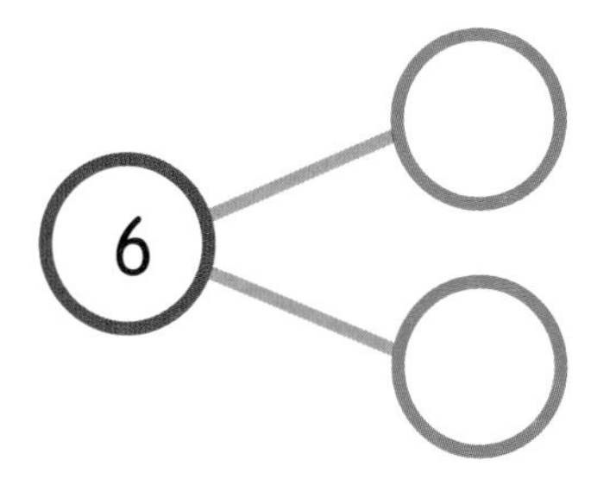

2 Hay 8 cuentas debajo de los dos vasos.

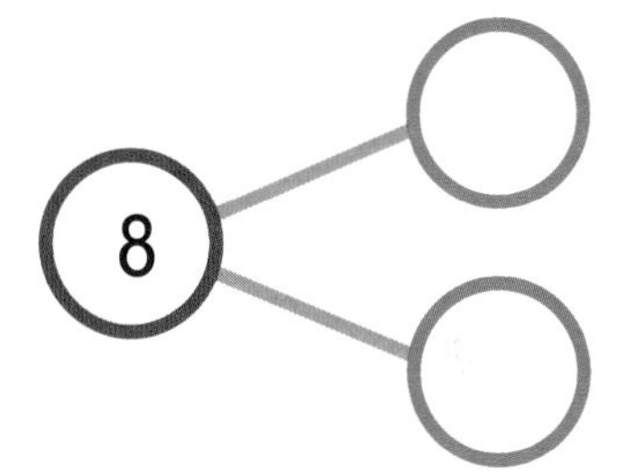

3 Hay 10 cuentas debajo de los tres vasos.

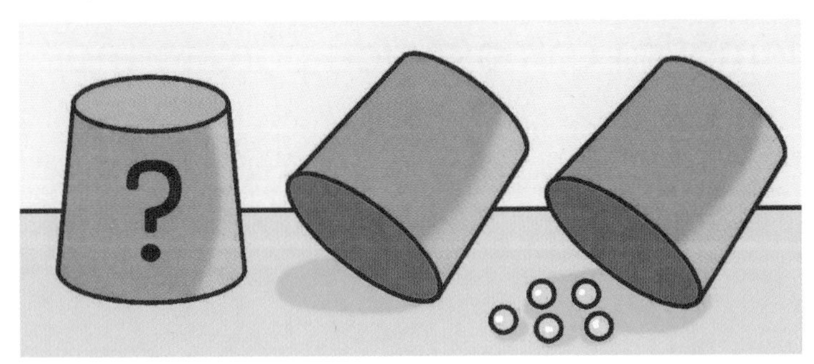

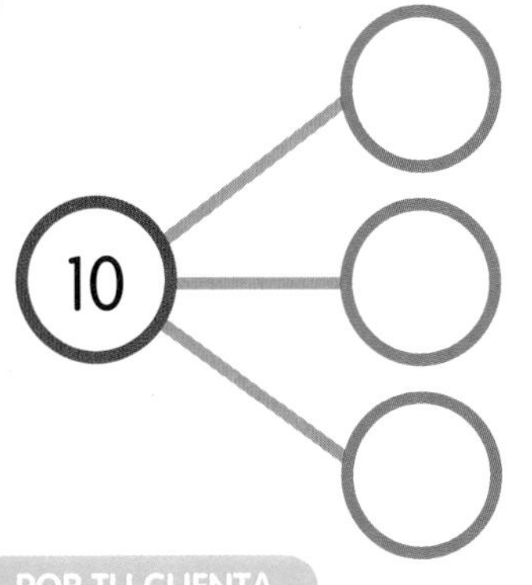

POR TU CUENTA
Ver Cuaderno de actividades A:
¡Ponte la gorra de pensar!
págs. 31 a 32

Resumen del capítulo

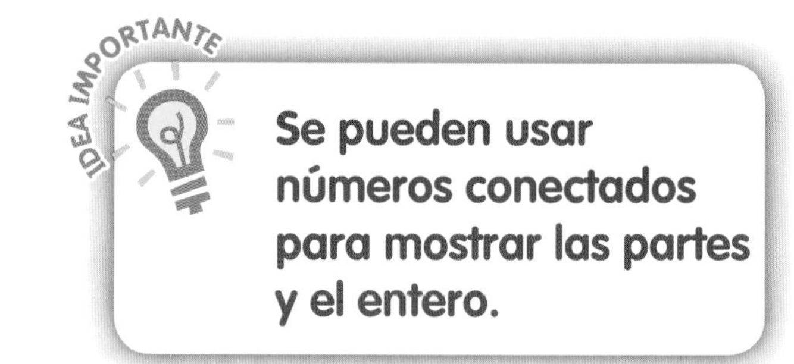

Has aprendido...

Números conectados

a formar números conectados.

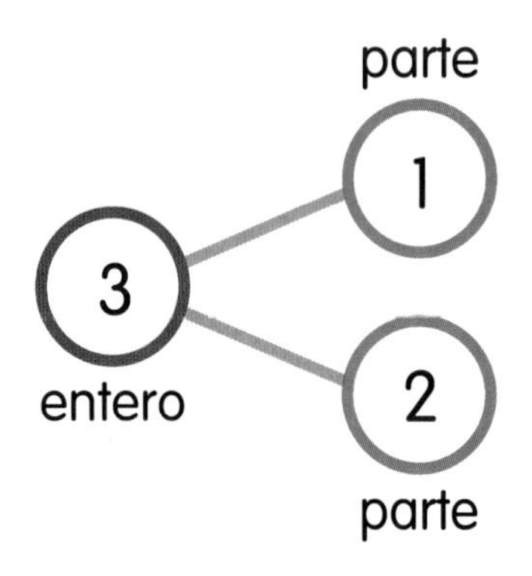

1 y 2 forman 3.
1, 2 y 3 forman números conectados.

a ver que hay más de un conjunto de partes para un entero.

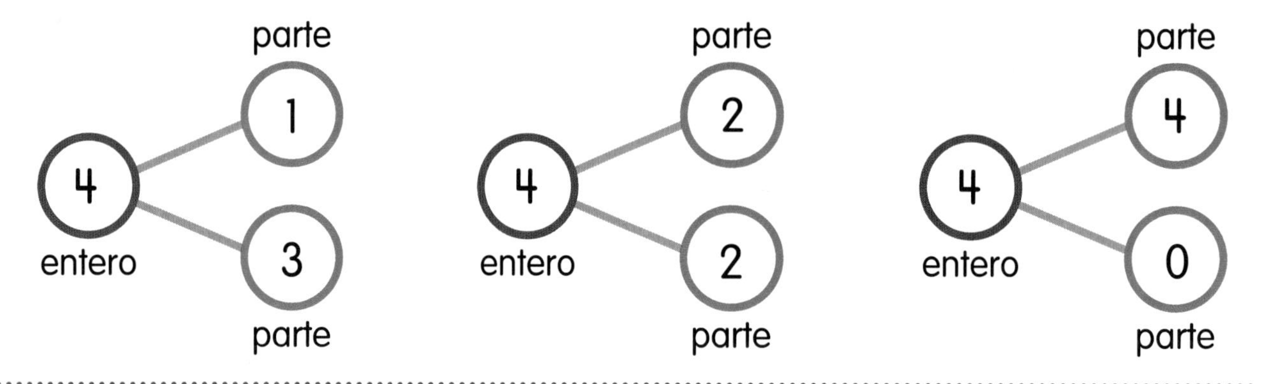

a usar una balanza matemática como ayuda para formar números conectados.

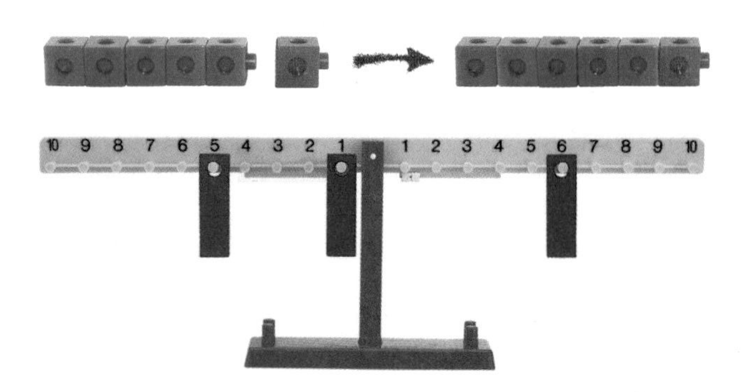

POR TU CUENTA

Ver Cuaderno de actividades A: Repaso/Prueba del capítulo, págs. 33 a 34

CAPÍTULO 3

Operaciones de suma hasta 10

Soy el primero en el autobús.
Voy a la escuela. ¡Qué contento estoy!
Sube Ramón. Ahora somos dos.

Anda y anda el autobús.
Va por una calle y por otra después.
Sube Maribel. ¡Así somos tres!

Anda y anda el autobús.
Trepa la colina con mucho cuidado.
Sube Eduardo. ¡Ya somos cuatro!

Anda y anda el autobús.
Gira en la esquina y pasa junto al circo.
Sube Francisco. ¡Ahora somos cinco!

Anda y anda el autobús.
La luz está roja. El autobús se detiene.
Suben Kim y Gretel. En total, somos… ¡siete!

IDEA IMPORTANTE

Se puede sumar para hallar cuántos hay en total.

Recordar conocimientos previos

Contar

Hay 6 juguetes.

1	2	3	4	5	6
uno	dos	tres	cuatro	cinco	seis

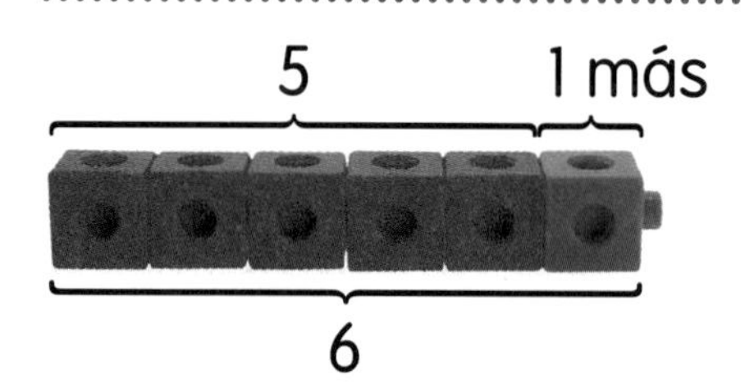

1 más que 5 es igual a 6.

Números conectados

Hay 6 cintas en total.

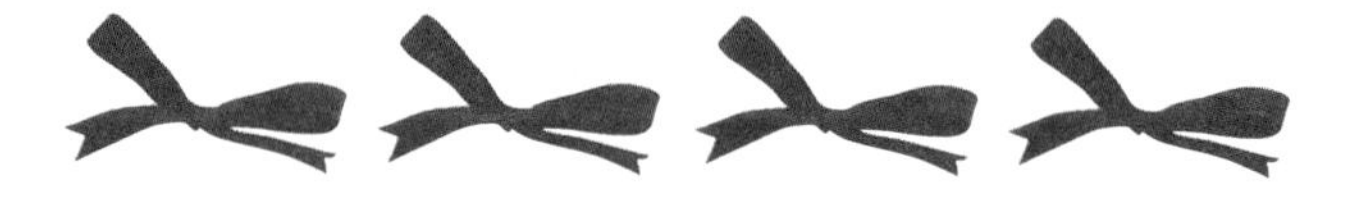

4 cintas rojas

2 cintas azules

4 y 2 forman 6.
4, 2 y 6 forman números conectados.

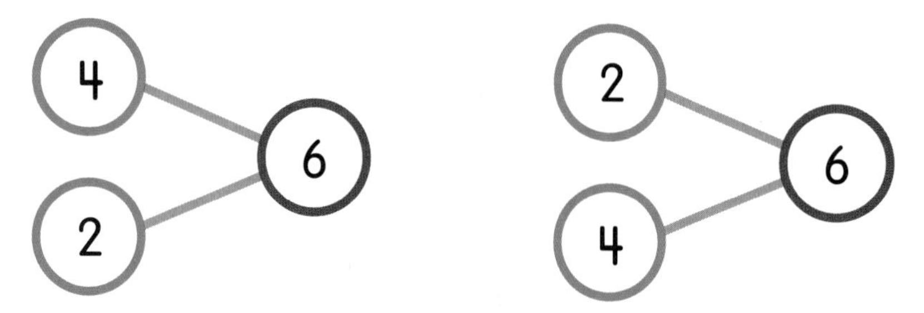

✔Repaso rápido

Cuenta.

1. 1, 2, 3, ___, ___, ___

2. 

Hay ___ flores.

1 más que 6 es igual a ___.

3. Hay 7 mariposas en total.

___ mariposas blancas ___ mariposas negras

Completa los números conectados.

4. 5 y 2 forman 7.
¿Qué otros números forman 7?

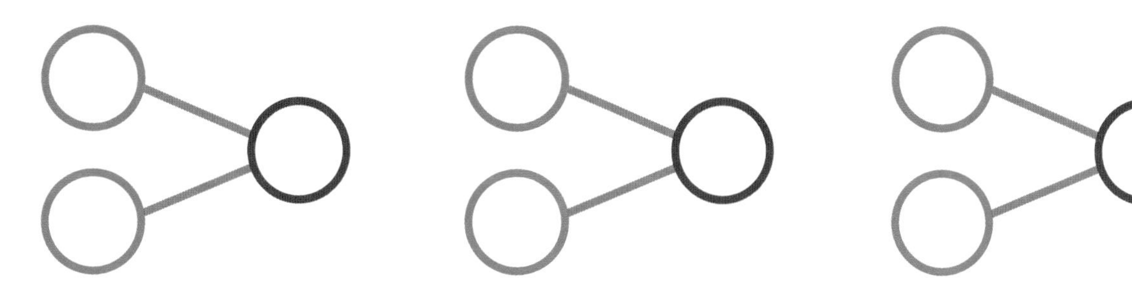

Maneras de sumar

Vocabulario
- sumar
- más (+)
- igual a (=)
- enunciado de suma
- más que
- cinta para contar

Objetivos de la lección

- Contar hacia adelante para sumar.
- Usar números conectados para sumar en cualquier orden.
- Escribir y resolver enunciados de suma.

Aprende

Puedes contar hacia adelante para sumar.

6 canicas

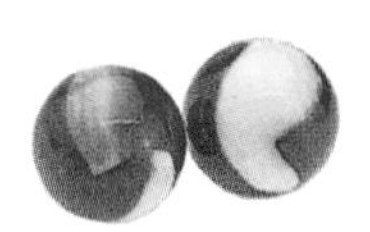

2 canicas

Cuenta hacia adelante desde el número mayor para sumar.

6, 7, 8

6 + 2 = 8

parte parte entero

+ se lee: **más**.
Significa **sumar**.
= significa **igual a**.

Suma las partes para hallar el entero.

6 + 2 = 8 es un **enunciado de suma**.

Se lee así: "seis más dos es **igual a** ocho".

Aprendizaje con supervisión

Escribe los números que faltan. Cuenta hacia adelante desde el número mayor.

1. 2 + 5 = ?

   5, ___, ___

2. 7 + 3 = ?

   7, ___, ___, ___

Manos a la obra

Usa **.**

Forma los trenes numéricos.
Cuenta hacia adelante desde el número mayor.
Completa el enunciado de suma.

1. 8

   2

   ___, ___, ___

   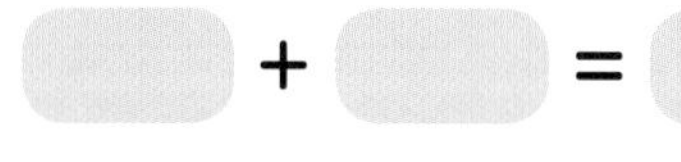

   ___ + ___ = ___

5 

5, ___, ___, ___, ___

4 + 5 = ___

Aprendizaje con supervisión

Cuenta hacia adelante desde el número mayor. Completa el enunciado de suma.

●	●	●		
●	●	●	●	

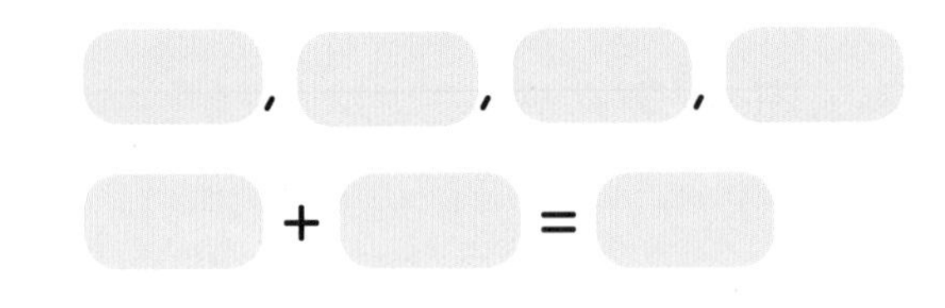

Puedes contar hacia adelante para hallar cuántos más hay.

¿Qué número es 2 **más que** 7?

Más que significa **sumado a.**

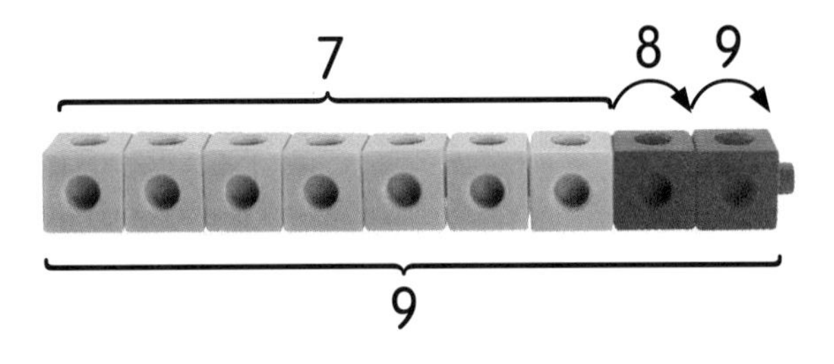

9 es 2 más que 7.

Aprende

Puedes sumar usando una cinta para contar.

Halla 2 más que 5

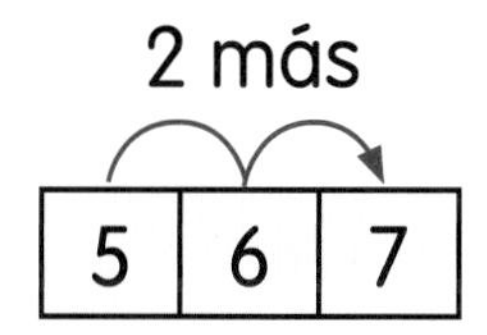

2 más que 5 es 7.

Cuenta desde 5 hacia adelante.

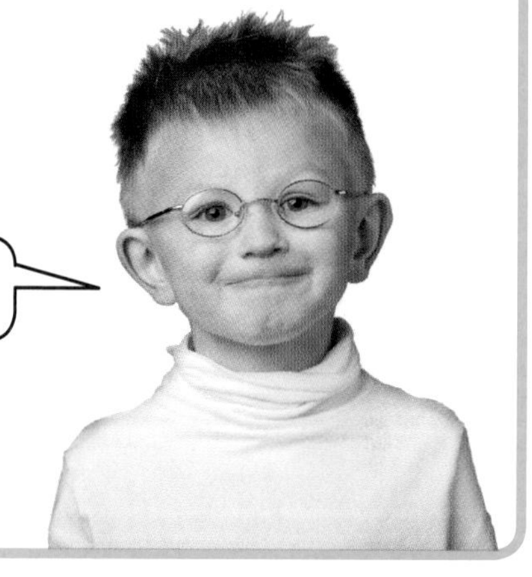

Aprendizaje con supervisión

Halla los números que faltan.

4 ¿Cuánto es 3 más que 5?

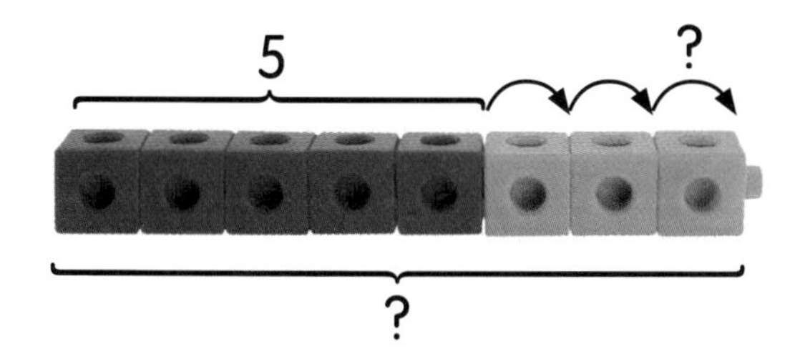

5, ___, ___, ___

___ es 3 más que 5.

5 ¿Cuánto es 2 más que 6?

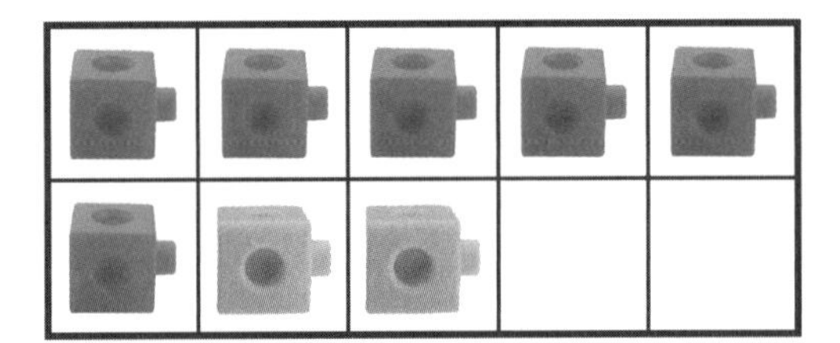

___ es 2 más que 6.

6 ¿Cuánto es 3 más que 4?

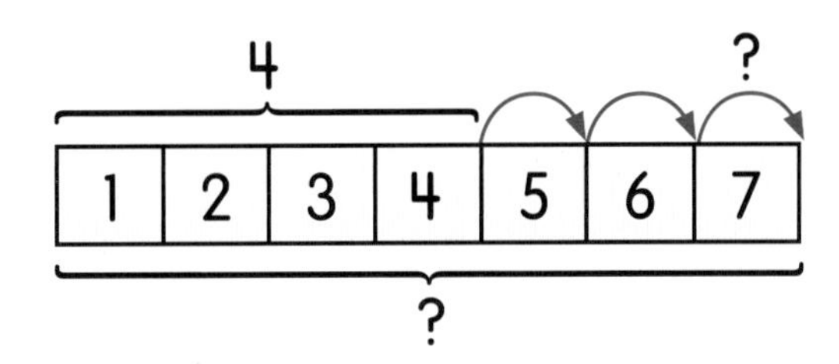

___ es 3 más que 4.

Juego

Jugadores: 3
Necesitas:
- 2 mazos de tarjetas

¡Diversión con tarjetas!

Instrucciones:

Forma dos mazos de tarjetas.

Mazo X: 1 2 3 0 1 2 3

Mazo Y: 1 2 3 4 5 6 7

El jugador 1 elige una tarjeta del mazo X.

El jugador 2 elige una tarjeta del mazo Y.

El jugador 3 suma los números que están en las tarjetas y luego dice el resultado.

PASO 5

Los jugadores 1 y 2 comprueban el resultado.

El jugador 3 obtiene un punto si el resultado es correcto. Túrnate con tus compañeros para elegir tarjetas y sumar.

Después de 6 rondas, ¡el jugador con más puntos gana!

Practiquemos

Suma.
Cuenta hacia adelante desde el número mayor.

1. 4 + 2 =

2. 6 + 1 =

3. 2 + 3 =

4. 7 + 3 =

5. 3 + 5 =

6. 2 + 8 =

7. ¿Qué número es 4 más que 5?

8. ¿Qué número es 3 más que 6?

9. ¿Qué número es 2 más que 7?

POR TU CUENTA

Ver Cuaderno de actividades A:
Práctica 1, págs. 41 a 46

Aprende

Los números conectados te ayudan a sumar.

¿Cuántos automóviles de juguete hay en total?

parte 3, parte 2, entero 5

$3 + 2 = 5$

parte 2, parte 3, entero 5

$2 + 3 = 5$

Hay 5 automóviles de juguete en total.

Puedes sumar en cualquier orden.

$3 + 2 = 2 + 3$

Aprendizaje con supervisión

Suma. Usa números conectados como ayuda.

6 ¿Cuántos clips hay en total?

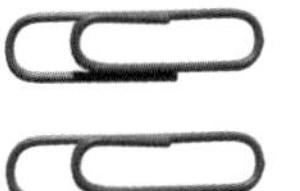

parte 4, parte 3, entero 7

parte 3, parte 4, entero 7

___ + ___ = ___

___ + ___ = ___

Hay ___ clips en total.

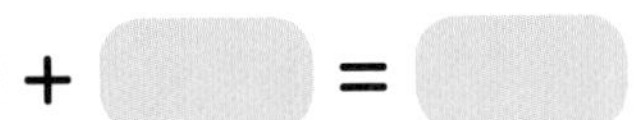

$4 + 3 =$ ___ + ___

Aprende

Los números conectados te ayudan a sumar.

¿Cuántos limones hay en total?

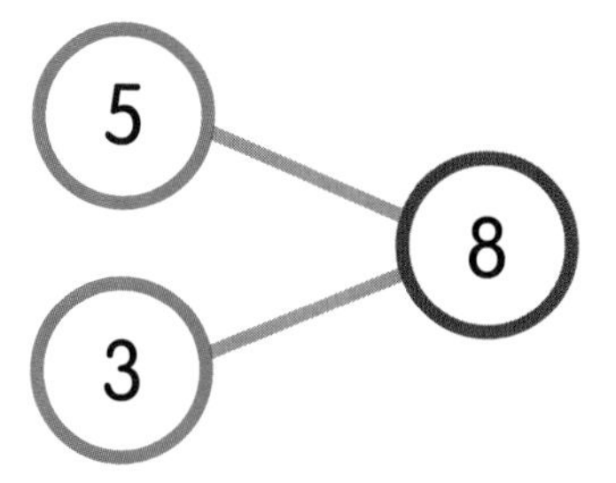

$5 + 3 = 8$

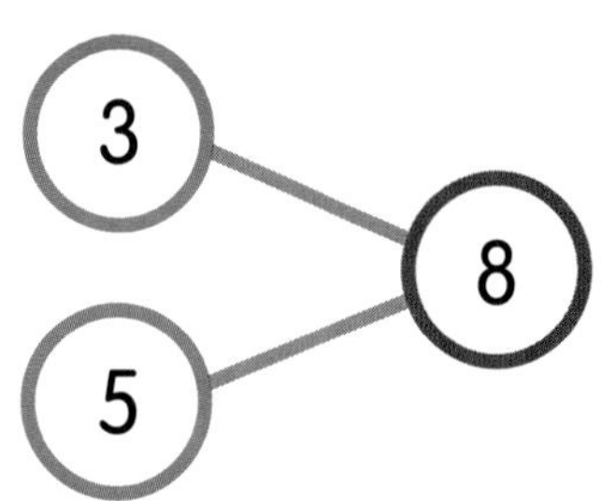

$3 + 5 = 8$

Hay 8 limones en total.

Puedes sumar en cualquier orden.

$5 + 3 = 3 + 5$

3 sumado a 5 es igual a 8.
___ sumado a ___
también es igual a 8.

Suma.
Usa números conectados como ayuda.

7 ¿Cuántos monos hay en total?

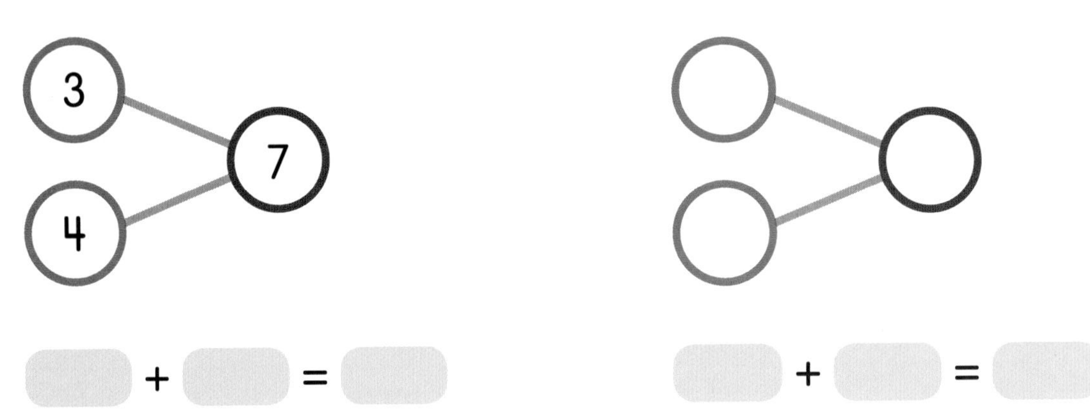

___ + ___ = ___   ___ + ___ = ___

Hay ___ monos en total.

Puedes sumar en cualquier orden.

___ + ___ = ___ + ___

4 sumado a 3 es igual a 7.
___ sumado a ___
también es igual a 7.

Manos a la obra

Usa 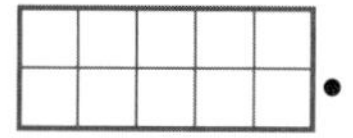 **y dos** .

Representa 2 + 8.

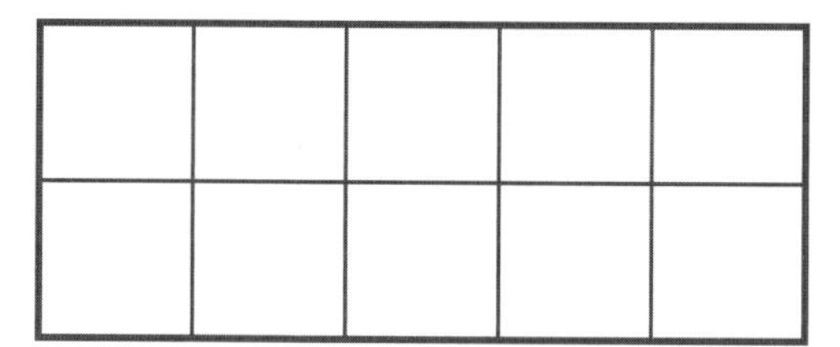

Representa 8 + 2.

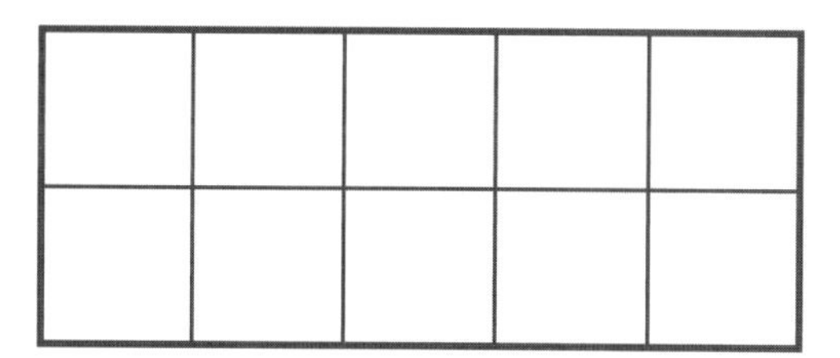

¿Qué puedes decir sobre 2 + 8 y 8 + 2?

Practiquemos

Completa los números conectados.

1

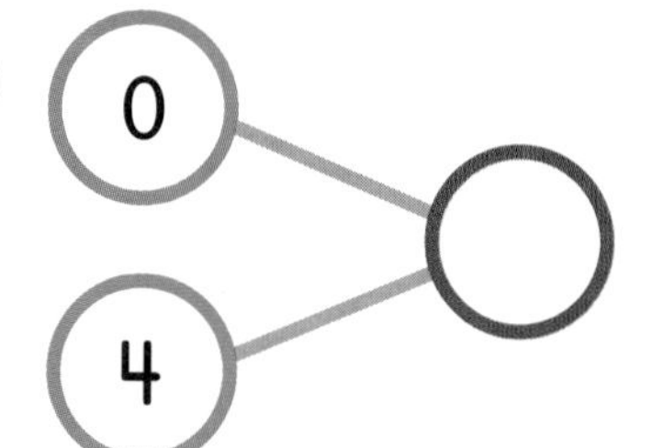

2

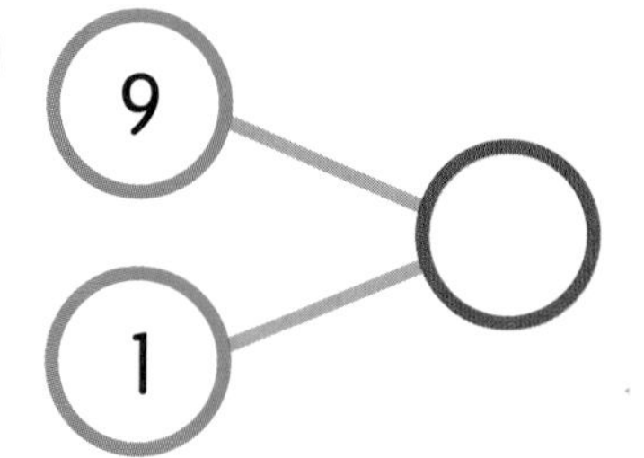

1

10

Completa los números conectados.
Escribe los números que faltan.

3 ¿Cuántas crayolas hay en total?

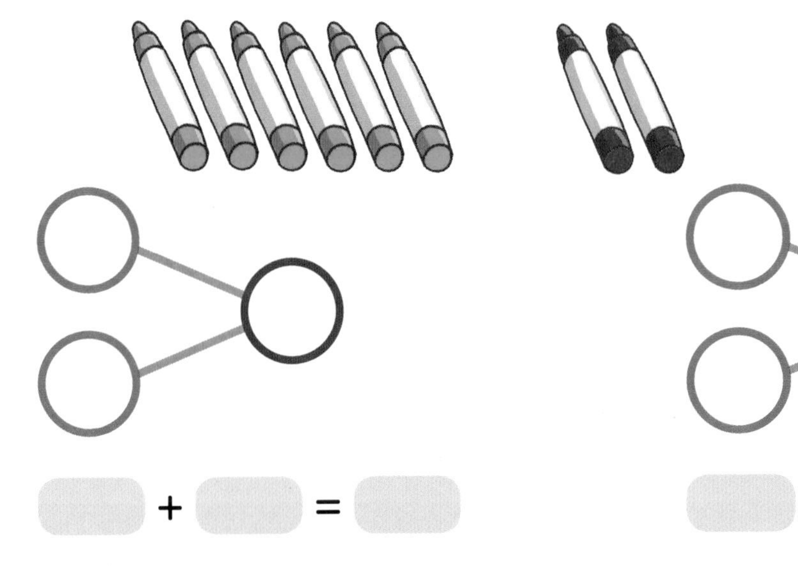

___ + ___ = ___   ___ + ___ = ___

Hay ___ crayolas en total.

___ + ___ = ___ + ___

4 ¿Cuántas abejas hay en total?

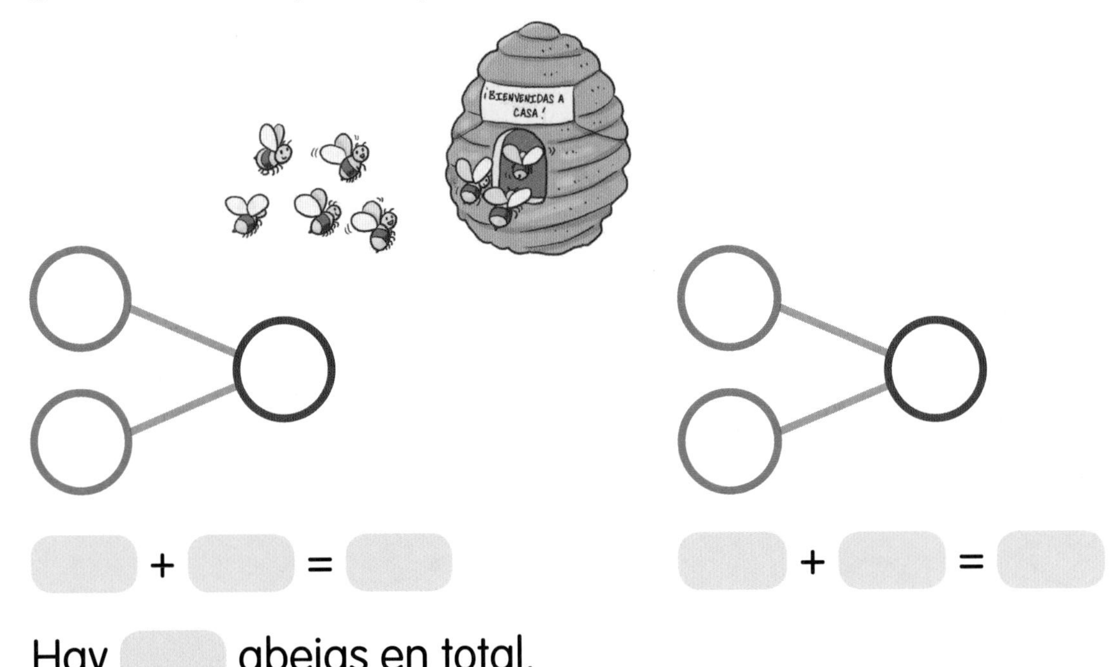

___ + ___ = ___   ___ + ___ = ___

Hay ___ abejas en total.

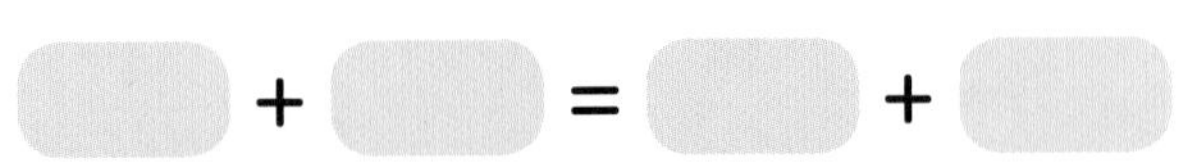

___ + ___ = ___ + ___

POR TU CUENTA

Ver Cuaderno de actividades A: Práctica 2, págs. 45 a 52

LECCIÓN

2 Contar cuentos de suma

Objetivos de la lección

- Contar cuentos de suma sobre ilustraciones.
- Escribir enunciados de suma.

Vocabulario
cuento de suma

Aprende

Puedes contar cuentos de suma sobre una ilustración.

Hay 5 🦆 en una laguna.

Se acercan 4 🦆.

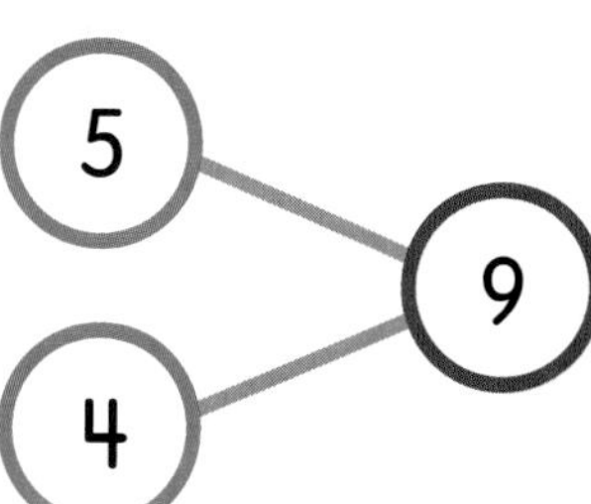

5 + 4 = 9

Hay 9 🦆 en total.

Aprendizaje con supervisión

Observa las ilustraciones.
Cuenta un cuento de suma.

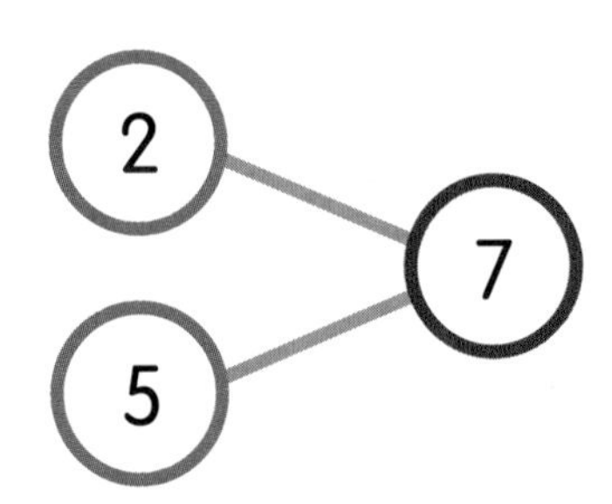

Hay ___ ositos de peluche grandes sobre la mesa.

Hay ___ ositos de peluche pequeños sobre la mesa.

$2 + 5 = 7$

Hay ___ ositos de peluche en total.

2

2 manzanas

0 manzanas

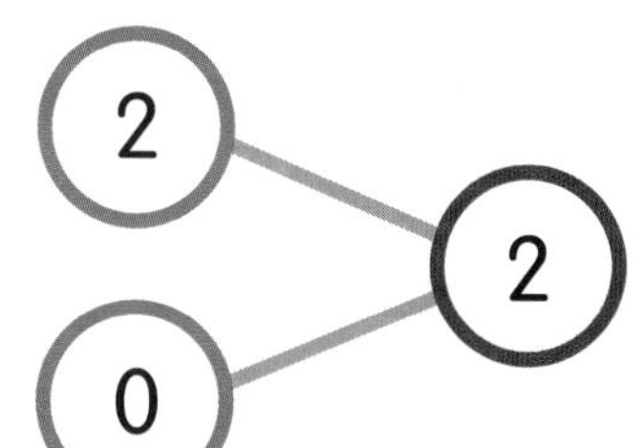

$2 + \_\_\_ = 2$

Un plato tiene ___ manzanas.

El otro plato tiene ___ manzanas.

Hay ___ manzanas en total.

3

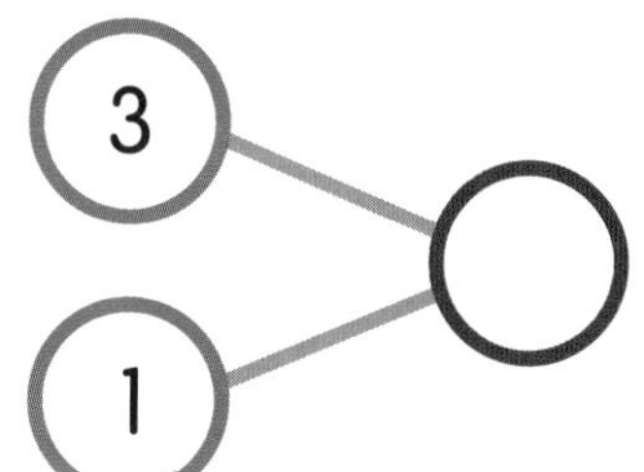

$3 + 1 = \_\_\_$

___ niñas juegan.

___ niña viene a jugar con ellas.

En total, hay  niñas.

Practiquemos

Observa la ilustración.
Cuenta un cuento de suma sobre estas cosas.

1. las aves
2. las bicicletas
3. las tortugas

POR TU CUENTA

Ver Cuaderno de actividades A:
Práctica 3, págs. 51 a 56

LECCIÓN 3

Problemas cotidianos: La suma

Objetivos de la lección

- Escribir enunciados de suma.
- Resolver problemas cotidianos.

Aprende

Lee y comprende un problema.

6 niñas juegan.
3 niños juegan con ellas.
¿Cuántos niños y niñas juegan en total?

$6 + 3 = 9$

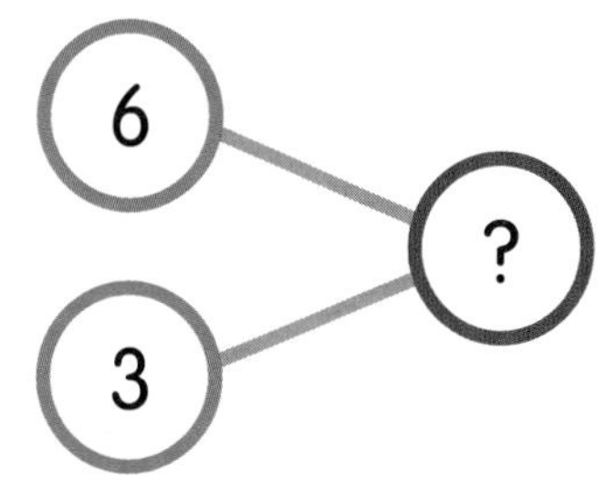

En total, juegan 9 niños y niñas.

Aprendizaje con supervisión

Resuelve.

1. John tiene 2 tarjetas de béisbol.
Tiene 4 tarjetas de fútbol americano.
¿Cuántas tarjetas tiene John en total?

En total, John tiene ____ tarjetas.

Aprende

Lee y comprende un problema.

Nick tiene 4 gatitos de plastilina.
Hace 5 gatitos más.

¿Cuántos gatitos de plastilina tiene ahora?

$4 + 5 = 9$

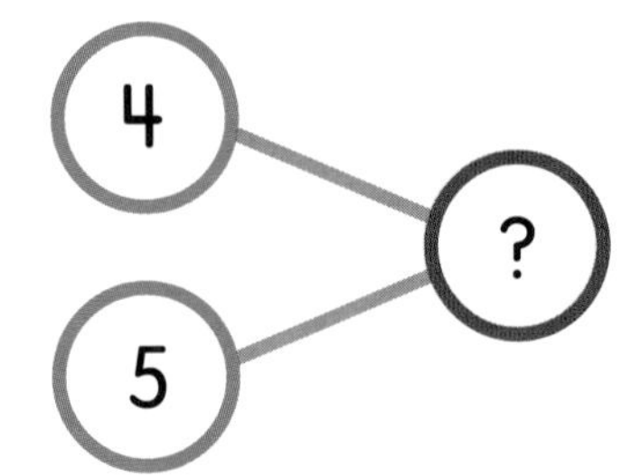

Ahora, Nick tiene 9 gatitos de plastilina.

Aprendizaje con supervisión

Resuelve.

2

Mary no tiene manzanas en su plato.
Tatiana pone 4 manzanas en el plato de Mary.
¿Cuántas manzanas tiene Mary ahora?

Ahora, Mary tiene ____ manzanas.

Practiquemos

Resuelve.

1 Megan tiene 4 marcadores rojos.
Tiene 3 marcadores azules.
¿Cuántos marcadores tiene Megan en total?

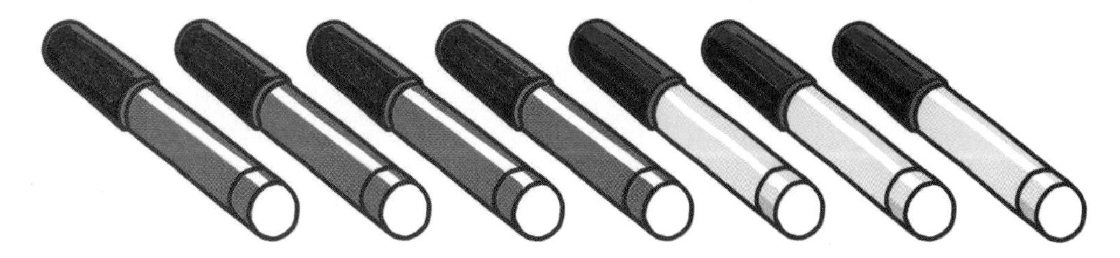

2 2 niños bailan.
7 niños se acercan a bailar con ellos.
¿Cuántos niños bailan ahora?

3

Frasco A

Frasco B

El frasco A tiene 5 canicas.
El frasco B tiene 0 canicas.
¿Cuántas canicas hay en total?

POR TU CUENTA

Ver Cuaderno de actividades A:
Práctica 4, págs. 55 a 58

¡Ponte la gorra de pensar!

RESOLUCIÓN DE PROBLEMAS

Escribe los números que faltan.

Completa los ___ con 1, 2, 3, 4, 6 ó 7.
Usa cada número solo una vez.
Luego, escribe el número que falta en ___, ___ y ___.
Los números pueden ser 10 o números menores que 10.

El resultado en ___ debe ser mayor que el resultado en ___.

El resultado en ___ debe ser menor que el resultado en ___.

___ + ___ = ___

___ + ___ = ___

___ + ___ = ___

Hay más de una respuesta correcta.

POR TU CUENTA
Ver Cuaderno de actividades A:
¡Ponte la gorra de pensar!
págs. 59 a 60

Resumen del capítulo

Has aprendido...

Operaciones de suma hasta 10

Maneras de sumar

Cuenta hacia adelante desde el número mayor.

2 + 3 = ?

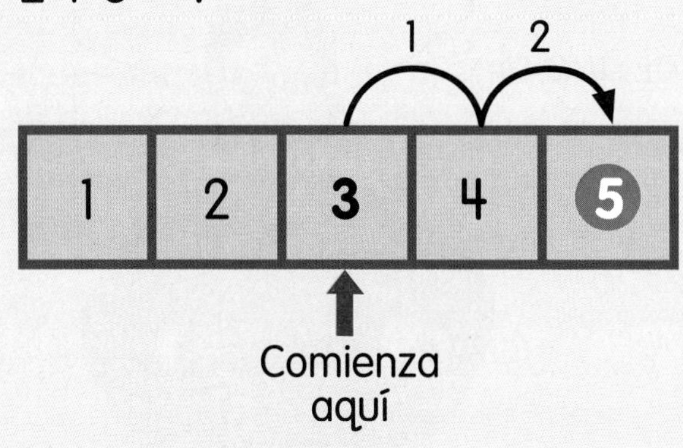

Cuenta cuentos de suma sobre una ilustración y escribe un enunciado de suma para cada cuento.

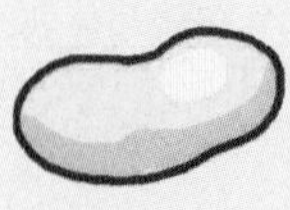
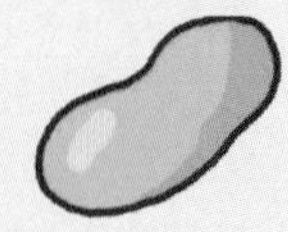
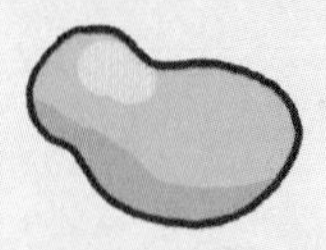

Hay 1 habichuela amarilla.
Hay 2 habichuelas verdes.

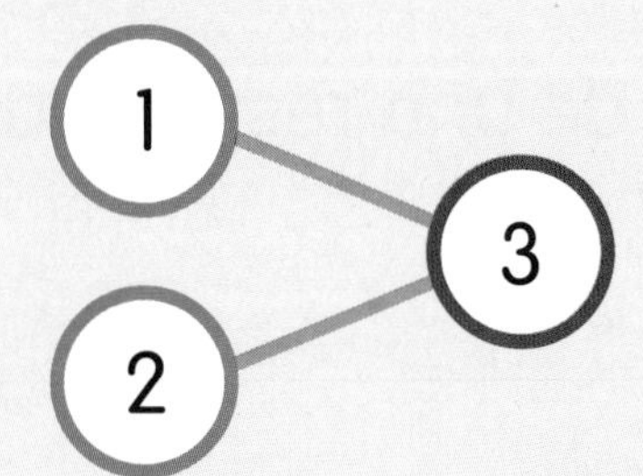

1 + 2 = 3

Hay 3 habichuelas en total.

Números conectados

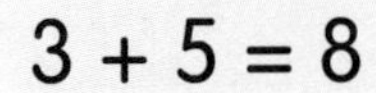

$3 + 5 = 8$

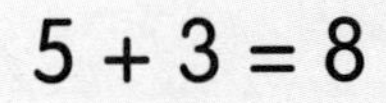

$5 + 3 = 8$

3	8
5	

5	8
3	

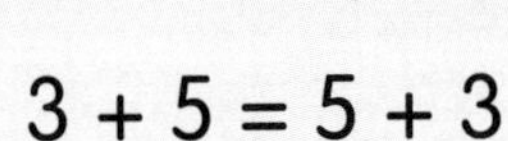

$3 + 5 = 5 + 3$

Resuelve problemas cotidianos.

Kelly tiene 6 adhesivos.
Su amigo le da 2 adhesivos.
¿Cuántos adhesivos tiene Kelly ahora?

$6 + 2 = 8$

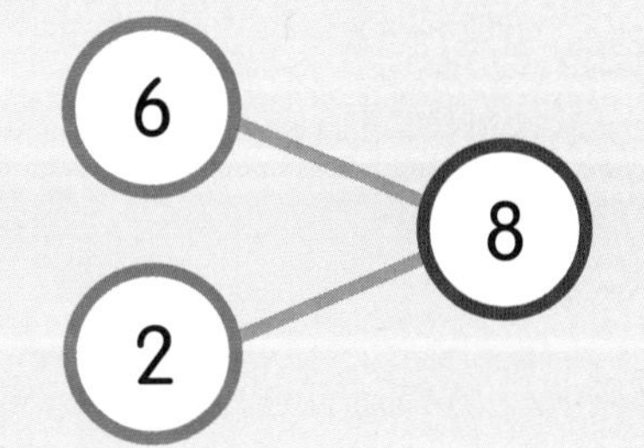

Ahora, Kelly tiene 8 adhesivos.

POR TU CUENTA

Ver Cuaderno de actividades A: Repaso/Prueba del capítulo, págs. 61 a 64

Operaciones de resta hasta 10

Podemos usar la resta para saber cuánto queda de algo.

Recordar conocimientos previos

Contar

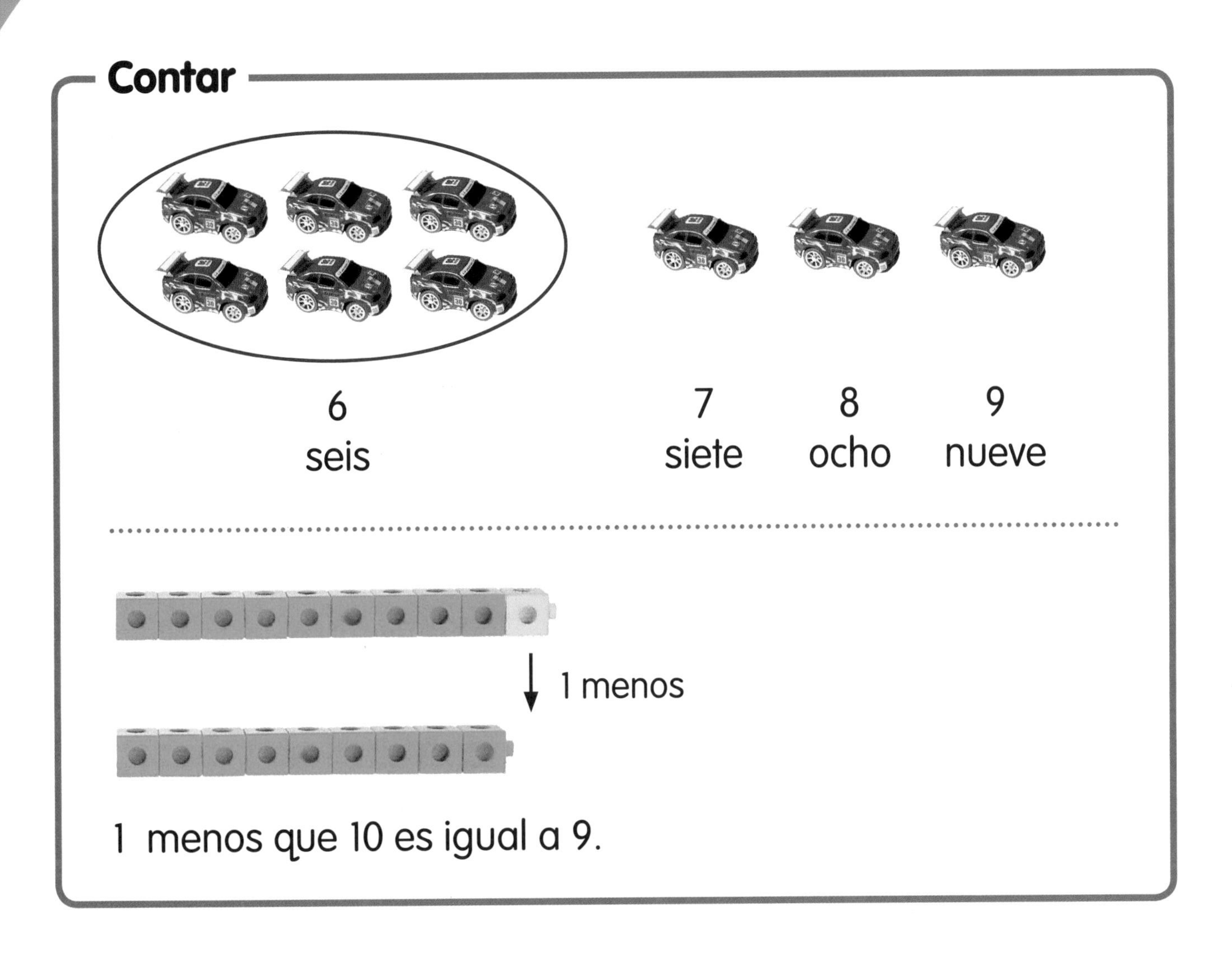

1 menos que 10 es igual a 9.

Números conectados

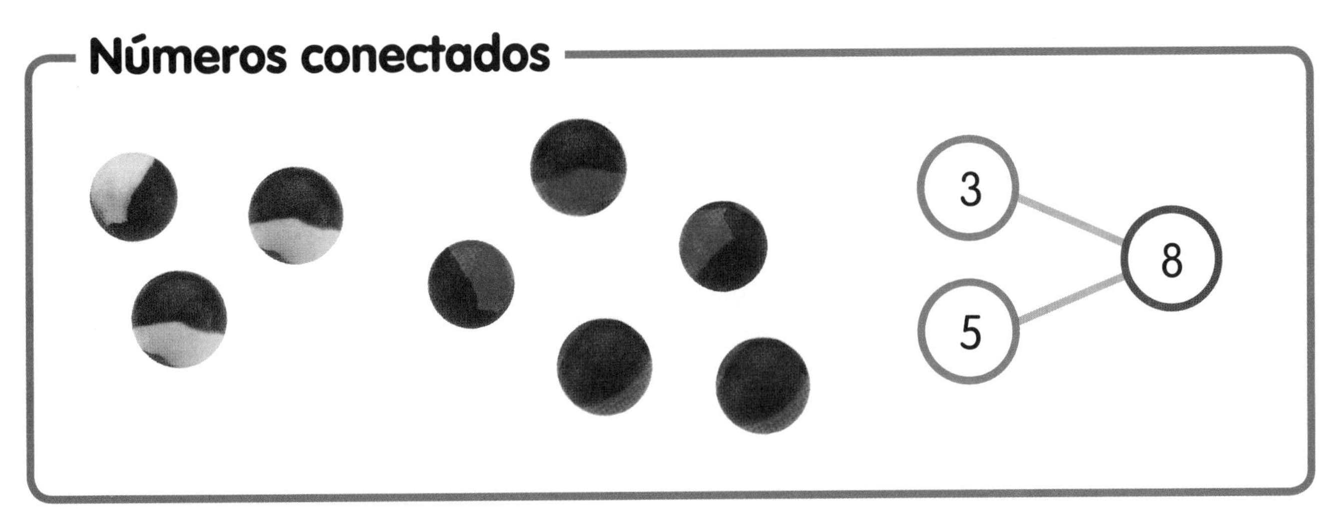

Halla los números que faltan en cada patrón.

1. 2, 3, 4, ____, ____, ____

2. 9, 8, 7, ____, ____, ____

Observa la ilustración.
Completa los números conectados.

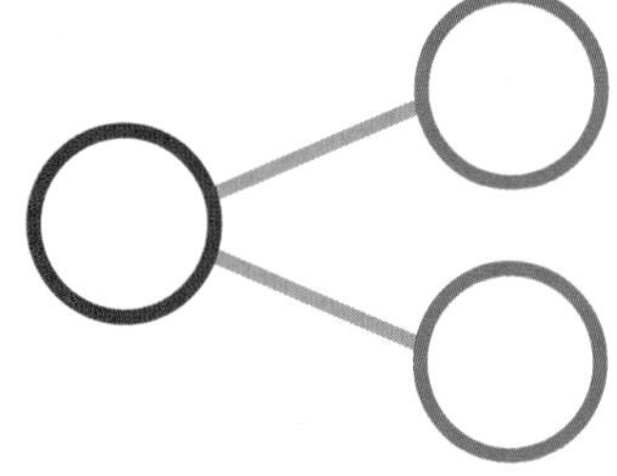

Resuelve.

4. 

____ es 1 menos que 7.

Maneras de restar

Objetivos de la lección

- Quitar para restar.
- Contar hacia adelante para restar.
- Contar hacia atrás para restar.
- Usar números conectados para restar.
- Escribir y resolver enunciados de resta.

Vocabulario
quitar
restar
menos (–)
enunciado de resta
menos que

Aprende

Puedes **quitar** para **restar**.

9 arañas están desayunando.
6 arañas se van.
¿Cuántas arañas quedan?

Si tachas 6 arañas, **quitas** 6 arañas.

Resta una parte del entero para hallar la otra parte.

$9 - 6 = 3$

entero parte parte

– se lee **menos**.
Significa **restar**.

Quedan 3 arañas.

$9 - 6 = 3$ es un **enunciado de resta**.

Se lee: "Nueve menos seis es igual a tres."

Aprendizaje con supervisión

Halla cuántos quedan.

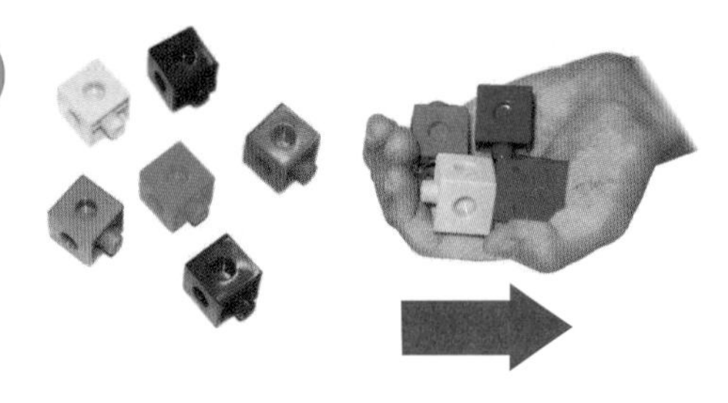

10 – 4 =

8 – 2 =

Manos a la obra

Usa  **y** .

1 9 – 3 = ?
Coloca 9  en la .
Luego, quita 3 .
9 – 3 =

Resuelve.

2 10 – 5 =

 8 – 7 =

Aprende

Puedes quitar para hallar cuántos menos.

¿Cuánto es 2 menos que 6?

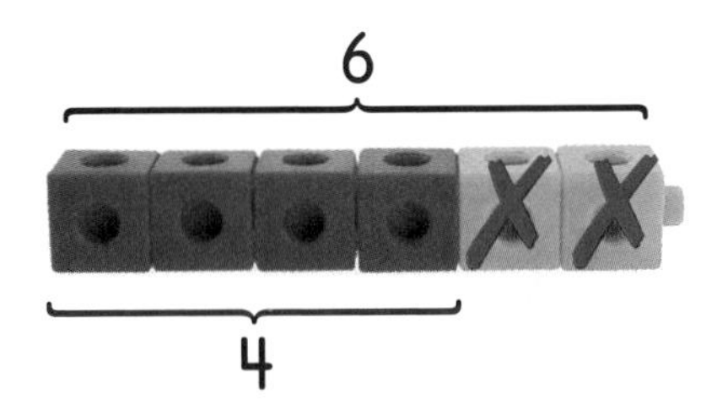

6 – 2 = 4

4 es 2 menos que 6.

Menos que significa que algo **se quitó.**

Si se quitan 2 de 6, quedan 4.

Aprendizaje con supervisión

Resuelve.

3. ¿Cuánto es 5 menos que 8?

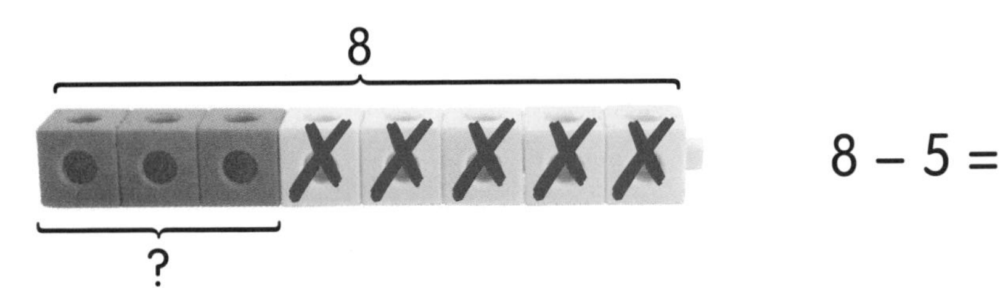

8 – 5 = ____

____ es 5 menos que 8.

4. ¿Cuánto es 3 menos que 7?

7 – 3 = ____

____ es 3 menos que 7.

Aprende

Puedes contar hacia adelante para restar.

Hay 9 pájaros en una cuerda.
6 pájaros se alejan volando.
¿Cuántos pájaros quedan en la cuerda?

Halla 9 – 6.
Cuenta hacia adelante desde el número menor, 6.
Para en 9.

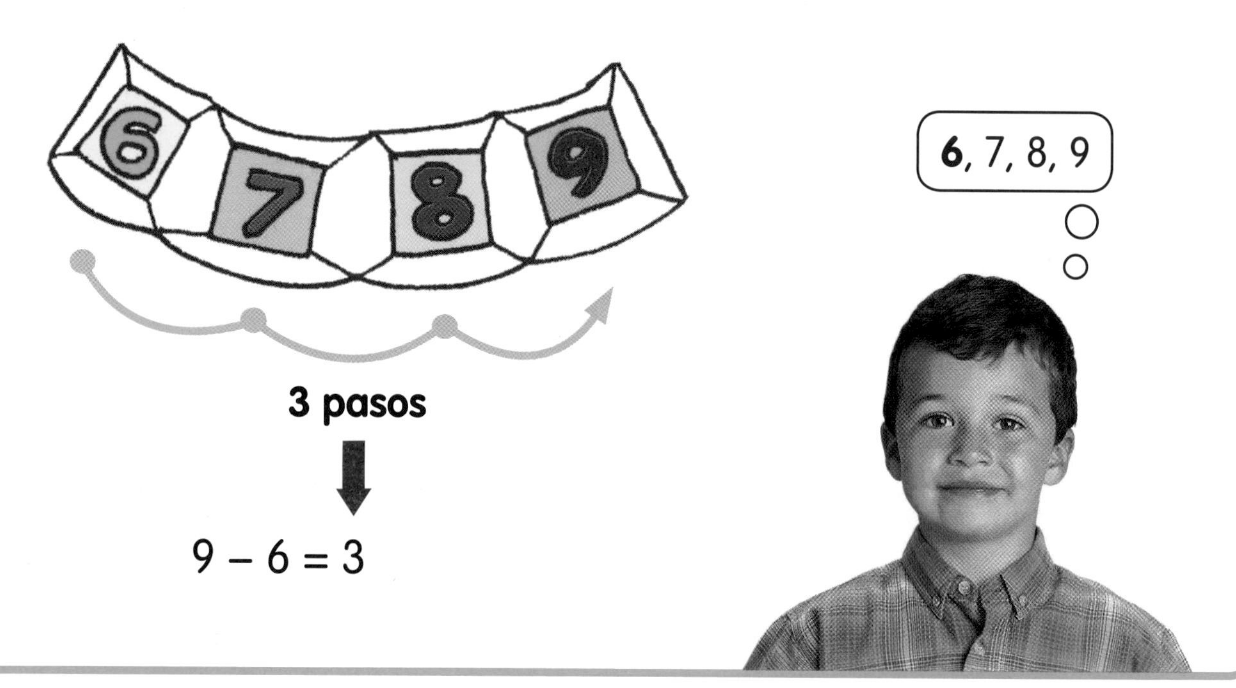

TRABAJAR EN GRUPO **Juego**

¿Qué se esconde?

Jugadores: 3-4
Necesitas:
- 

Instrucciones:

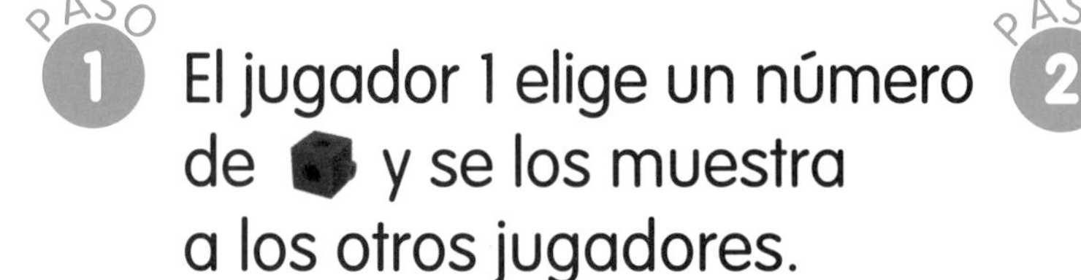

PASO 1 El jugador 1 elige un número de ■ y se los muestra a los otros jugadores.

PASO 2 El jugador 1 esconde algunos.

PASO 3 Los otros jugadores deben decir cuántos ■ escondió el jugador 1. Cuenta hacia adelante para descubrirlo.

PASO 4 Comprueba su respuesta. Túrnate con los otros jugadores para jugar.

¡Correcto!

Aprendizaje con supervisión

Cuenta hacia adelante desde el número menor para restar. Usa la cinta para contar.

5 8 – 6 = ___

6 6 – 3 = ___

7 10 – 7 = ___

8 9 – 5 = ___

Aprende

Puedes contar hacia atrás para restar usando una cinta para contar.

Halla 9 – 2.
Comienza desde el número mayor, 9.
Cuenta hacia atrás 2 pasos.

2 pasos

9 – 2 = 7

9, 8, 7

Aprendizaje con supervisión

Cuenta hacia atrás desde el número mayor para restar.

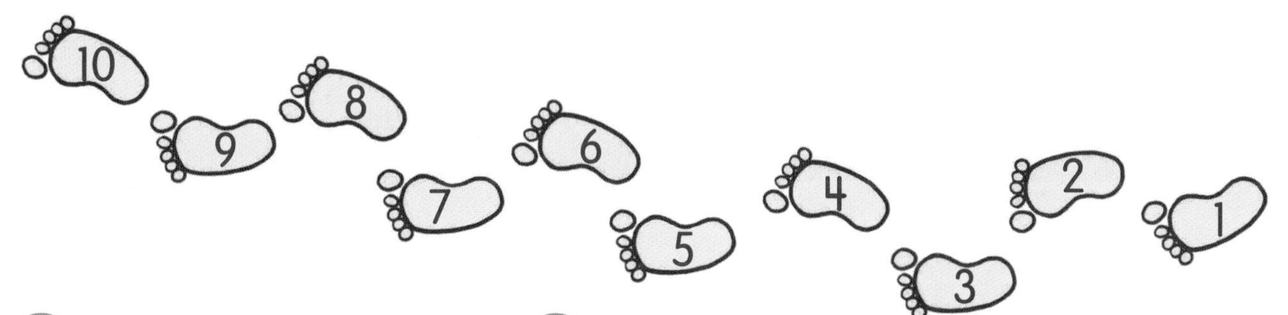

9) 7 – 2 = ___ 10) 9 – 3 = ___

11) 8 – 4 = ___ 12) 10 – 3 = ___

Practiquemos

Resuelve.

1) ¿Cuánto es 3 menos que 5? ___

2) ¿Cuánto es 4 menos que 10? ___

Cuenta hacia adelante desde el número menor para restar.

3) 5 – 3 = ___ 4) 7 – 3 = ___

5) 10 – 6 = ___ 6) 9 – 4 = ___

Cuenta hacia atrás desde el número mayor para restar.

7) 9 – 6 = ___ 8) 7 – 4 = ___

9) 8 – 6 = ___ 10) 10 – 9 = ___

POR TU CUENTA

Ver Cuaderno de actividades A: Práctica 1, págs. 65 a 70

Aprende

Puedes usar números conectados para restar.

¿Cuántas bolsas con habichuelas hay en el piso?

$9 - 5 = ?$

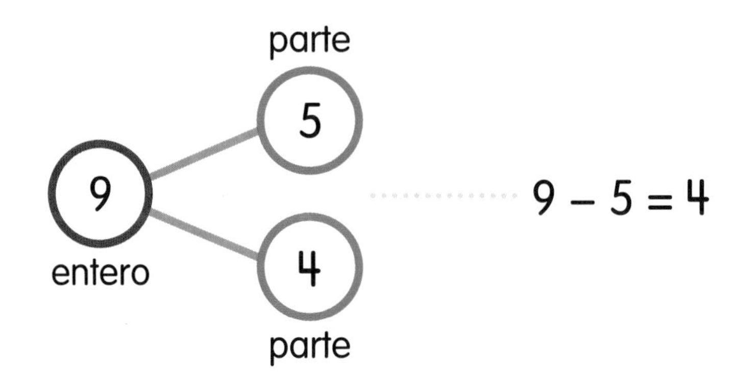

Hay 4 bolsas con habichuelas en el piso.

Aprendizaje con supervisión

Usa números conectados para restar.

13 ¿Cuántas habichuelas amarillas hay?

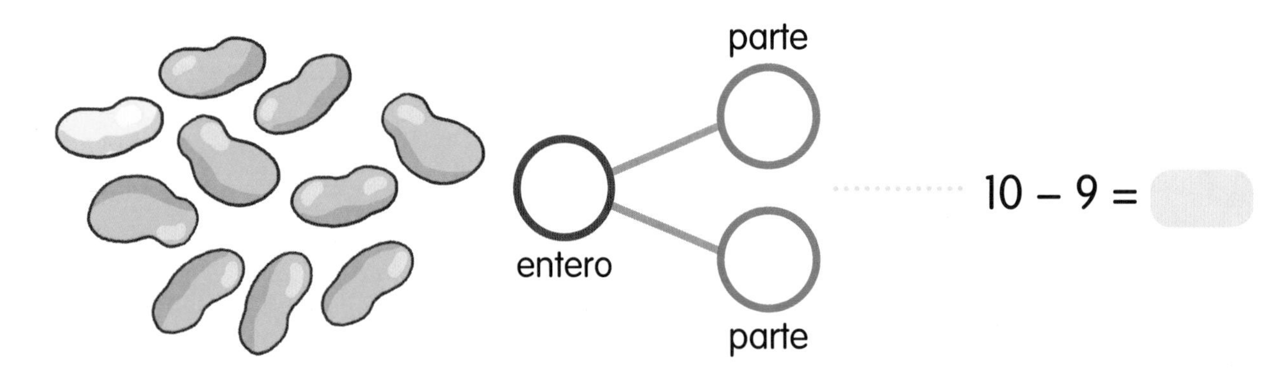

Hay ____ habichuela amarilla.

Aprende

Puedes usar números conectados para restar.

¿Cuántas fresas quedan en el plato?

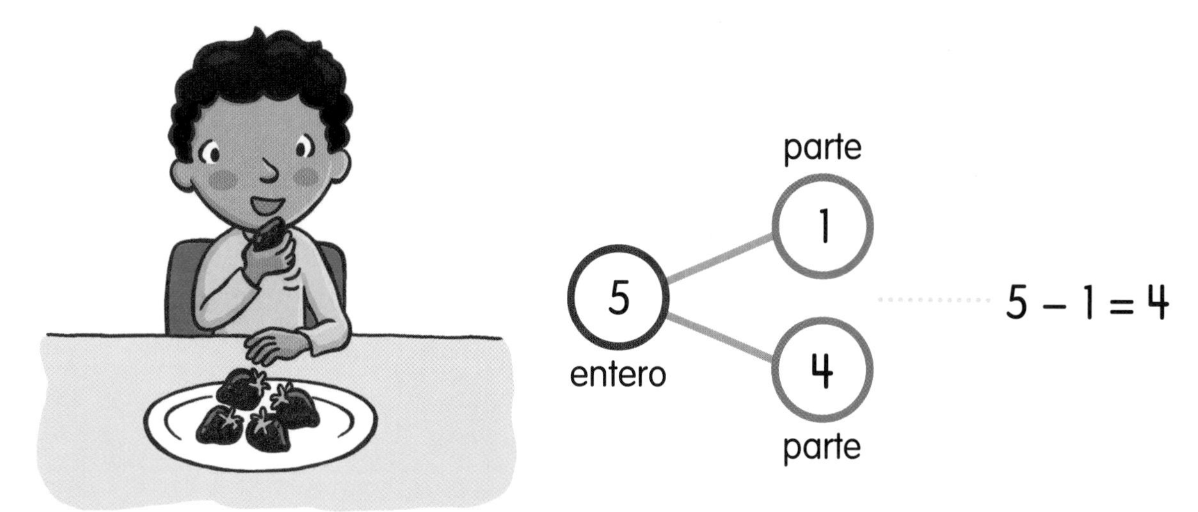

Quedan 4 fresas en el plato.

Aprendizaje con supervisión

Usa números conectados para restar.

14 ¿Cuántos caballitos de mar no se alejan nadando?

parte

entero

parte

10 – ___ = ___

___ caballitos de mar no se alejan nadando.

Practiquemos

Completa los números conectados.
Completa los enunciados de resta.

1 ¿Cuántos sapos hay flotando en las hojas?

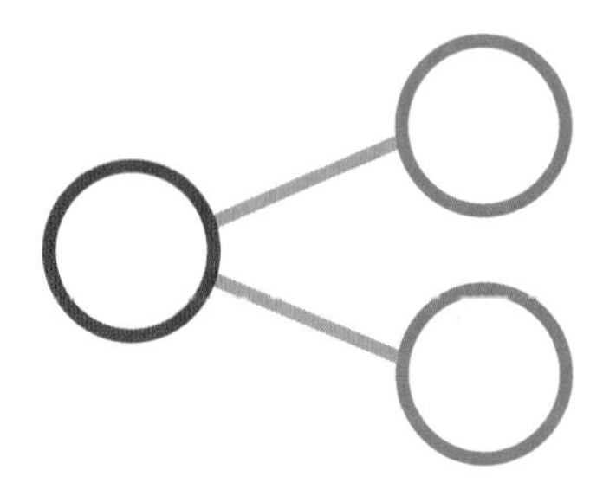

8 – ___ = ___

Hay ___ sapos flotando en las hojas.

2 ¿Cuántos pájaros quedan en el nido?

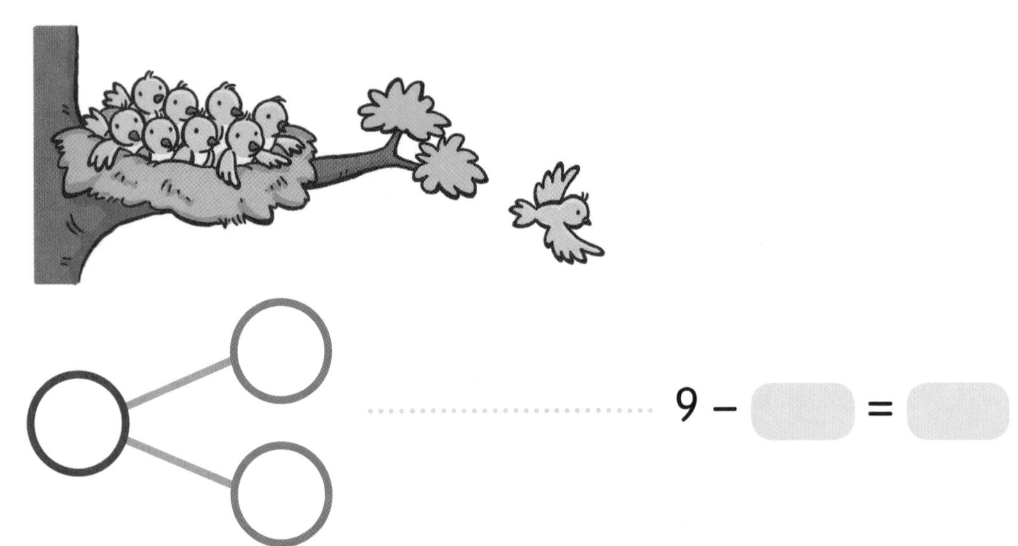

9 – ___ = ___

Quedan ___ pájaros en el nido.

POR TU CUENTA

Ver Cuaderno de actividades A: Práctica 2, págs. 71 a 76

Contar cuentos de resta

Objetivos de la lección

- Contar cuentos de resta sobre diferentes ilustraciones.
- Escribir enunciados de resta.

Vocabulario
cuento de resta

Aprende

Puedes contar cuentos de resta sobre una ilustración.

Hay 7 animales.
4 son ardillas.

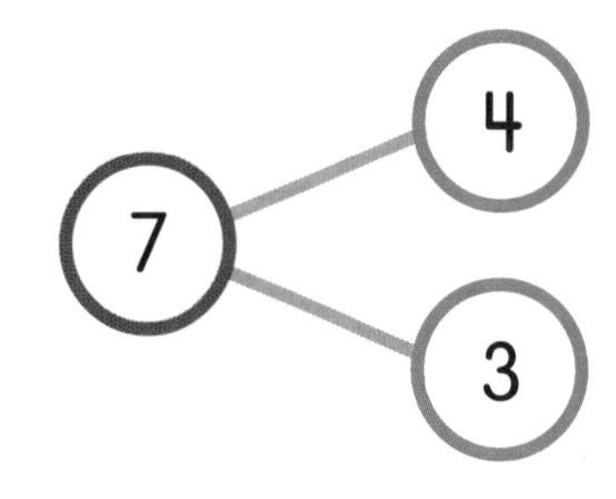

$7 - 4 = 3$

3 son hámsteres.

Aprendizaje con supervisión

Observa la ilustración.
Cuenta un cuento de resta.
Completa el enunciado de resta.

1

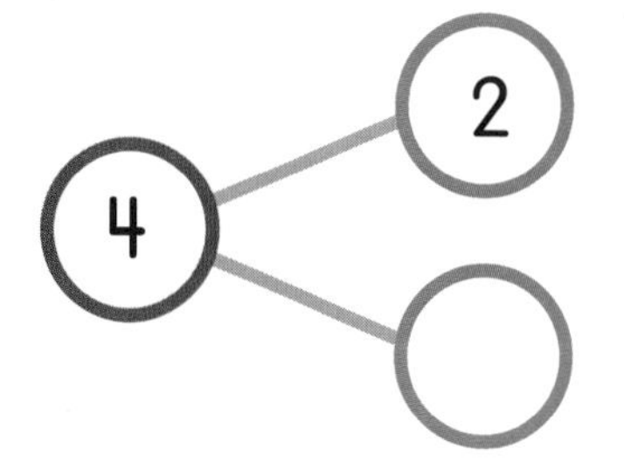

4 − ___ = ___

Aprende

Puedes contar cuentos de resta sobre una ilustración.

Sarah tiene 10 manzanas.
Josh toma 2 de las manzanas de Sarah.

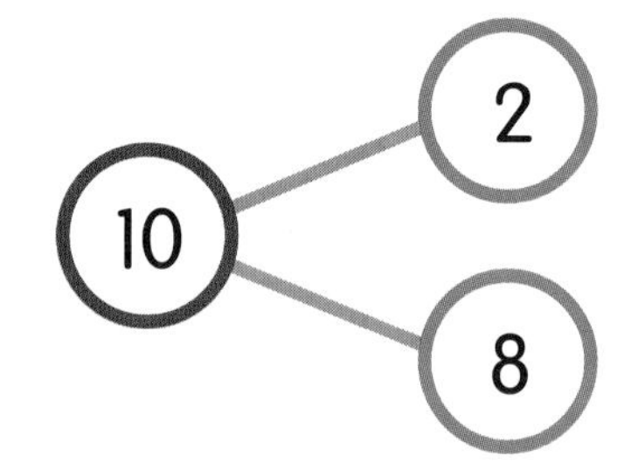

$10 - 2 = 8$

A Sarah le quedan 8 manzanas.

Aprendizaje con supervisión

Observa las ilustraciones.
Cuenta un cuento de resta.
Completa el enunciado de resta.

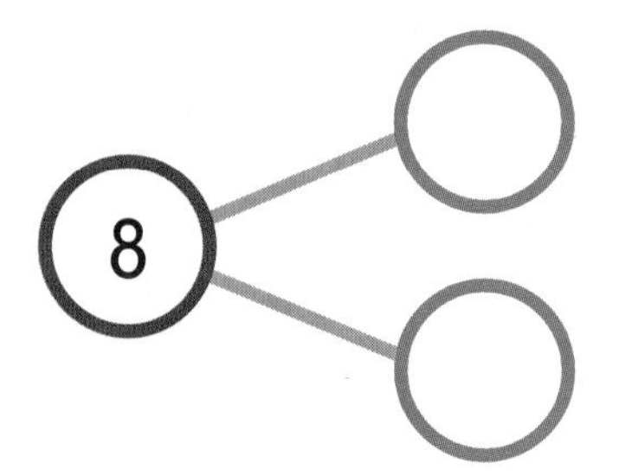

8 – ____ = ____

Manos a la obra

Usa fichas.

1. Coloca algunas fichas sobre la mesa.
Luego, quita 0 fichas.
¿Cuántas fichas quedan sobre la mesa?

$\square - 0 = \square$

2. Inténtalo de nuevo.
Coloca un número diferente de fichas sobre la mesa.
Luego, quita 0 fichas.
¿Cuántas fichas quedan sobre la mesa?

$\square - 0 = \square$

¿Qué notaste?

3. Cuenta un cuento sobre quitar 0.

Ejemplo

Tengo 3 botones en el pantalón.
0 botones se caen.
3 – 0 = 3

Practiquemos

Escribe un enunciado de resta para cada ilustración.

☐ − ☐ = ☐

Observa la ilustración.
Cuenta algunos cuentos de resta.
Escribe un enunciado de resta para cada cuento.

3

Ver Cuaderno de actividades A:
Práctica 3, págs. 77 a 80

LECCIÓN 3

Problemas cotidianos: La resta

Objetivos de la lección

- Escribir enunciados de resta.
- Resolver problemas cotidianos.

Aprende

Lee y comprende un problema en palabras.

Nora y Keisha tienen 9 naranjas.
Nora tiene 7 naranjas.
¿Cuántas naranjas tiene Keisha?

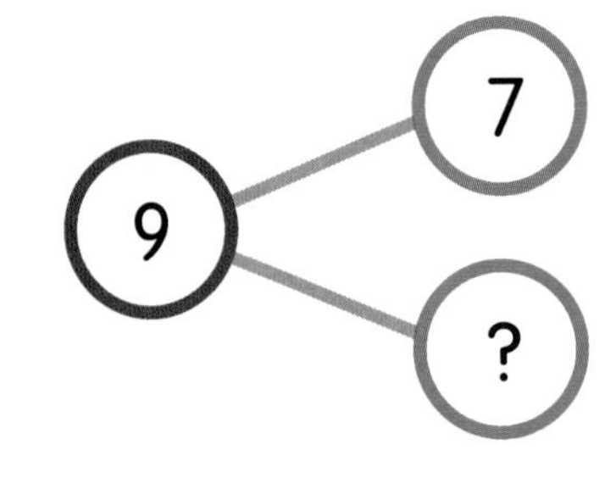

$9 - 7 = 2$

Keisha tiene 2 naranjas.

Aprendizaje con supervisión

Resuelve.

1. Hay 8 hormigas.
   3 hormigas son negras.
   ¿Cuántas hormigas son rojas?

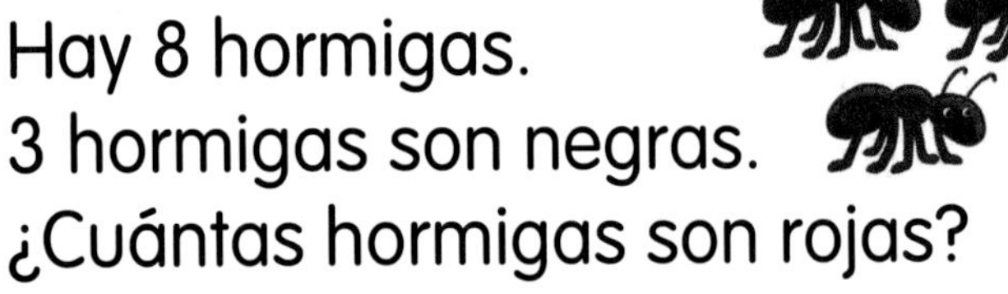

8
3
?

___ − ___ = ___

___ hormigas son rojas.

Aprende

Quita para restar y resolver problemas en palabras.

Hay 10 galletas en un plato.
Luis toma algunas.
Quedan 6 galletas.
¿Cuántas galletas toma?

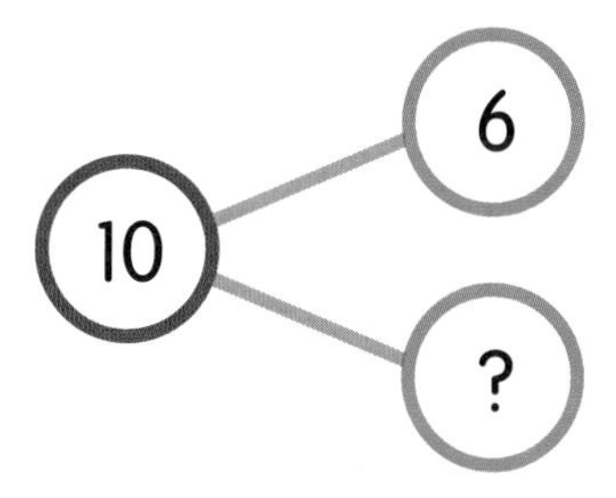

$10 - 6 = 4$

Luis toma 4 galletas.

Aprendizaje con supervisión

Resuelve.

2 Jackie tiene 9 globos.
2 globos explotan.
¿Cuántos globos
le quedan a Jackie?

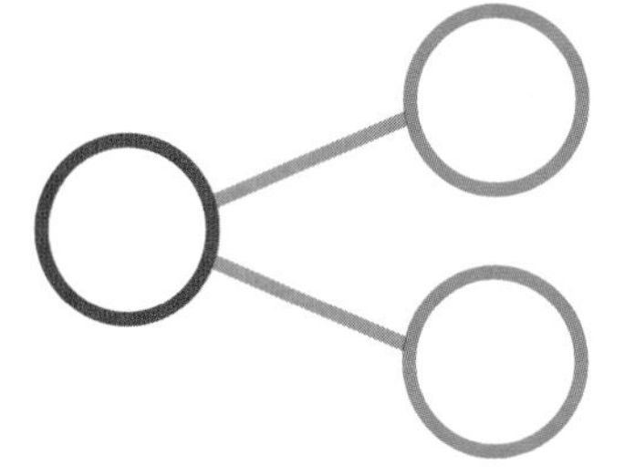

A Jackie le quedan ___ globos.

Practiquemos

Resuelve.

Un árbol tiene 7 limones.
2 limones son amarillos.
¿Cuántos limones son verdes?

2

Hay 10 pastelitos.
Héctor toma algunos.
Quedan 3 pastelitos.
¿Cuántos pastelitos toma Héctor?

POR TU CUENTA

Ver Cuaderno de actividades A:
Práctica 4, págs. 81 a 82

Fomar familias de operaciones

Objetivos de la lección

- Reconocer enunciados relacionados de suma y resta.
- Escribir familias de operaciones.
- Usar familias de operaciones para resolver problemas cotidianos.
- Determinar si los enunciados numéricos de suma y resta son verdaderos o falsos.

Vocabulario
familia de operaciones
verdadero
falso

Aprende

La suma y la resta están relacionadas.

parte

entero

parte

¿Cuántos ovillos de lana son amarillos?

$7 - 2 = 5$

¿Cuántos ovillos de lana son azules?

$7 - 5 = 2$

¿Cuántos ovillos de lana hay en total?

$2 + 5 = 7$ ó $5 + 2 = 7$

$7 - 2 = 5$ $7 - 5 = 2$ $2 + 5 = 7$ $5 + 2 = 7$

Esta es una **familia de operaciones**.

Todas las operaciones de una familia de operaciones tienen las mismas partes y el mismo entero.

Aprendizaje con supervisión

Observa la ilustración.
Escribe los números que faltan en la familia de operaciones.

1

$4 + 2 = 6$ $6 - 4 = 2$

___ + ___ = ___ ___ − ___ = ___

Forma una familia de operaciones para cada ilustración.

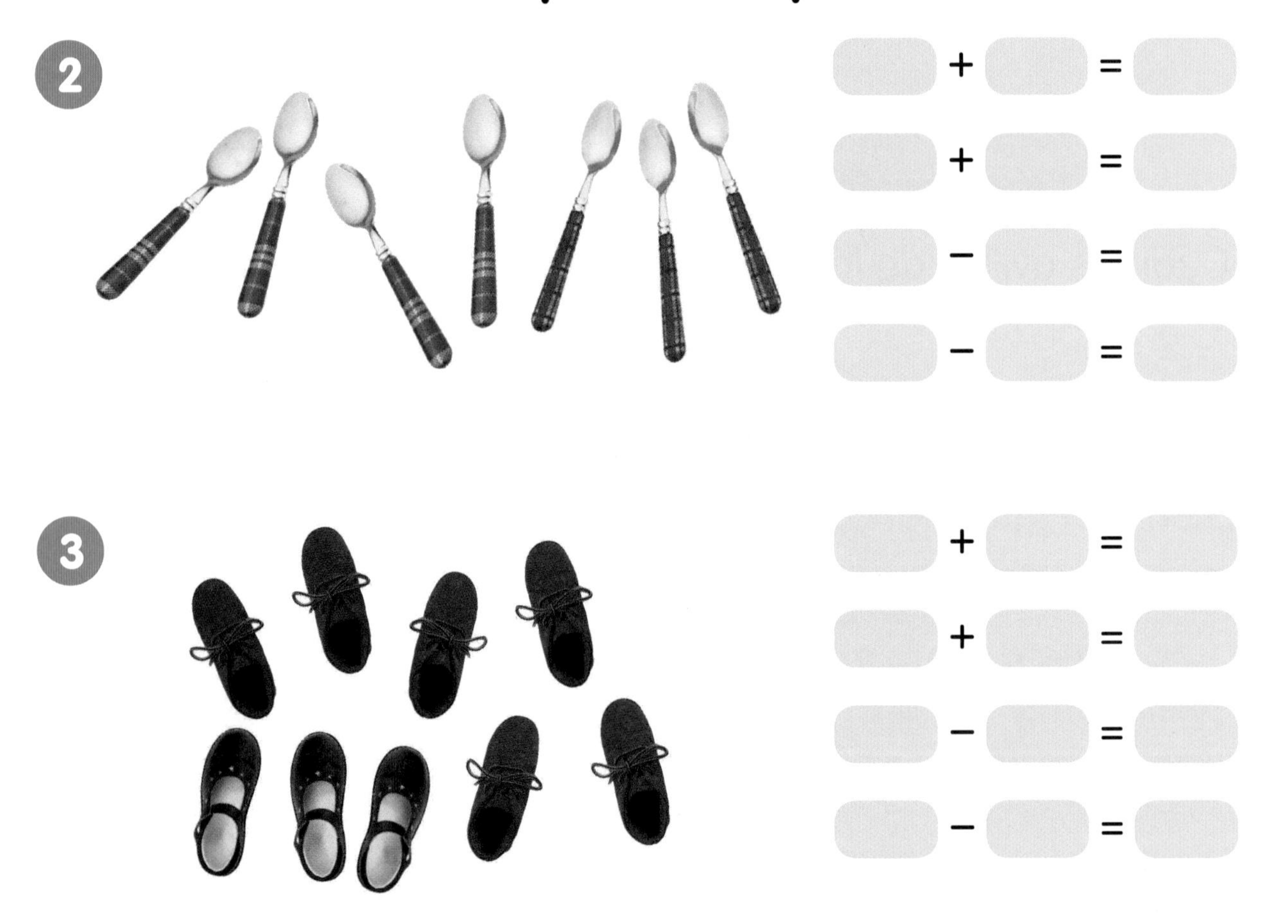

2

___ + ___ = ___
___ + ___ = ___
___ − ___ = ___
___ − ___ = ___

3

___ + ___ = ___
___ + ___ = ___
___ − ___ = ___
___ − ___ = ___

Aprende

Puedes usar operaciones de suma relacionadas para resolver enunciados de resta.

Sandra tiene algunos .
Guarda 5 en una bolsa.
Quedan 3 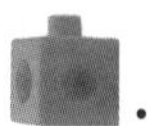.
¿Cuántos tenía Sandra?

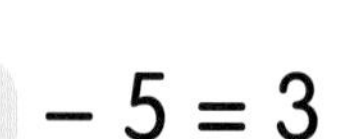
___ − 5 = 3

5 + 3 = 8 es la operación de suma relacionada.
Entonces, 8 − 5 = 3.
Sandra tenía 8.

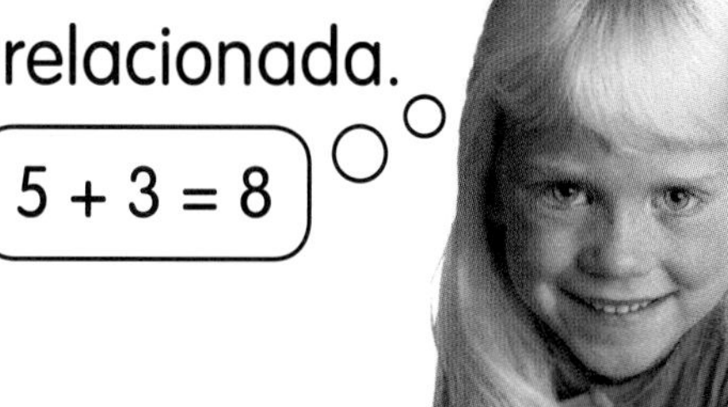

Aprendizaje con supervisión

Resuelve.

Samuel tiene alguna barras de cereal.
Le da 4 a su hermano.
A Samuel le quedan 5.
¿Cuántas barras de cereal tenía Samuel?

___ − 4 = 5

4 + 5 = ___ es la operación de suma relacionada.

Entonces, ___ − 4 = 5.

Samuel tenía ___ barras de cereal.

Aprende

Puedes usar operaciones de resta relacionadas para resolver enunciados de suma.

Terrel tiene 3 lápices.
Joe le da algunos lápices más.
Ahora Terrel tiene 7 lápices.
¿Cuántos lápices le dio Joel a Terrel?

$3 + \_\_\_ = 7$

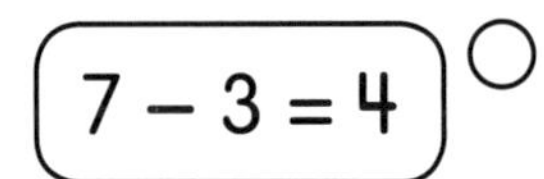

$7 - 3 = 4$ es la operación de resta relacionada.
Entonces, $3 + 4 = 7$.
Joel le dio 4 lápices a Terrel.

Aprendizaje con supervisión

Resuelve.

5 Jasmine tiene 6 mariquitas en un frasco.
Encuentra más mariquitas en el jardín.
Jasmine ahora tiene 10 mariquitas.
¿Cuántas mariquitas encontró?

$6 + \_\_\_ = 10$

$10 - 6 = \_\_\_$ es la operación de resta relacionada.

Entonces, $6 + \_\_\_ = 10$.

Jasmine encontró? ___ mariquitas.

Aprende

Averigua si un enunciado numérico es verdadero o falso.

Podemos decir que 7 + 2 = 9 y 9 – 2 = 7
Estos enunciados numéricos son **verdaderos**.

¿Podemos decir que 7 + 2 = 8? No.
¿Y 9 – 2 = 5? No.
Entonces, estos enunciados numéricos son **falsos**.

7 + 2 = 9 2 + 7 = 9

Los dos enunciados numéricos tienen las mismas partes y entero.
Entonces, podemos decir que 7 + 2 = 2 + 7
El enunciado numérico es verdadero.

¿7 + 2 = 4 + 3 es un enunciado numérico verdadero?

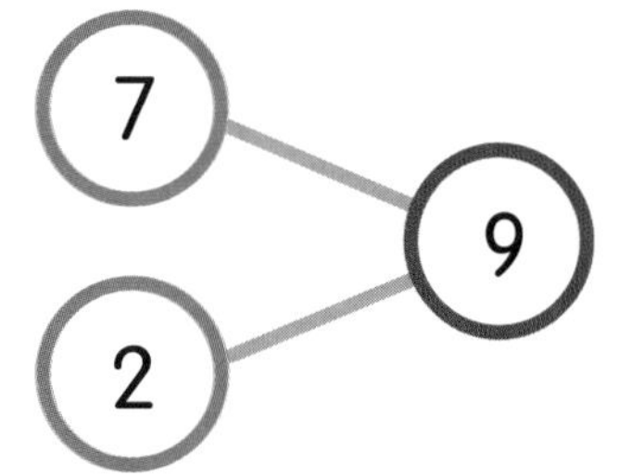

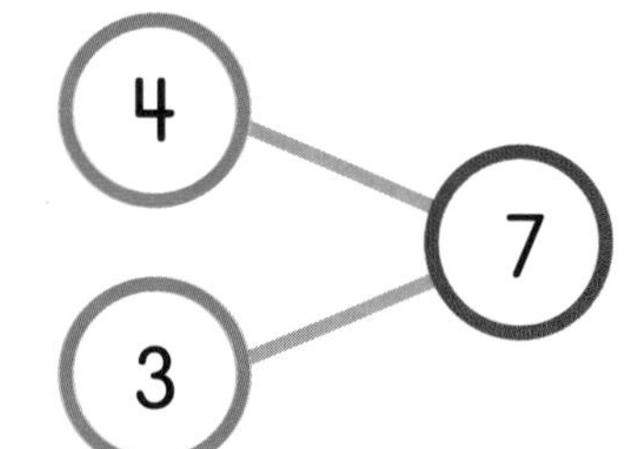

7 + 2 = 9 4 + 3 = 7

No, el enunciado numérico no tiene las mismas partes y entero.
9 no es igual a 7.
Entonces, este enunciado numérico es falso.

Aprendizaje con supervisión

Completa.

1. ¿Es 5 + 3 = 9 un enunciado numérico verdadero?

   5 + 3 = ____

   ¿Es ____ lo mismo que 9?

   Entonces, este enunciado numérico es ____. (verdadero o falso)

2. ¿Es 4 = 10 – 6 un enunciado numérico verdadero?

   10 – 6 = ____

   ¿Es ____ lo mismo que 4?

   Entonces, este enunciado numérico es ____. (verdadero o falso)

Practiquemos

Usa las ilustraciones para escribir una familia de operaciones.

Usa las ilustraciones para escribir una familia de operaciones.

2. 10 2 8

Halla el número que falta.
Usa operaciones relacionadas como ayuda.

3. $2 + \square = 7$
4. $6 + \square = 9$
5. $7 - \square = 3$
6. $10 - \square = 4$
7. $\square + 3 = 5$
8. $\square + 5 = 8$
9. $\square - 4 = 4$
10. $\square - 6 = 3$

¿Los siguientes enunciados numéricos son verdaderos o falsos?
Encierra la respuesta correcta en un círculo.

11. $5 - 4 = 9$ verdadero falso
12. $8 + 4 = 4$ verdadero falso
13. $9 - 5 = 4$ verdadero falso
14. $8 - 6 = 3$ verdadero falso
15. $4 + 1 = 1 + 3$ verdadero falso
16. $6 + 2 = 2 + 6$ verdadero falso
17. $4 + 5 = 5 + 4$ verdadero falso

POR TU CUENTA

Ver Cuaderno de actividades A: Práctica 5, págs. 83 a 86

Usa estas tarjetas.

2 | 3 | 6 | 8 | 9 | 10 | + | − | =

Usa estas tarjetas para escribir enunciados numéricos.
Usa cada tarjeta una vez en cada enunciado numérico.
Escribe todos los enunciados numéricos que hagas.

DESTREZAS DE RAZONAMIENTO CRÍTICO

¡Ponte la gorra de pensar!

RESOLUCIÓN DE PROBLEMAS

1. Completa los ◯ con estos números.

1 2 3 5 6 8 9

→ y ↓ significan =.
Usa cada número solo una vez.

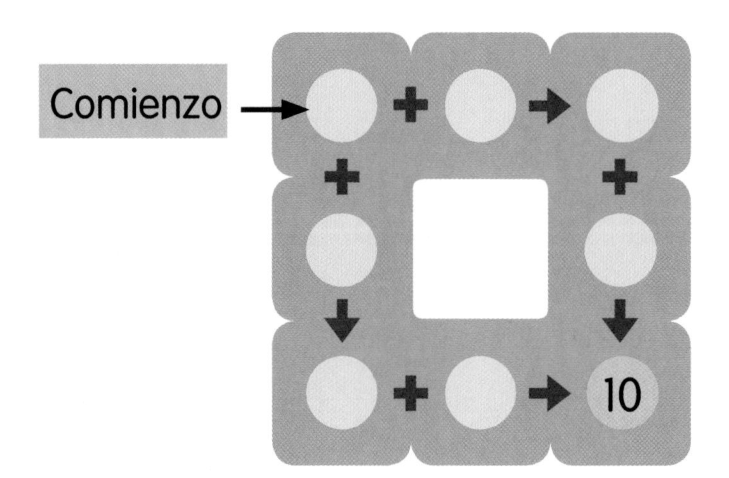

¡Ponte la gorra de pensar!

RESOLUCIÓN DE PROBLEMAS

2 Completa los ◯ con estos números.

2 3 4 5 6 7 8

→ y ↓ significan =.
Usa cada número solo una vez.

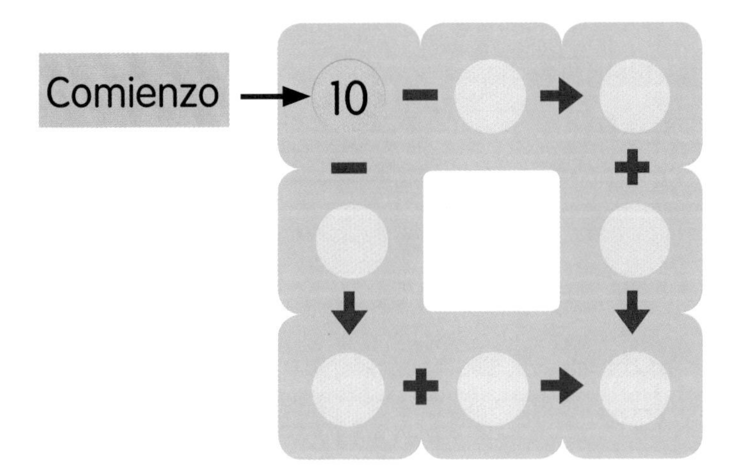

Ver Cuaderno de actividades A:
¡Ponte la gorra de pensar!
págs. 87 a 88

Resumen del capítulo

IDEA IMPORTANTE Podemos usar la resta para saber cuánto queda de algo.

Has aprendido...

Operaciones de resta hasta 10

a quitar para restar.

$3 - 1 = 2$

a contar hacia adelante desde el número menor para restar.

$5 - 3 = 2$

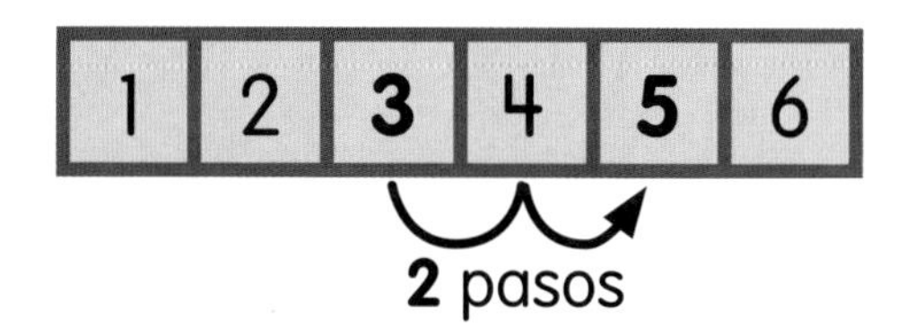

a contar hacia atrás desde el número mayor para restar.

$10 - 3 = 7$

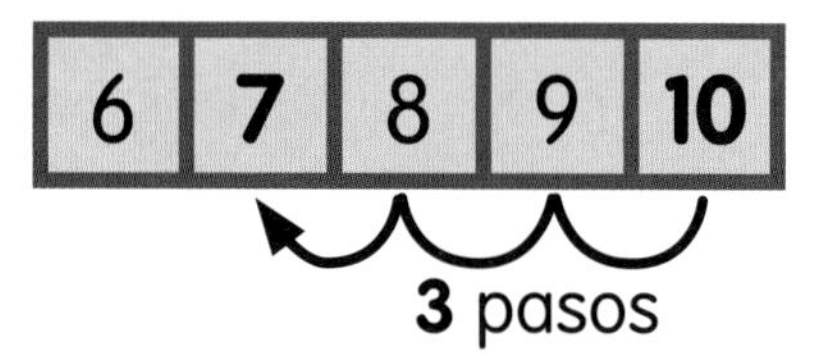

a usar números conectados para restar.

$9 - 8 = 1$

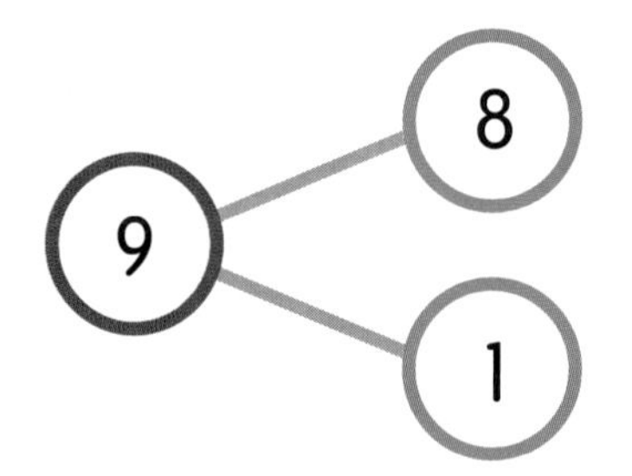

a contar cuentos de resta sobre dibujos y a escribir un enunciado de resta para cada cuento.

Hay 3 gatitos de plastilina.
2 son amarillos.
$3 - 2 = 1$
1 no es amarillo.

3, 2, 1

a resolver problemas cotidianos.

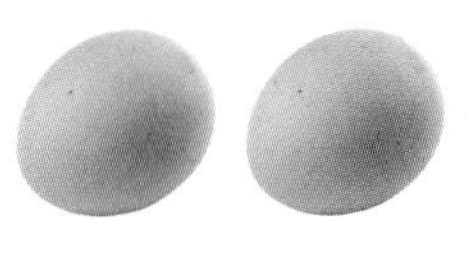

Mamá tiene 4 huevos.
Anita come algunos huevos.
Queda 1 huevo.
¿Cuántos huevos comió Anita?
$4 - 1 = 3$
Anita comió 3 huevos.

4 → 1, 3

---

a formar una familia de operaciones.

$2 + 6 = 8$ $6 + 2 = 8$ $8 - 2 = 6$ $8 - 6 = 2$

Todas las operaciones de una familia de operaciones tienen las mismas partes y el mismo entero.

---

a usar familias de operaciones para resolver problemas cotidianos.

James tiene un calcetín. Encuentra más calcetines debajo de la cama. Ahora tiene 3 calcetines. ¿Cuántos calcetines encontró?

$1 + \square = 3$

$3 - 1 = 2$ es la operación de resta relacionada.

Entonces, $1 + 2 = 3$.

James encontró 2 calcetines debajo de la cama.

---

a averiguar si un enunciado numérico es verdadero o falso.

$5 + 3 = 8$ es verdadero.

$7 - 3 = 5$ es falso.

POR TU CUENTA

Ver Cuaderno de actividades A: Repaso/Prueba del capítulo, págs. 89 a 92

Figuras y patrones

Había una vez un lugar llamado el País de las Figuras.
Muchas figuras vivían allí.
Trabajaban, jugaban y comían juntas.

Un día, llegó un visitante extraño. El visitante quería vivir en el País de las Figuras.
Las figuras lo observaron.
Una de ellas dijo:
—No eres como nosotros.
¿Cómo podrías vivir aquí?

El visitante sonrió.
—No soy solo una figura ¡sino que puedo convertirme en cualquier figura! —dijo. Luego, se transformó en distintas figuras.

¡A las figuras les encantó lo que el visitante podía hacer!
Decidieron que se podía quedar.
Así, el visitante se quedó y todos vivieron felices para siempre.

Explorar, identificar y comparar figuras planas y cuerpos geométricos que se encuentran en patrones y en la vida cotidiana.

Recordar conocimientos previos

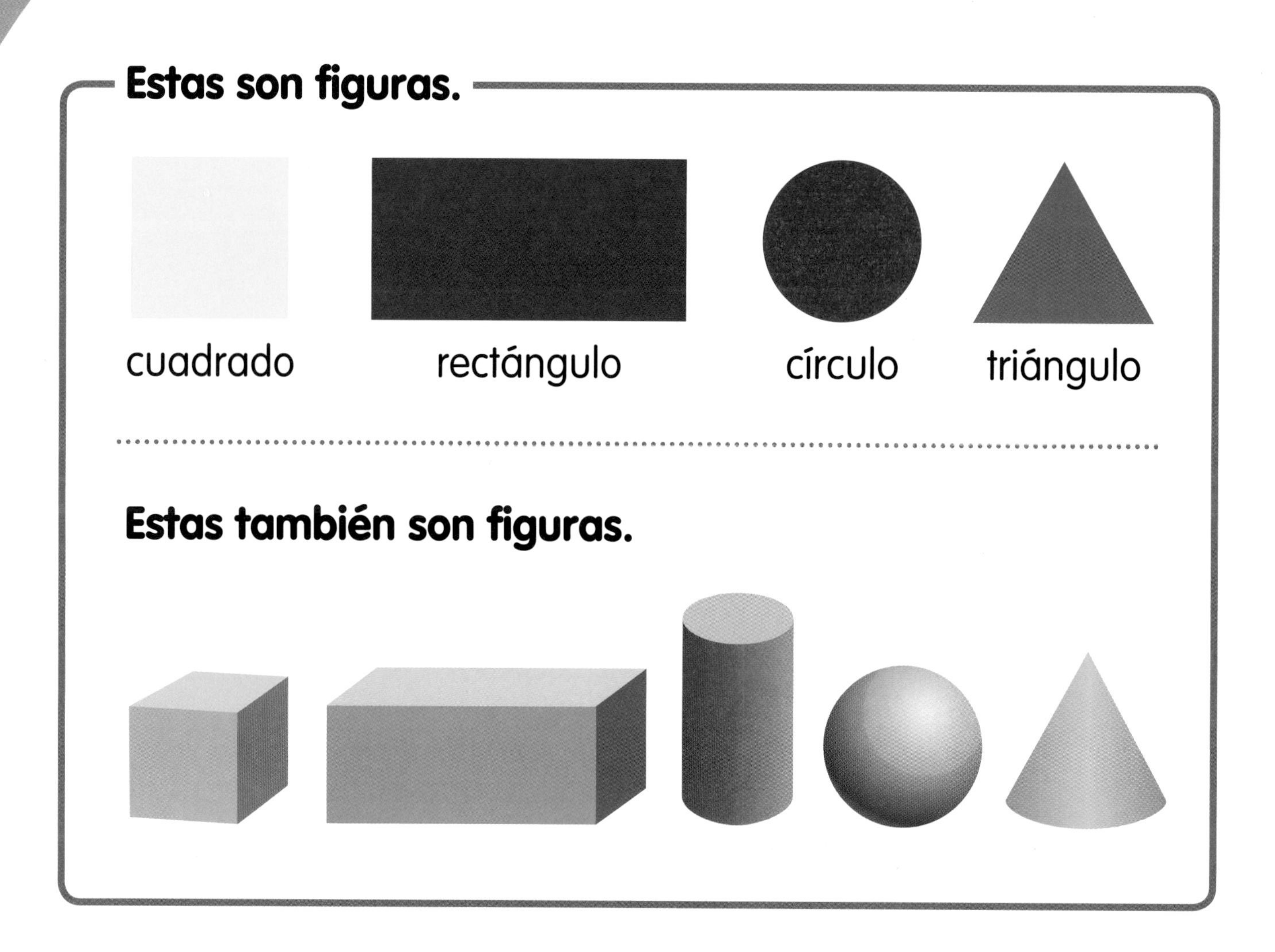

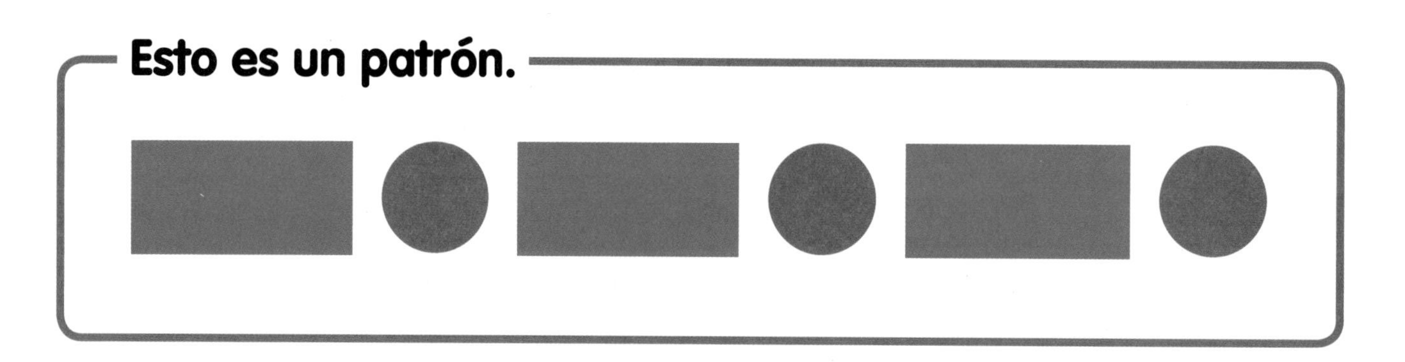

✔Repaso rápido

1 **Nombra cada figura.**

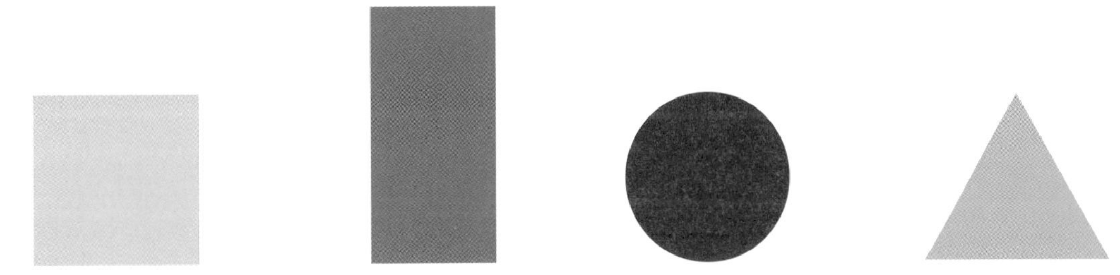

2 **Empareja los cuerpos con los objetos.**

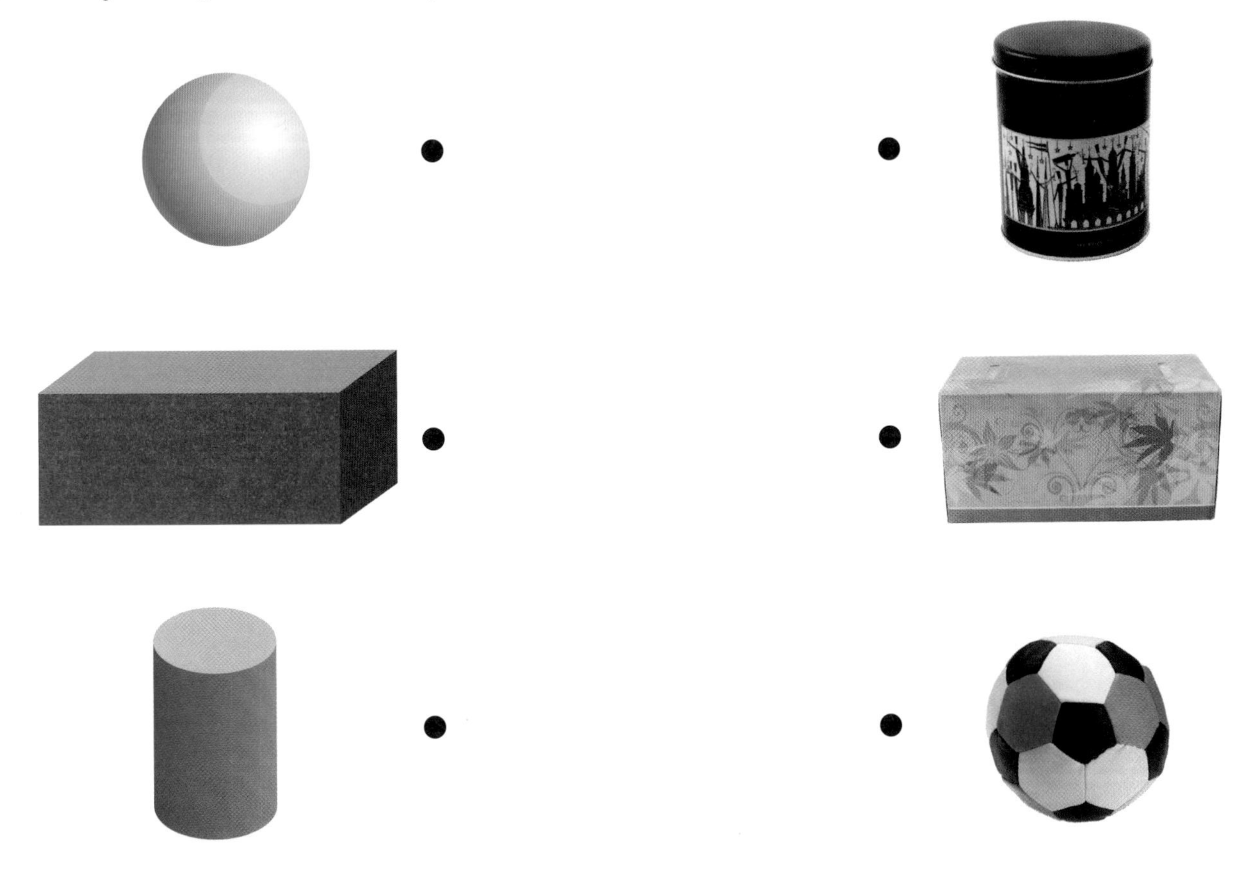

3 **Observa el patrón.**
Elige la figura que sigue.

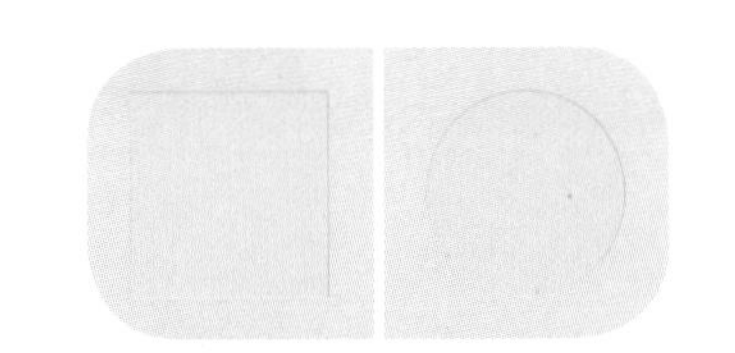

LECCIÓN 1

Explorar las figuras planas

Objetivos de la lección

- Identificar, clasificar y describir las figuras planas.
- Dividir figuras en dos y cuatro partes iguales y describir las partes.
- Describir un entero como la suma de sus partes.

Vocabulario

círculo	triángulo
cuadrado	rectángulo
lado	esquina
clasificar	color
parecido	forma
tamaño	diferente
mitad de	una cuarta parte de
cuarto de	

Conoce las figuras.

Traza estas figuras con el dedo.
Habla sobre ellas.

círculos

triángulos

cuadrados

rectángulos

Aprendizaje con supervisión

Halla las figuras que no son cuadrados.

1

Aprende

Lados y esquinas

Algunas figuras tienen **lados** y **esquinas**.

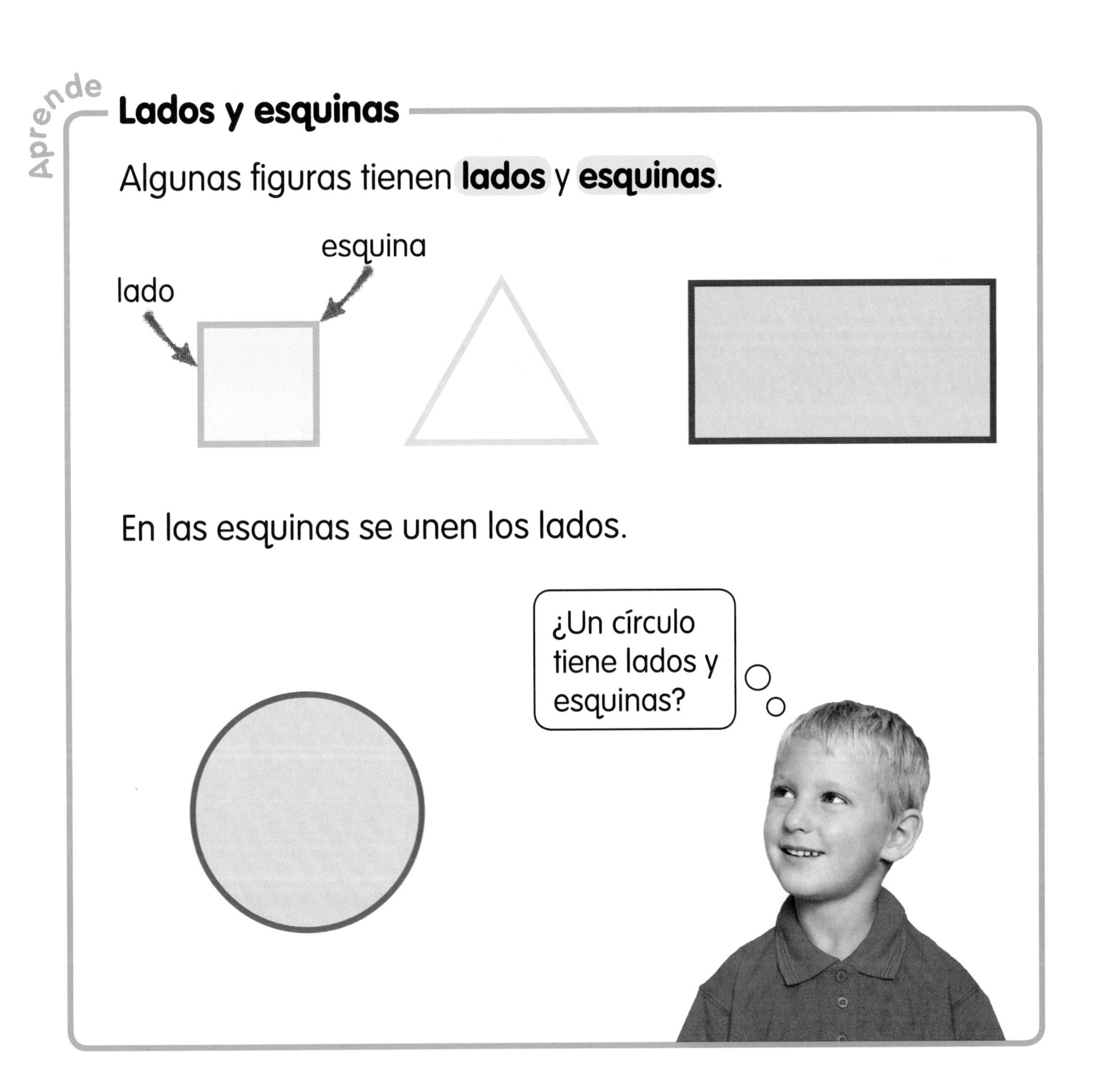

En las esquinas se unen los lados.

Aprendizaje con supervisión

Cuenta los lados.
Luego, cuenta las esquinas.

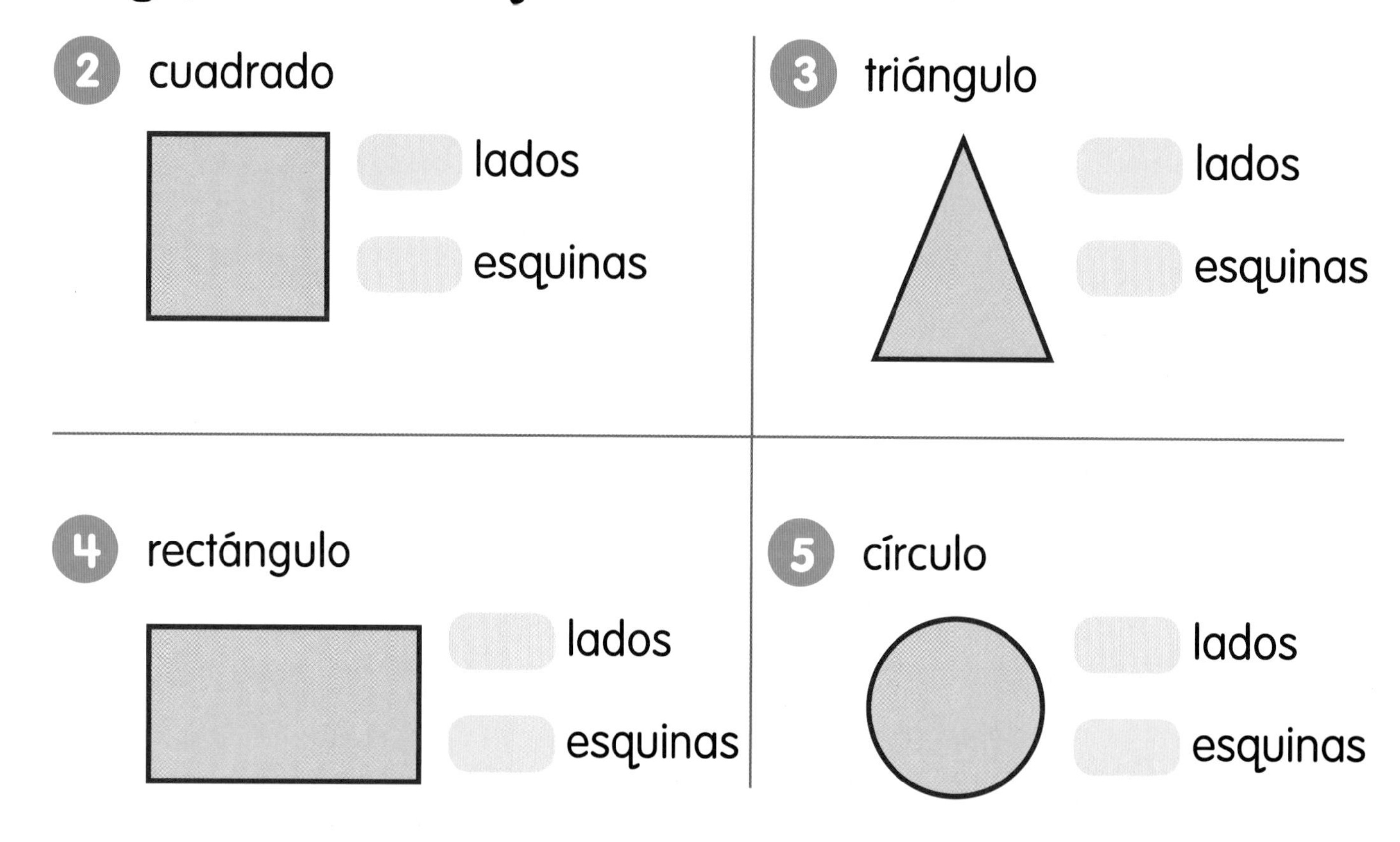

Aprende

Puedes clasificar las figuras de muchas maneras.

Estas figuras son del mismo **color**.
Son **parecidas**.

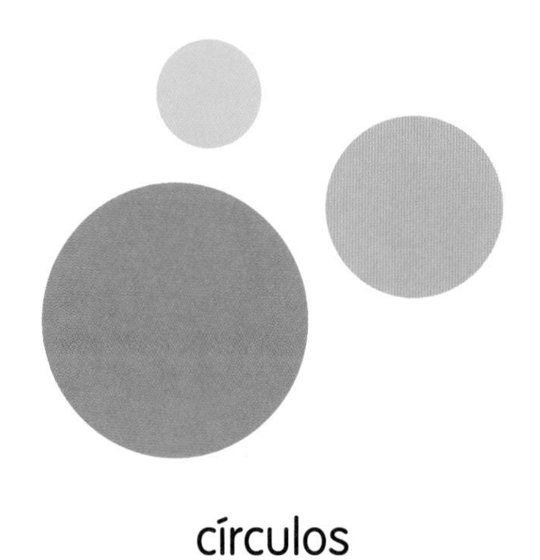

círculos

rectángulos

Estas figuras tienen la misma **forma**.

pequeñas

grandes

Estas figuras son del mismo **tamaño**.

3 lados y 3 esquinas

4 lados y 4 esquinas

Estas figuras tienen el mismo número de lados y esquinas.

Aprendizaje con supervisión

¿En qué se parecen estas figuras?

Aprende

Las figuras pueden ser parecidas en algunos aspectos y diferentes en otros.

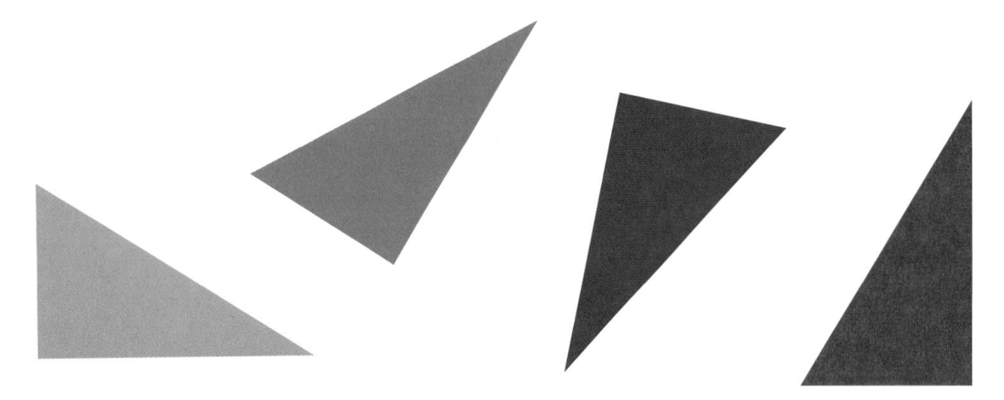

¿En qué se parecen estas figuras?

Son triángulos.
Son del mismo tamaño.
Tienen el mismo número de lados y esquinas.

¿Son de colores parecidos?
No. Son de colores **diferentes**.

Aprendizaje con supervisión

¿En qué se diferencian estas figuras?

¿En qué otro aspecto se diferencian estas figuras?

Manos a la obra

Usa estas figuras.

Clasifícalas por:

1. forma.
2. color.
3. tamaño.
4. número de lados.
5. número de esquinas.

Practiquemos

Halla las respuestas.

1. Halla los triángulos.
   ¿Cuántos triángulos hay?

2. Halla los rectángulos.
   ¿Cuántos rectángulos hay?

¿Cuál nombre <u>no</u> pertenece al grupo?

3.

círculo rectángulo
cuadrado triángulo

4.

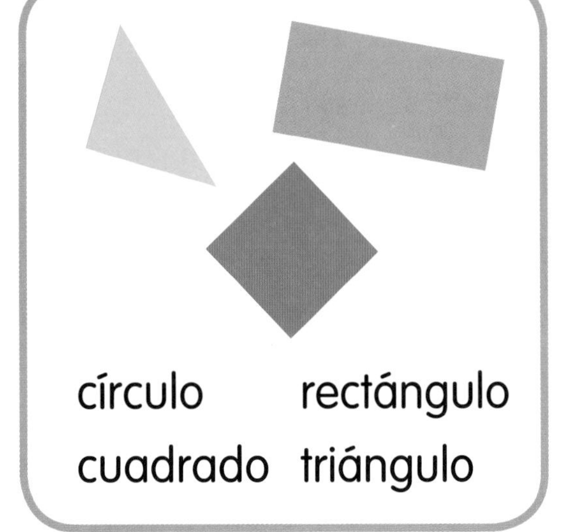

círculo rectángulo
cuadrado triángulo

Halla las respuestas.

5 Nombra la figura que tiene 3 lados y 3 esquinas.

6 ¿En qué se parecen estas figuras?
¿En qué se diferencian?

7 Halla las figuras que tengan mismo tamaño y la misma forma.

POR TU CUENTA

Ver Cuaderno de actividades A:
Práctica 1, págs. 97 a 102

Aprende

Dobla las hojas de papel para crear figuras parecidas.

Judy tiene una hoja de papel con forma de rectángulo.

La dobla de este modo.

Luego, la extiende y traza una línea sobre el pliegue.

Ahora tiene dos figuras: la figura A y la figura B.

A B

¿Qué puedes decir sobre estas dos figuras?

Tienen la misma forma y color.
Tienen el mismo tamaño.
Tienen el mismo número de lados.
Tienen el mismo número de esquinas.
Son parecidas.

Las figuras A y B son exactamente del mismo tamaño.

¿Las figuras se diferencian de algún modo?

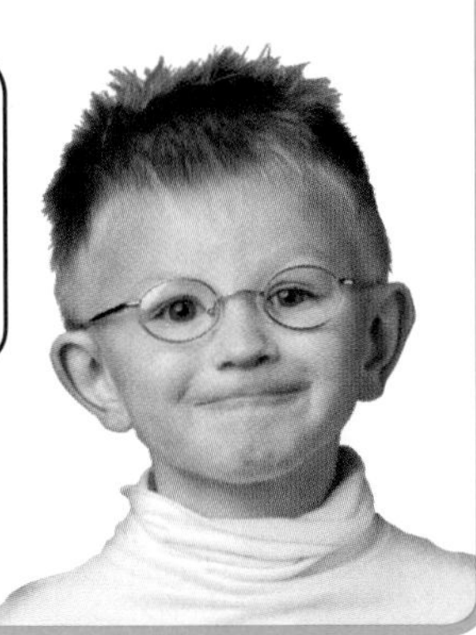

Aprendizaje con supervisión

Observa las ilustraciones.
Resuelve.

8

Judy dobla la hoja de papel.

Judy extiende la hoja de papel.

¿Qué puedes decir sobre estas dos figuras?
¿En qué se parecen?

Manos a la obra

1. Dobla una hoja de papel cuadrada para crear dos figuras parecidas.

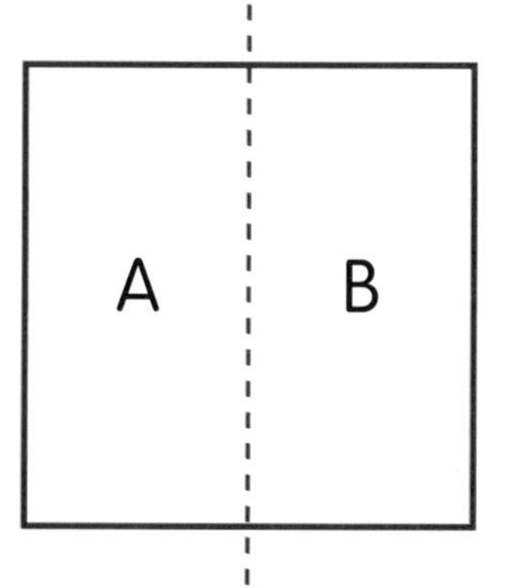

¿Puedes usar una hoja de papel cuadrada para crear dos triángulos parecidos?

2. Ahora dobla otra hoja de papel de manera diferente. Crea dos figuras que sean parecidas.

Puedes dividir figuras en partes iguales

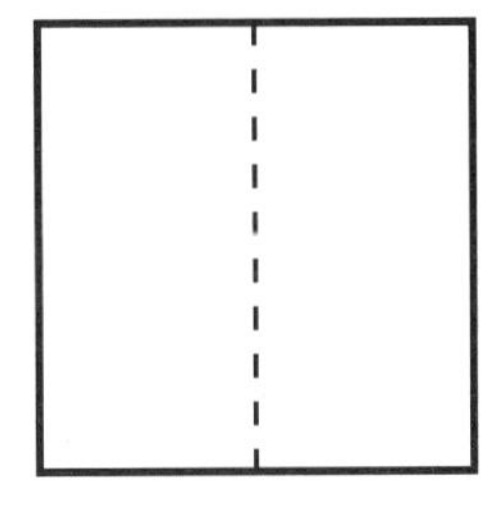

El cuadrado está dividido en 2 partes iguales.
Cada parte es una **mitad** del cuadrado.

Las 2 partes iguales son más pequeñas que el cuadrado entero.

2 partes iguales, o **2 mitades,** forman 1 entero.

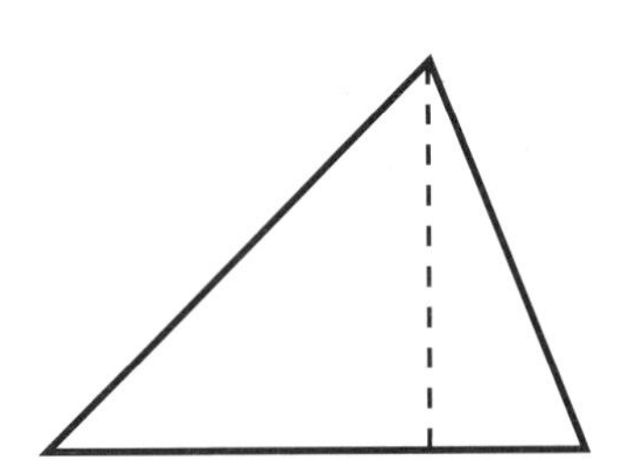

El triángulo muestra 2 partes.
¿Son mitades?

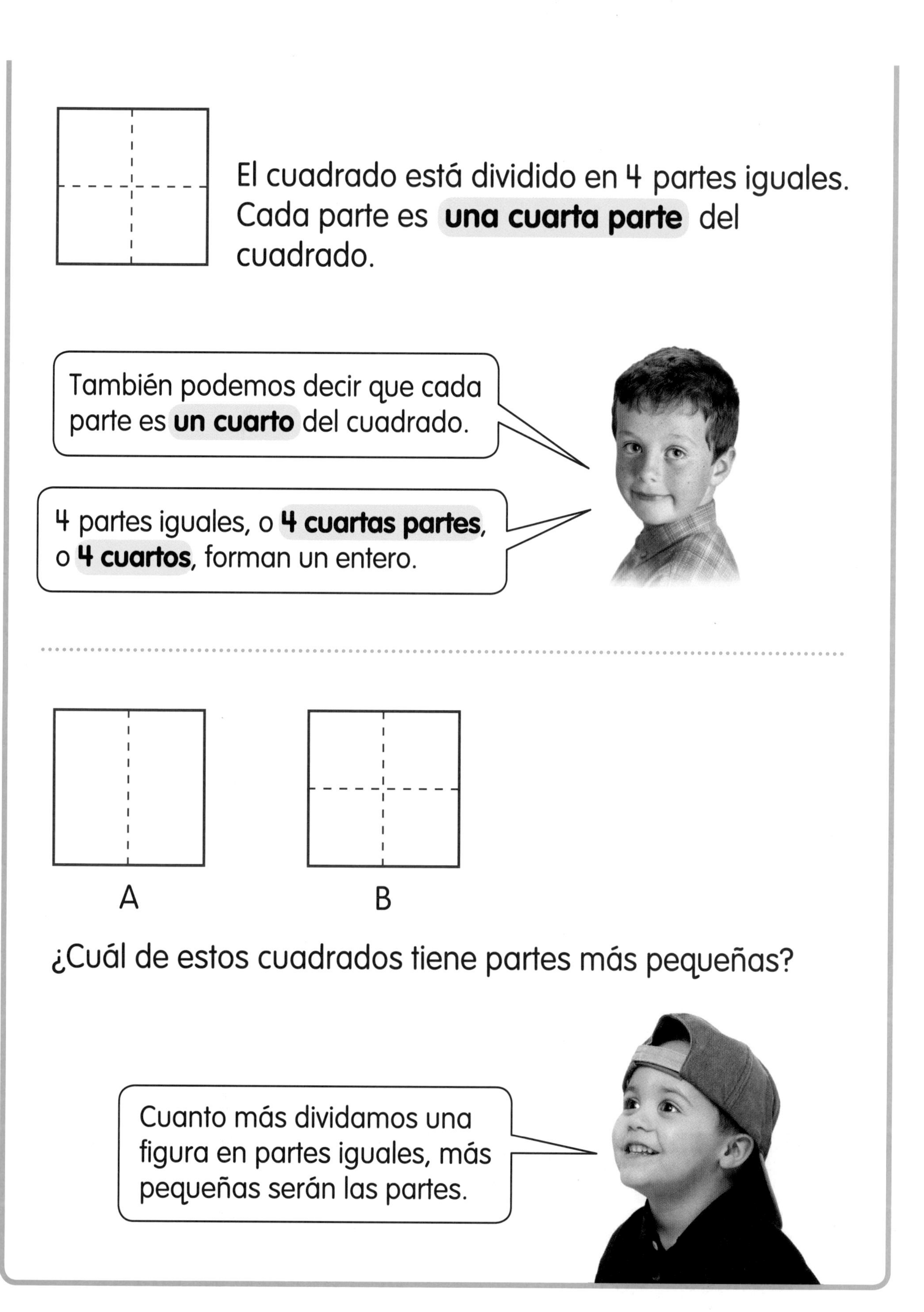

El cuadrado está dividido en 4 partes iguales. Cada parte es **una cuarta parte** del cuadrado.

También podemos decir que cada parte es **un cuarto** del cuadrado.

4 partes iguales, o **4 cuartas partes**, o **4 cuartos**, forman un entero.

A

B

¿Cuál de estos cuadrados tiene partes más pequeñas?

Cuanto más dividamos una figura en partes iguales, más pequeñas serán las partes.

Aprendizaje con supervisión

Marca las figuras que muestran mitades.

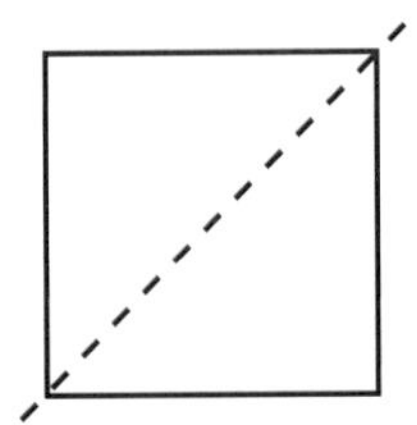 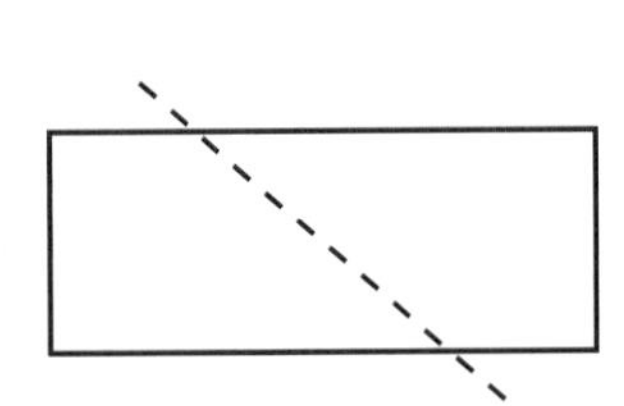 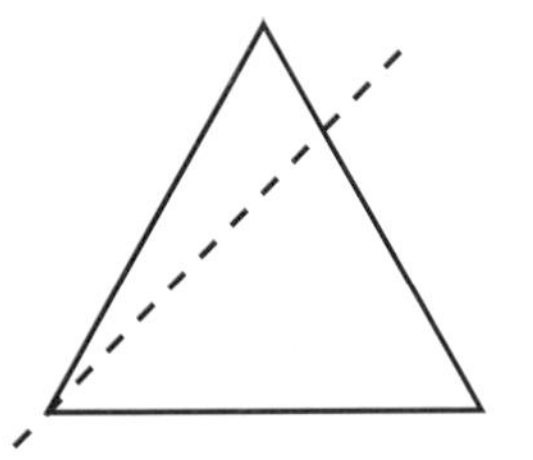 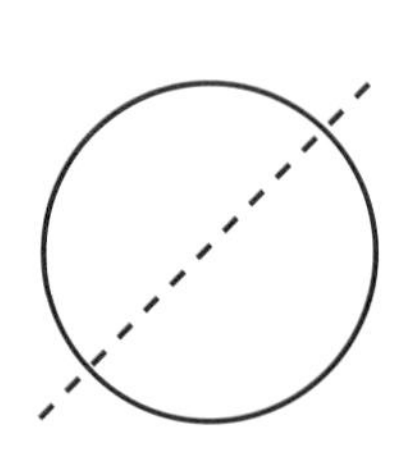

Marca las figuras que muestran cuartos.

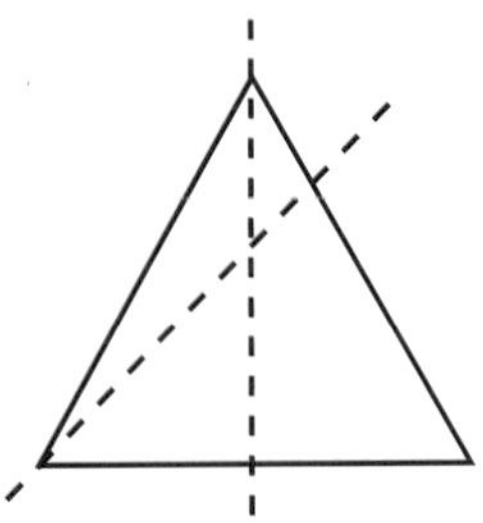 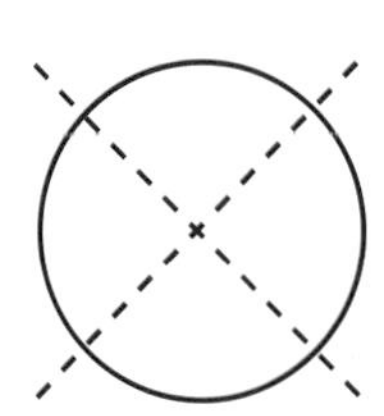 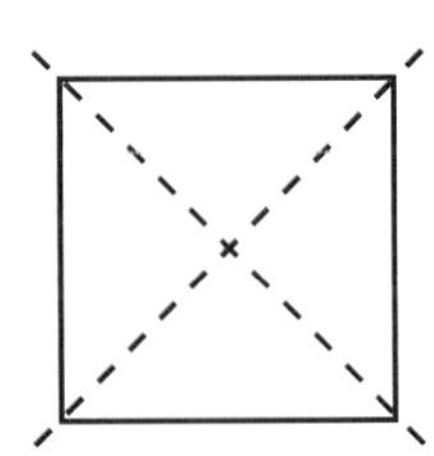 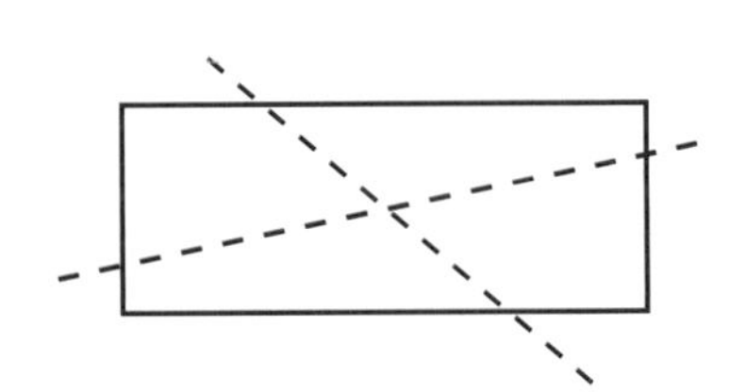

Practiquemos

Colorea.
Encierra la respuesta correcta en un círculo.

1 Colorea de azul una parte del círculo.

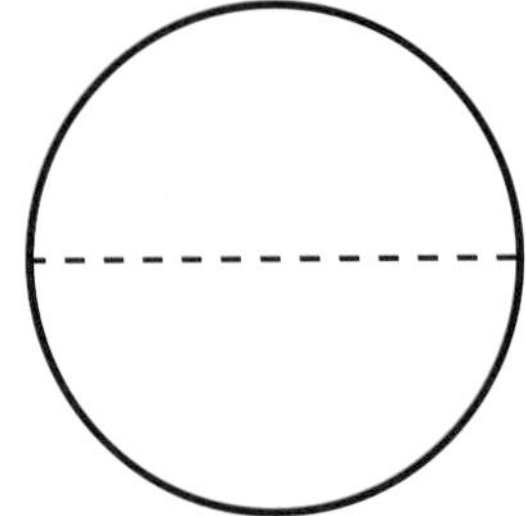

Una mitad / un cuarto del círculo es azul.

2 Colorea de rojo una parte del cuadrado.

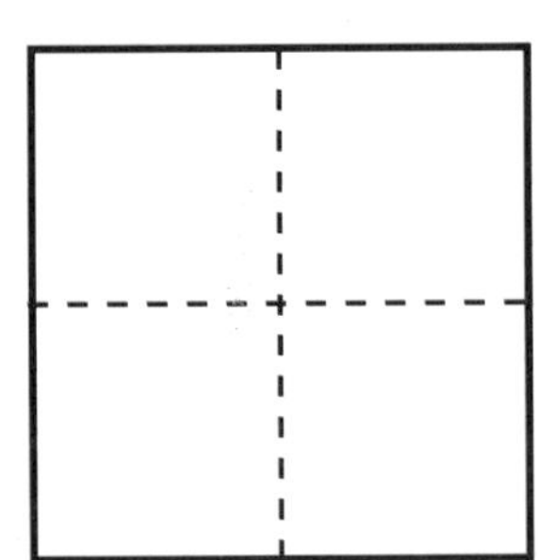

Una mitad / un cuarto del cuadrado es rojo.

3. Colorea de amarillo 3 cuartos del rectángulo.

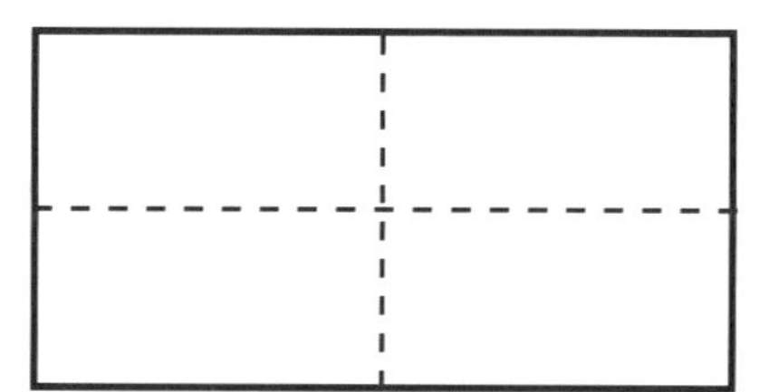

Hay dos pizzas enteras cortadas en partes iguales.

Pizza A

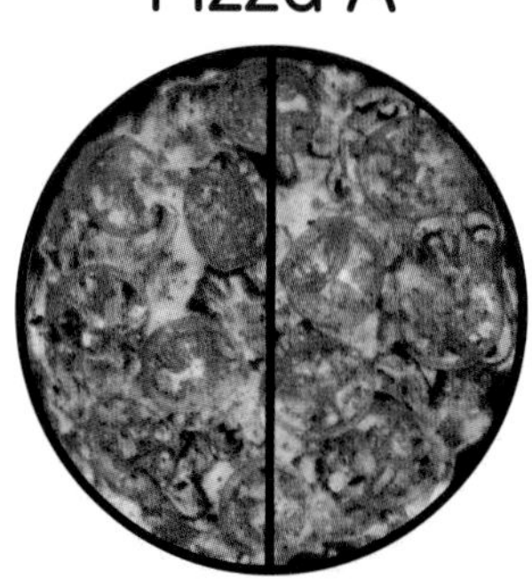

Pizza B

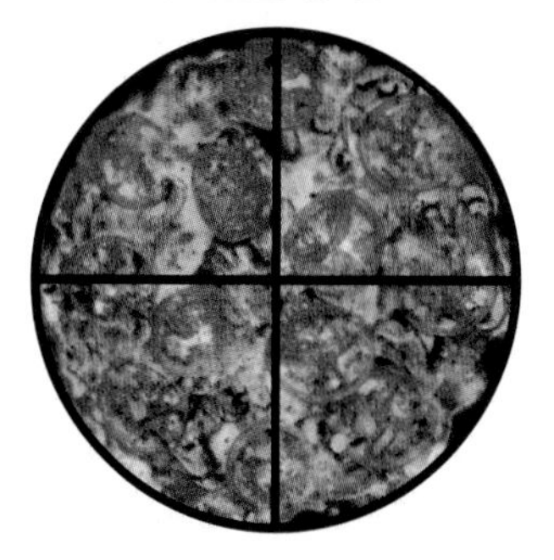

4. ¿Cuántas partes iguales tiene la Pizza A entera?

5. ¿Cuántas partes iguales tiene la Pizza B entera?

6. ¿Cuál pizza entera está cortada en mitades?

7. ¿Cuál pizza entera tiene más partes?

8. ¿Cuál pizza entera tiene partes más grandes?

9. Qué es más grande: ¿una mitad de la Pizza A o un cuarto de la Pizza B?

POR TU CUENTA

Ver Cuaderno de actividades A: Práctica 2, págs. 103 a 106

Explorar los cuerpos geométricos

Objetivo de la lección

- Identificar y clasificar los cuerpos geométricos.

Vocabulario

prisma rectangular
cono
pirámide
deslizar
rodar
cubo
esfera
cilindro
apilar

Aprende

Conoce los cuerpos geométricos.

Traza estos cuerpos geométricos con el dedo.
Habla sobre ellos.

prisma rectangular

cubo

esfera

cono

cilindro

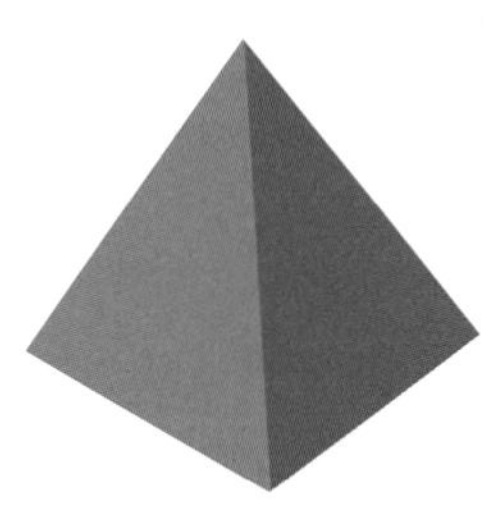

pirámide

Aprende

Nombra y compara cuerpos geométricos.

Estos son prismas rectangulares.

Estos son cubos.

Estas son esferas.

Estos son conos.

Estos son cilindros.

Estas son pirámides.

Aprendizaje con supervisión

Halla los cuerpos geométricos que no son cubos.

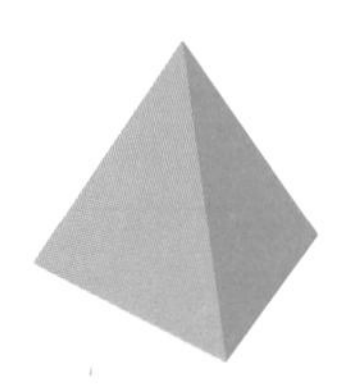

Aprende

Puedes mover los cuerpos geométricos de distintas maneras.

Puedes **apilar** y **deslizar** estos cuerpos.

Puedes hacer **rodar** estos cuerpos.

Manos a la obra

1 Muestra a tu compañero el cuerpo geométrico indicado. ¿Puedes apilarlo, deslizarlo o hacerlo rodar? Si puedes, marca una ✗ en la tabla.

Cuerpo geométrico	Apilar	Hacer rodar	Deslizar
prisma rectangular			
esfera			
cubo			
cilindro			
cono			

Ahora, habla sobre los cuerpos geométricos.

2 ¿Cuáles cuerpos se pueden apilar?

3 ¿Cuáles cuerpos se pueden hacer rodar?

4 ¿Cuáles cuerpos no se pueden deslizar?

5 ¿Cuáles dos cuerpos se pueden mover de la misma manera?

6 ¿Hay algún cuerpo que se pueda apilar, hacer rodar y deslizar?

Practiquemos

1 **Halla los cubos.**

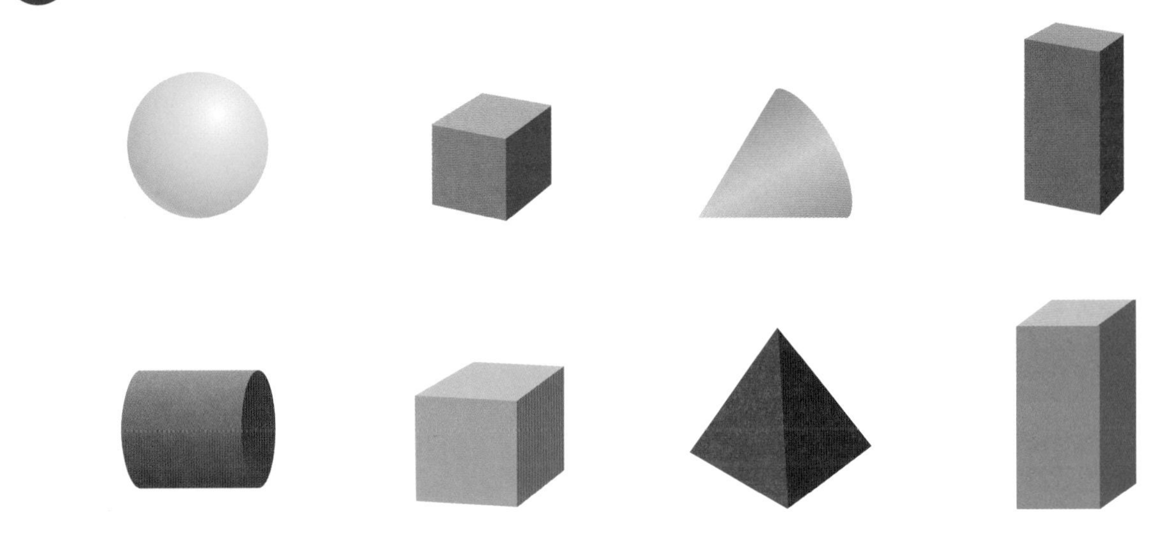

Nombra cada cuerpo geométrico.

2 **3** **4** **5**

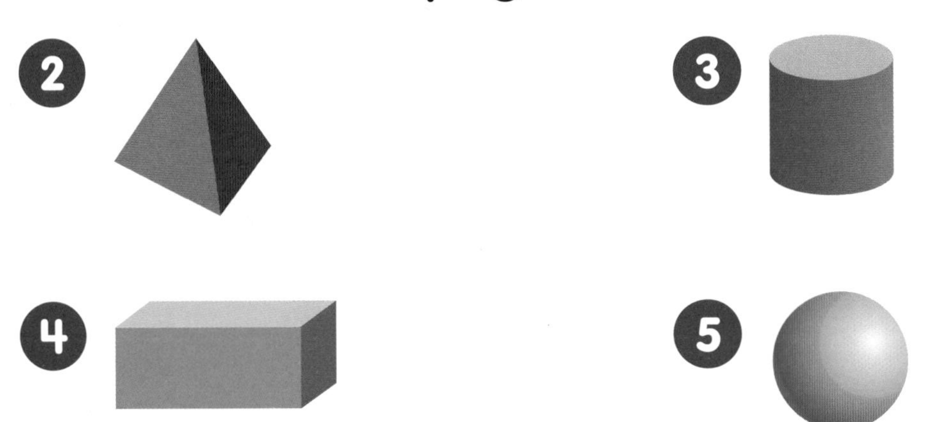

Observa tu entorno.
Halla dos objetos parecidos a estos cuerpos geométricos.

6 cilindro

7 cono

Clasifica los cuerpos geométricos.

8 Halla los cuerpos que se pueden apilar.

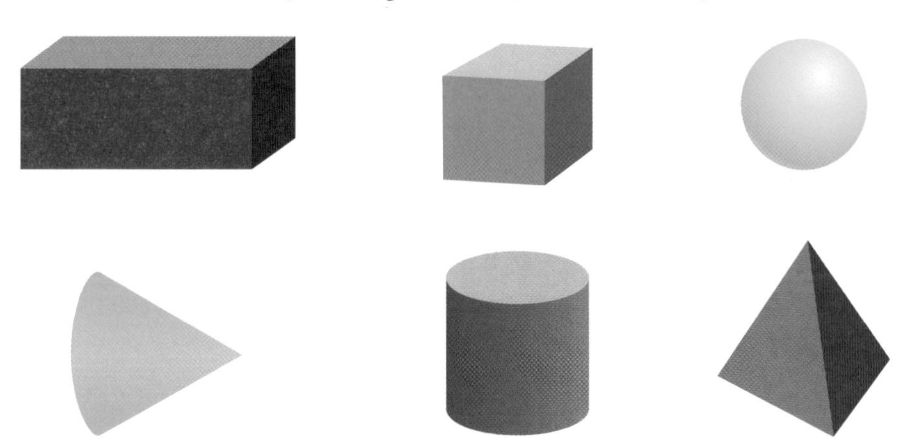

9 Halla los cuerpos que se pueden hacer rodar.

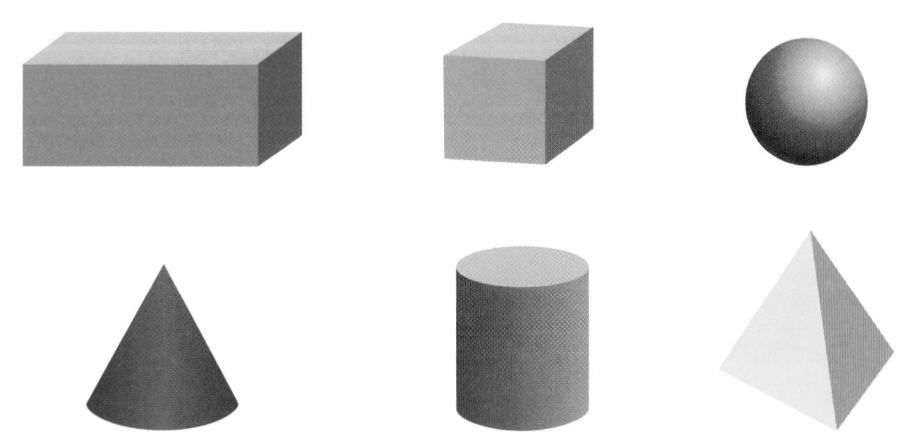

10 Halla los cuerpos que se pueden deslizar.

POR TU CUENTA

Ver Cuaderno de actividades A:
Práctica 3, págs. 107 a 110

LECCIÓN 3

Hacer ilustraciones y modelos con figuras

Objetivo de la lección

- Combinar y separar las figuras planas y los cuerpos geométricos.

Aprende

Puedes combinar figuras planas.

A continuación se muestran 2 rectángulos, 2 triángulos y un cuadrado.

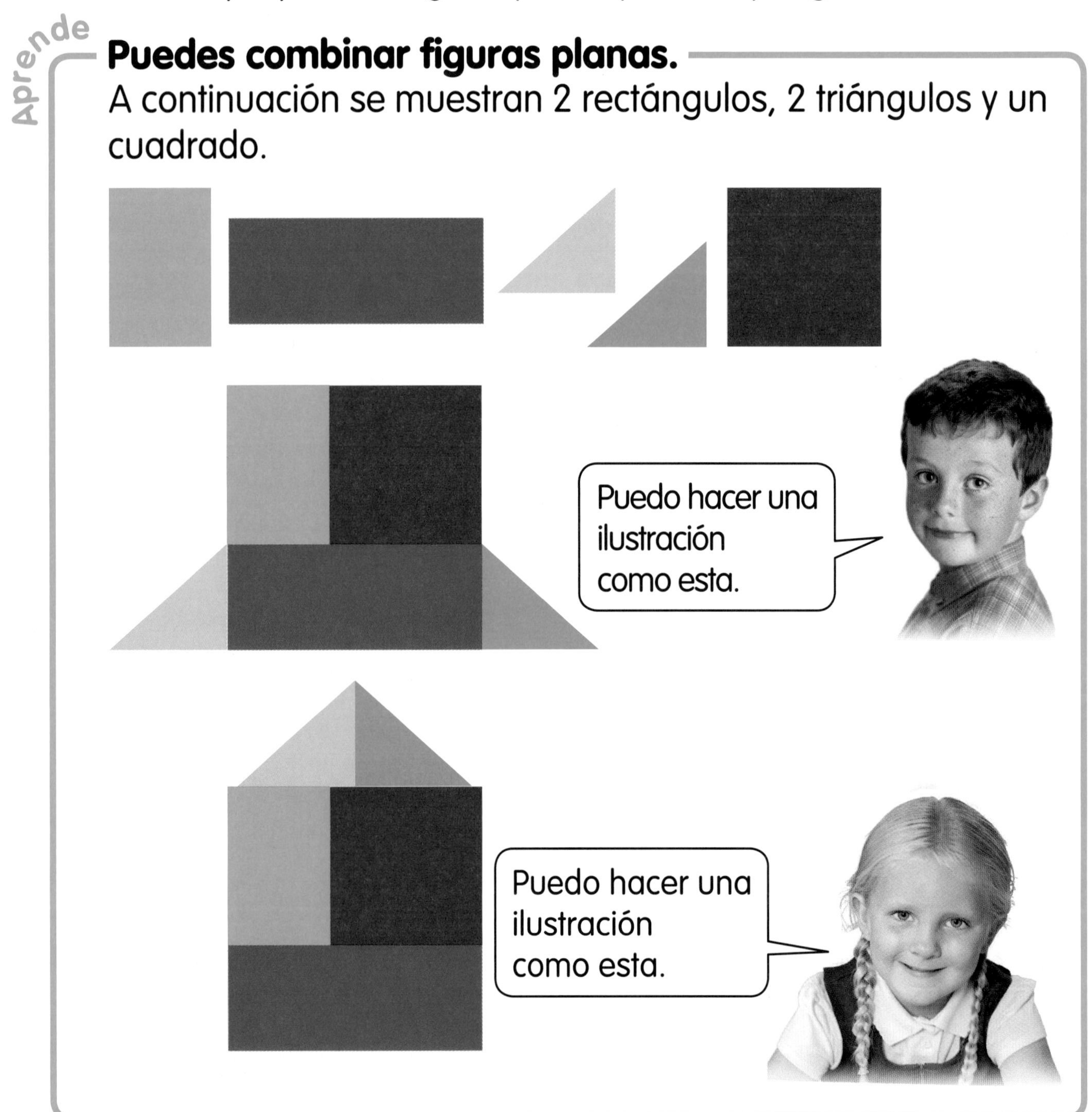

Aprendizaje con supervisión

Resuelve.

1. Nombra las figuras que forman esta ilustración.

Figuras	¿Cuántas hay?
triángulos	
rectángulos	
cuadrados	
círculos	

Manos a la obra

1 Haz una ilustración con estas figuras.
¿Cuántas figuras de cada tipo hay?

Conexión con la tecnología

2 Usa figuras para hacer una ilustración en la computadora.

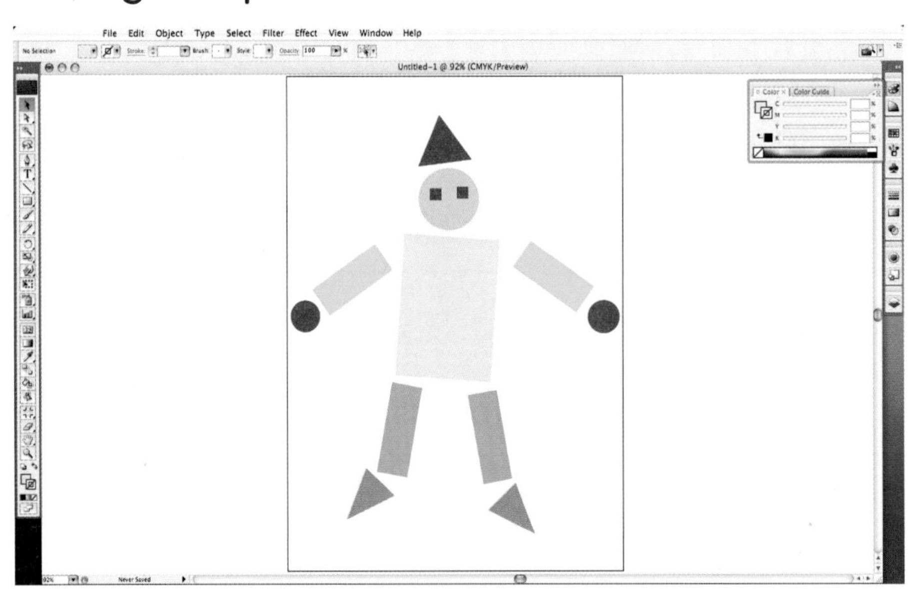

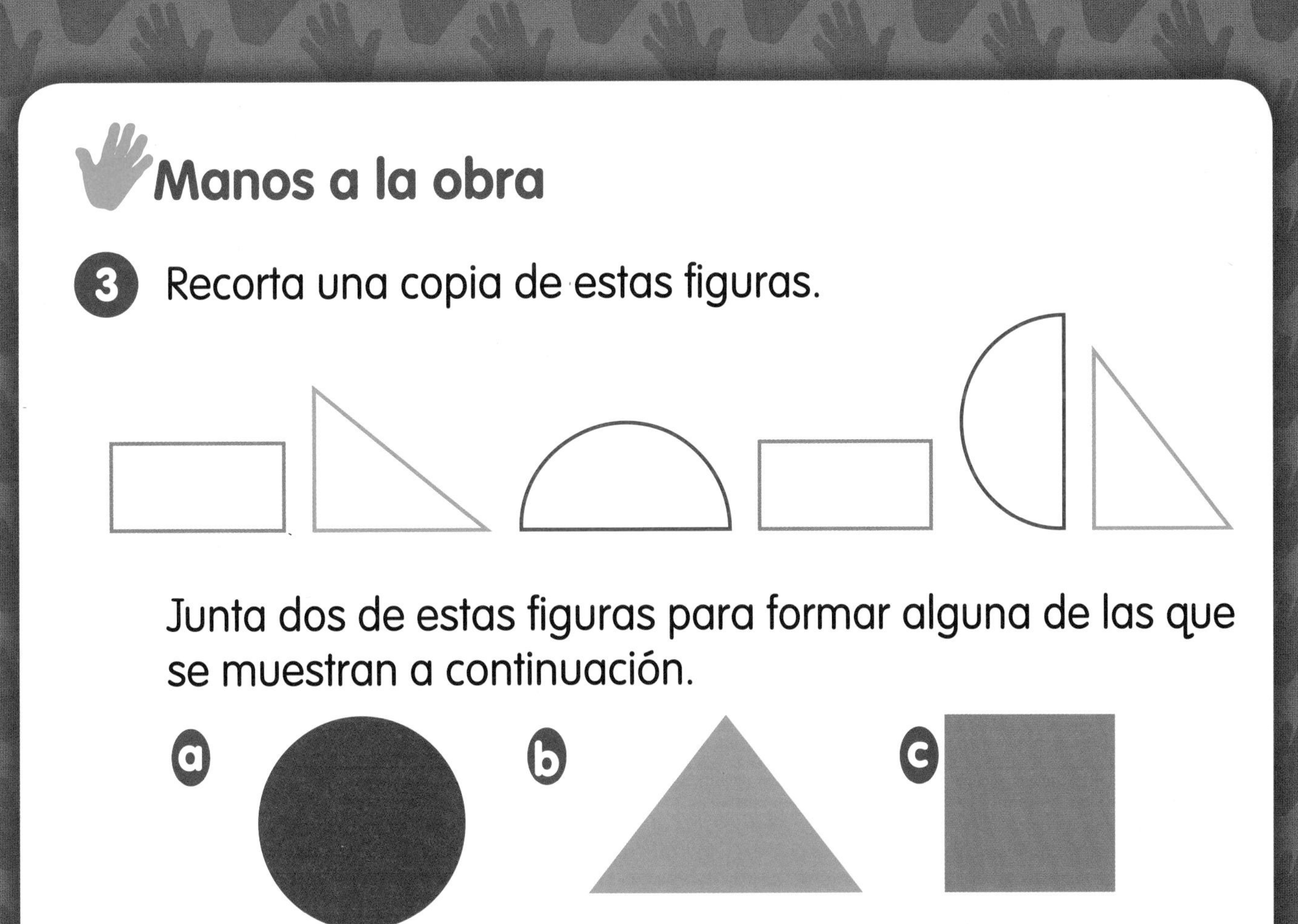

Manos a la obra

3 Recorta una copia de estas figuras.

Junta dos de estas figuras para formar alguna de las que se muestran a continuación.

a **b** **c**

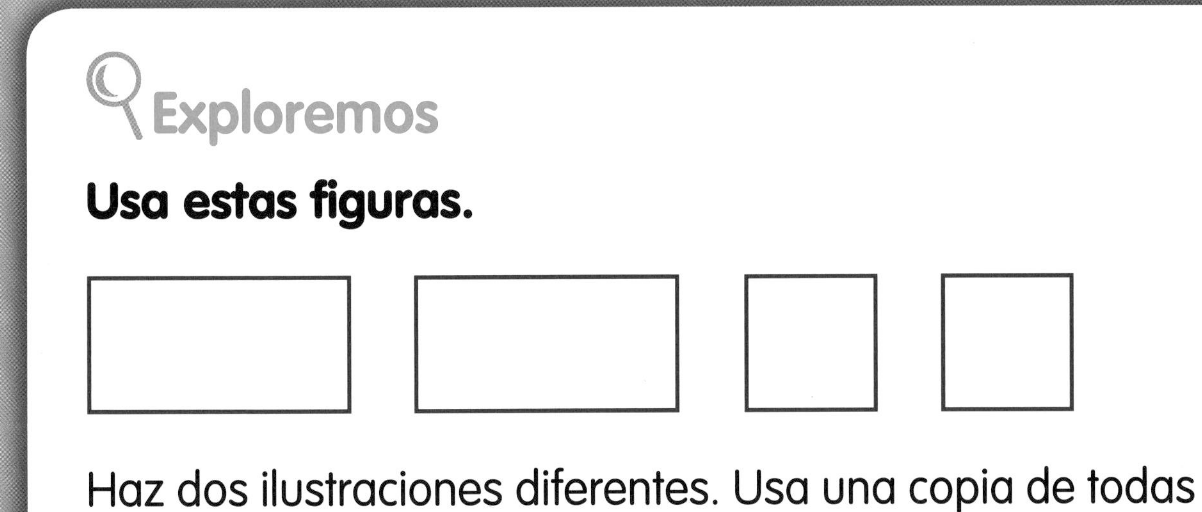

Exploremos

Usa estas figuras.

Haz dos ilustraciones diferentes. Usa una copia de todas estas figuras en cada ilustración.

Practiquemos

Cuenta.
Observa la ilustración.

1 Esta ilustración está formada por muchas figuras.

¿Cuántas de estas figuras puedes encontrar?

Figuras	¿Cuántas hay?
triángulos	
rectángulos	
cuadrados	
círculos	

POR TU CUENTA

Ver Cuaderno de actividades A: Práctica 4, págs. 111 a 116

Puedes hacer modelos con cuerpos geométricos.

A continuación se muestran 1 esfera, 2 pirámides, 4 cilindros, 2 cubos, 1 cono y 1 prisma rectangular.

Puedo crear un modelo como este.

Puedo crear un modelo como este.

Manos a la obra

Usa .

Haz tu propio modelo.
Escribe cuántos cuerpos geométricos de cada tipo hay en tu modelo.

Cuerpo geométrico	¿Cuántos hay?
cubo	
esfera	
prisma rectangular	
pirámide	
cilindro	
cono	

Aprendizaje con supervisión

Observa el modelo.
Escribe cuántos cuerpos geométricos de cada tipo hay en el modelo.

2

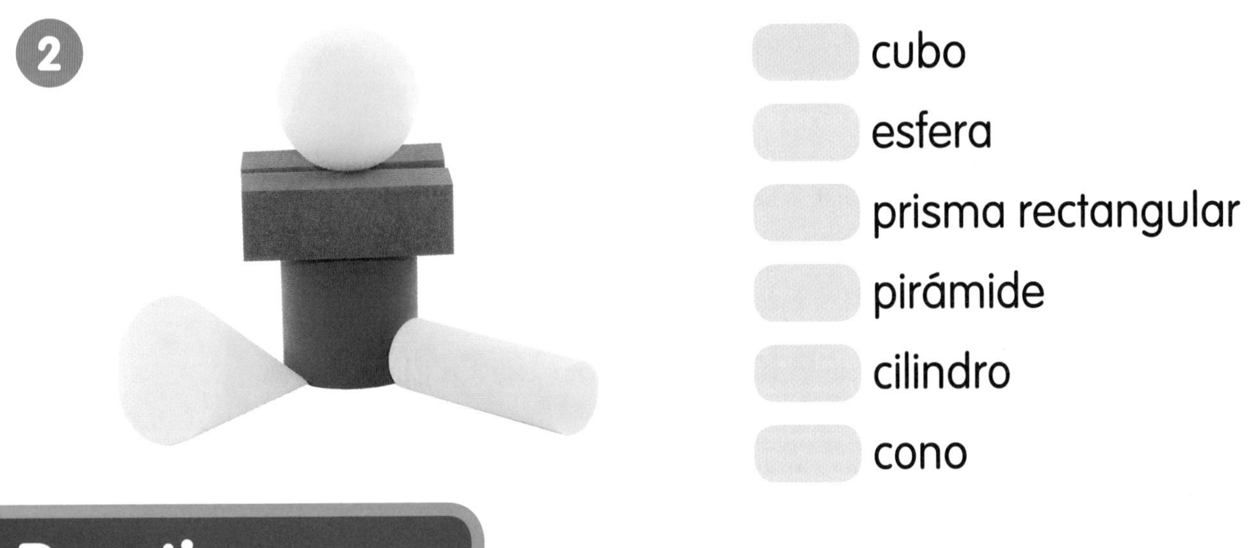

cubo
esfera
prisma rectangular
pirámide
cilindro
cono

Practiquemos

Observa el modelo.
Escribe cuántos cuerpos geométricos de cada tipo hay en el modelo.

1

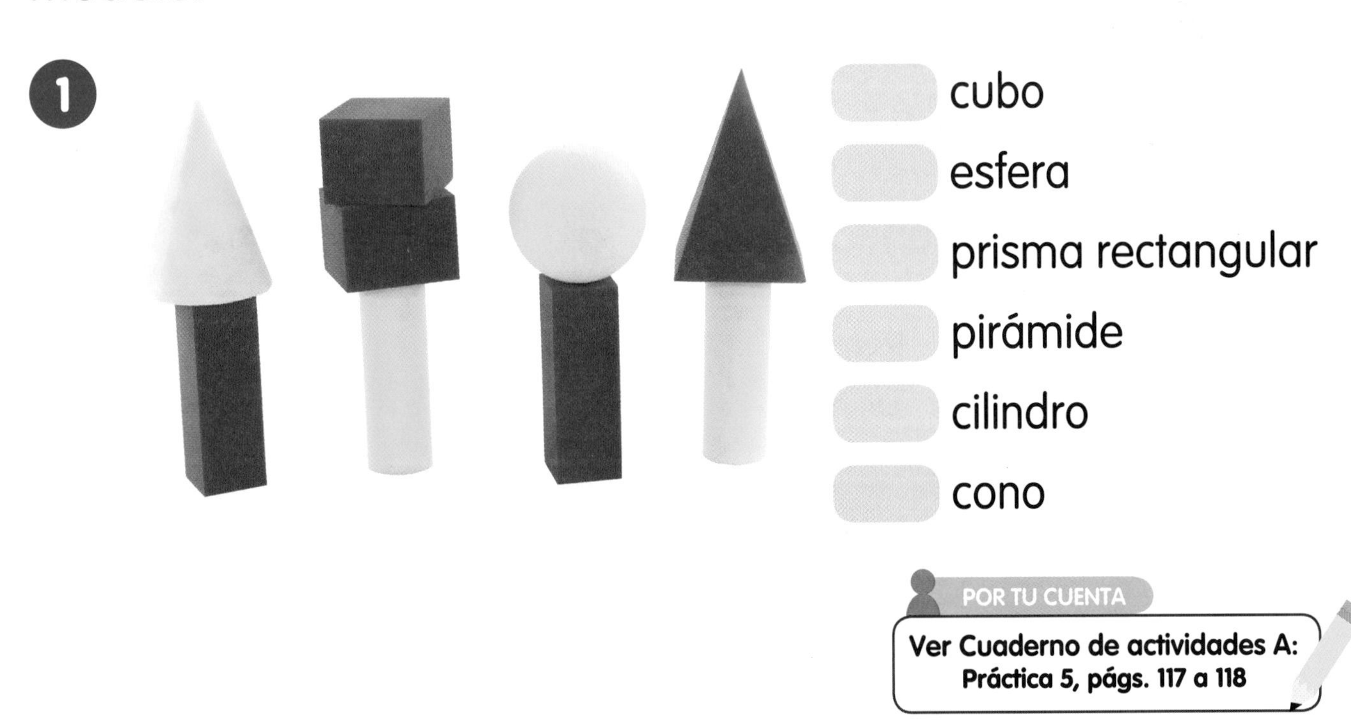

cubo
esfera
prisma rectangular
pirámide
cilindro
cono

POR TU CUENTA

Ver Cuaderno de actividades A: Práctica 5, págs. 117 a 118

Reconocer figuras en nuestro entorno

Objetivo de la lección

- Identificar figuras planas y cuerpos geométricos de la vida cotidiana.

Halla figuras en las cosas que nos rodean.

Esto es un CD.
Tiene la forma de un círculo.

Esto es un sobre.
Tiene la forma de un rectángulo.

Aprendizaje con supervisión

Esto es una rebanada de queso.
Tiene la forma de un [ ].

Halla cuerpos en las cosas que nos rodean.

Esto es un recipiente.
Tiene la forma de un prisma rectangular.

Esto es una pelota de tenis.
Tiene la forma de una esfera.

Aprendizaje con supervisión

2 Esto es una lata de palomitas de maíz. Tiene la forma de un ____.

Manos a la obra

TRABAJAR EN PAREJAS

Observa tu salón de clases y tu escuela. Halla dos objetos que tengan estas formas.

1. círculo ____
2. rectángulo ____
3. cuadrado ____
4. triángulo ____
5. esfera ____
6. prisma rectangular ____
7. cubo ____

¿Puedes hallar un objeto que tenga estas formas?

8. cono ____
9. pirámide ____

Manos a la obra

Usa

Dibuja el contorno de la base de cada cuerpo.
¿Qué figura creas?

1 2 3 4

Intenta girar la pirámide.
¿Puedes crear otra figura?

Practiquemos

Observa las ilustraciones.
Nombra las figuras que ves.

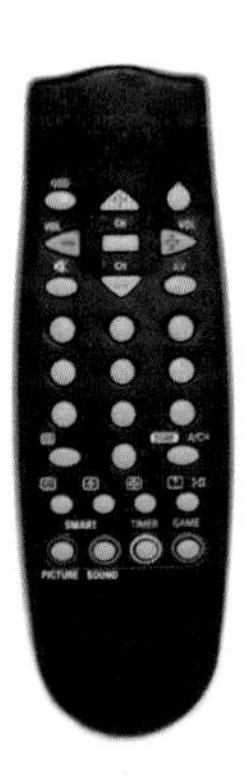

Responde a las preguntas.

5 Esto es una esponja.
¿Qué forma tiene?
¿Qué otros cuerpos ves?

6 Esto es un sacapuntas.
¿Qué forma tiene?
¿Qué figuras ves?

Observa la ilustración.
¿Qué cuerpos geométricos ves?
¿Qué figuras planas ves?

7

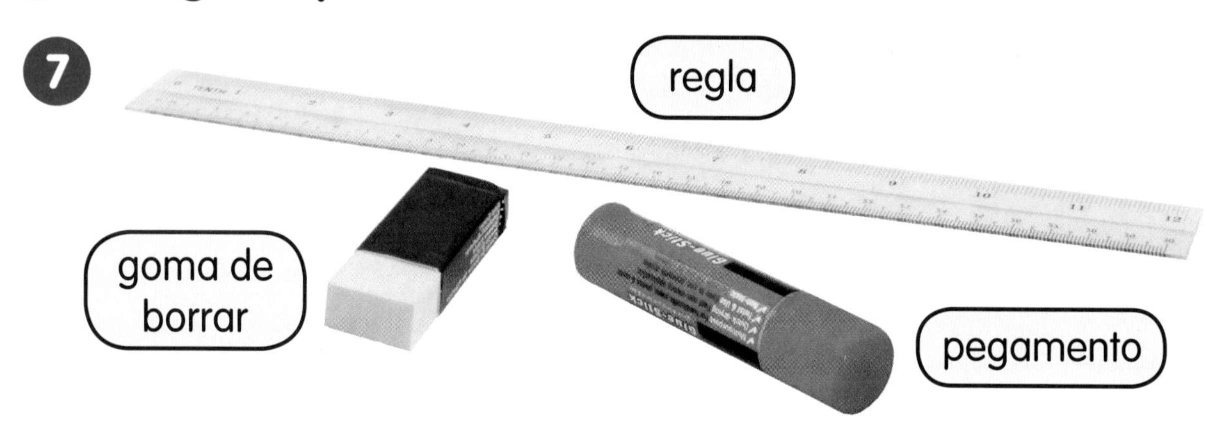

8

POR TU CUENTA

Ver Cuaderno de actividades A: Práctica 6, págs. 119 a 122

Formar patrones con figuras planas

Objetivo de la lección

- Usar figuras planas para identificar, extender y formar patrones.

Vocabulario
patrón que se repite

Aprende

Estos son patrones que se repiten.

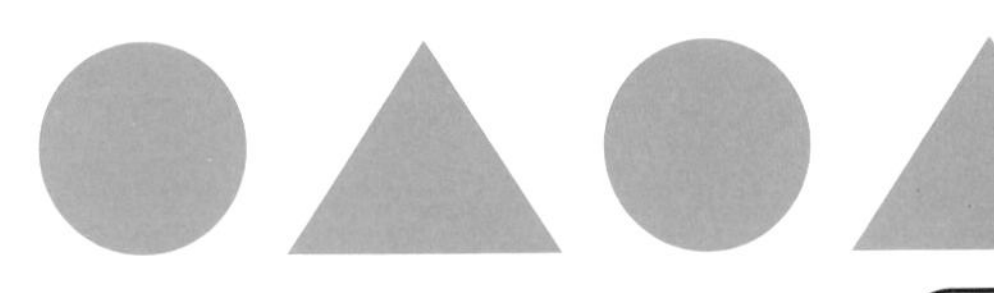

Este patrón se repite. Círculo, triángulo, círculo, triángulo...

Cambia la forma.

Grande, pequeño, grande, pequeño...

Cambia el tamaño.

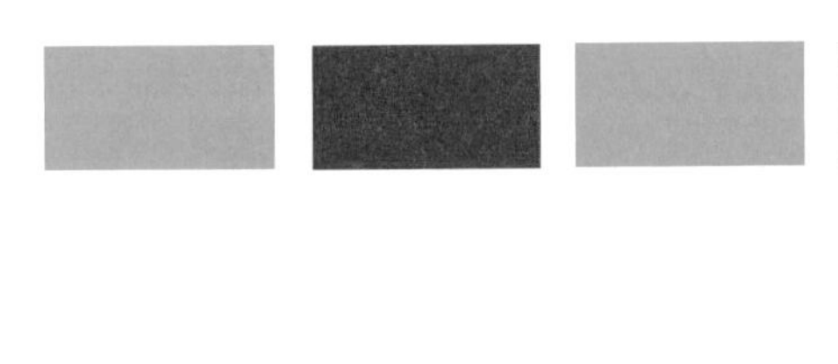

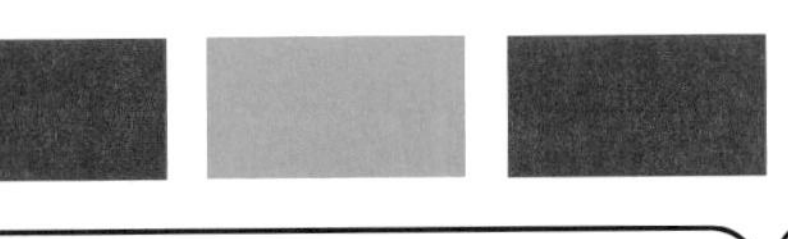

Azul, rojo, azul, rojo...

Cambia el color.

Aprendizaje con supervisión

Completa los patrones.

Manos a la obra

En la computadora, forma un patrón que se repita con dos figuras. Imprime el patrón que hayas formado. Pregunta a tus compañeros de clase cuál es la figura que sigue.

Practiquemos

Completa los patrones.

POR TU CUENTA

Ver Cuaderno de actividades A:
Práctica 7, págs. 123 a 128

Formar patrones con cuerpos geométricos

Objetivo de la lección

- Usar cuerpos geométricos para identificar, extender y formar patrones.

Aprende

Hay más patrones que se repiten.

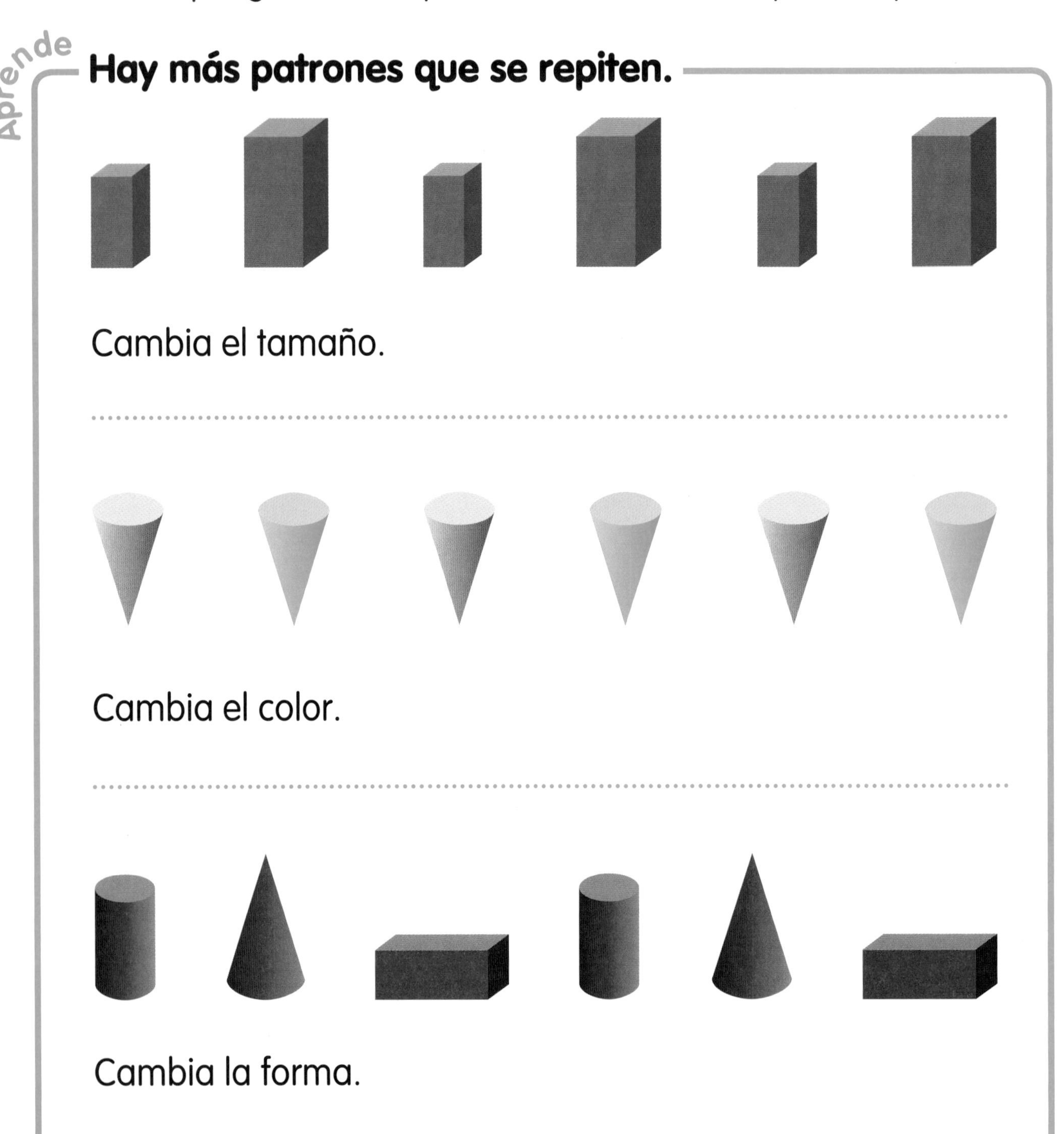

Cambia el tamaño.

Cambia el color.

Cambia la forma.

Aprendizaje con supervisión

Completa los patrones.

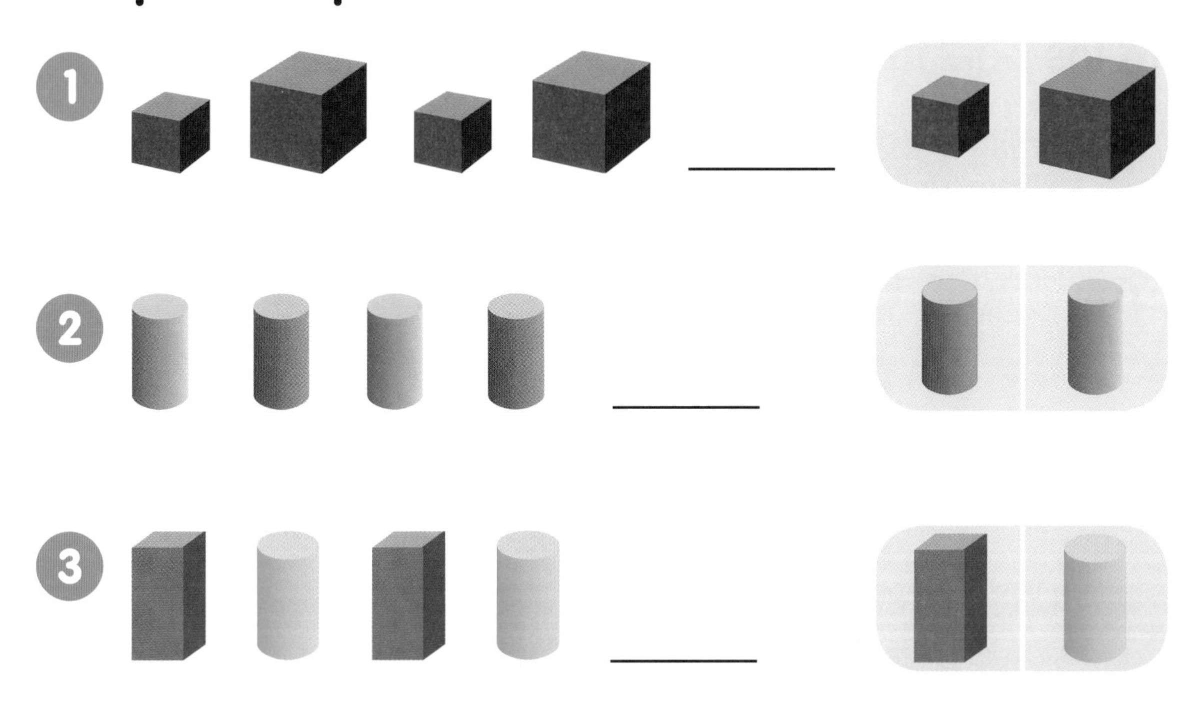

Manos a la obra

Usa .

Forma tu propio patrón.
Pide a tu compañero que te diga qué figura sigue.

Ejemplo

Practiquemos

Completa los patrones.

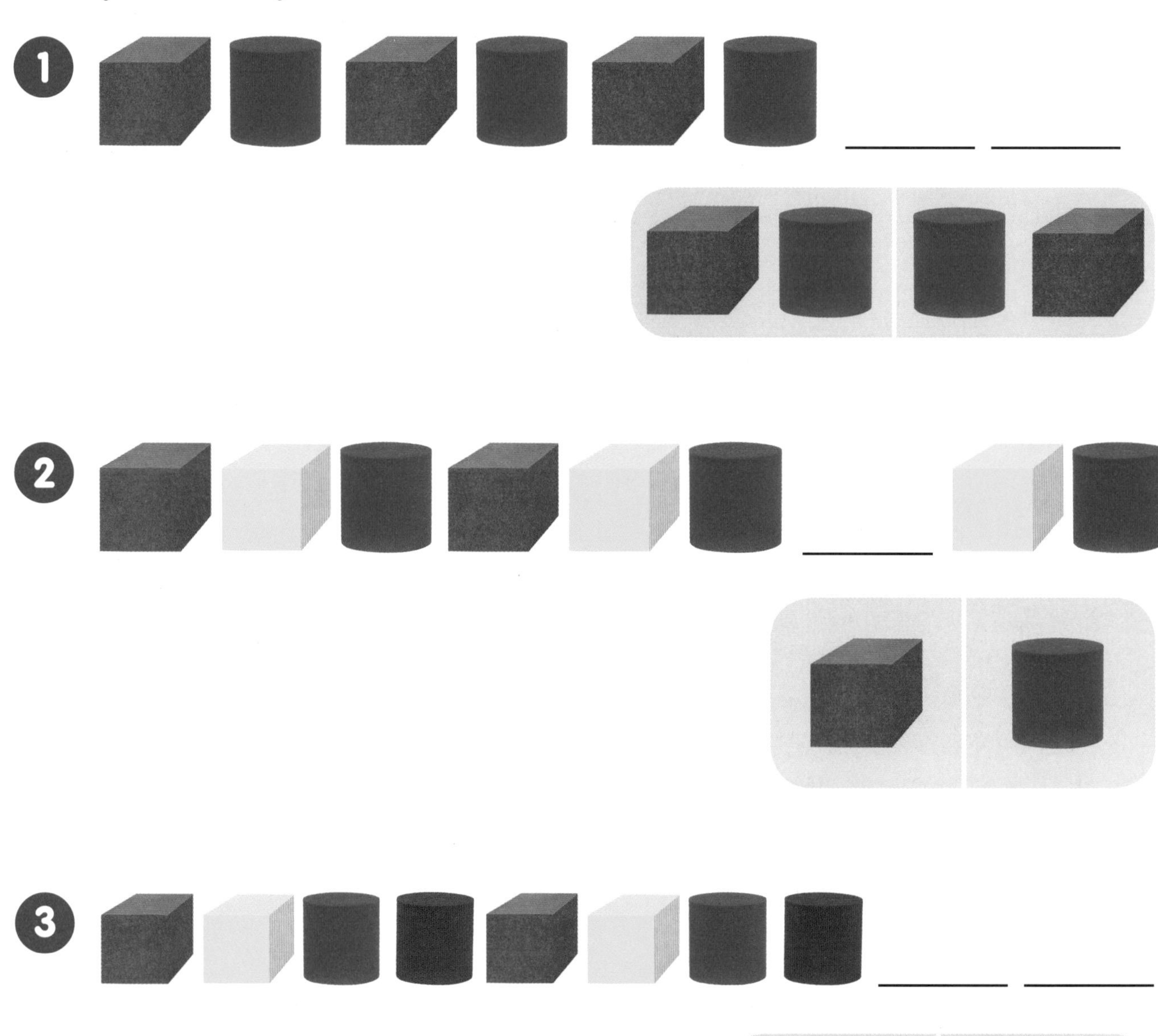

POR TU CUENTA

Ver Cuaderno de actividades A: Práctica 8, págs. 129 a 132

DESTREZAS DE RAZONAMIENTO CRÍTICO

¡Ponte la gorra de pensar!

RESOLUCIÓN DE PROBLEMAS

1 ¿Cómo están ordenadas estas figuras?

2 ¿Cuál sigue en este patrón?

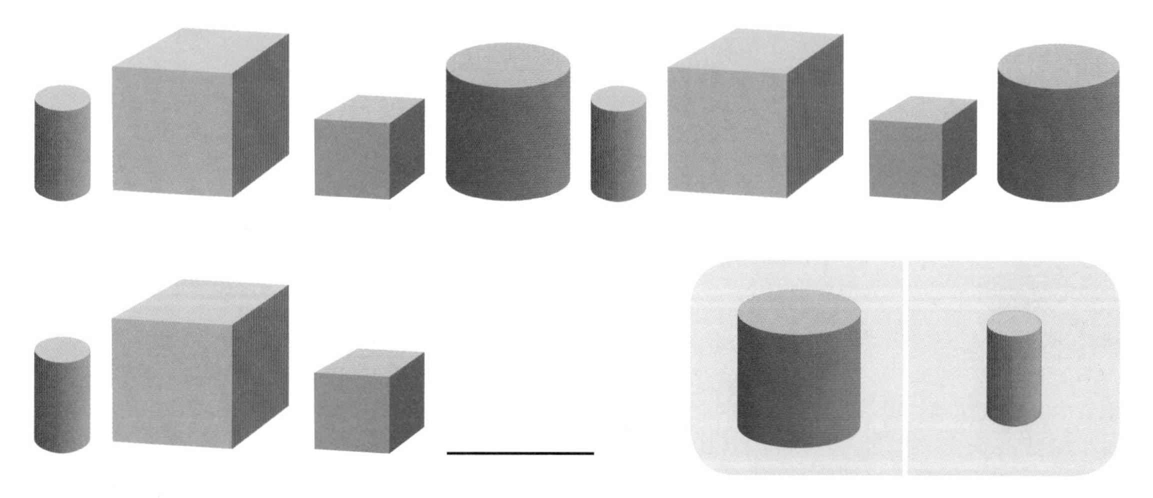

POR TU CUENTA

Ver Cuaderno de actividades A: ¡Ponte la gorra de pensar! págs. 133 a 138

Resumen del capítulo

Has aprendido...

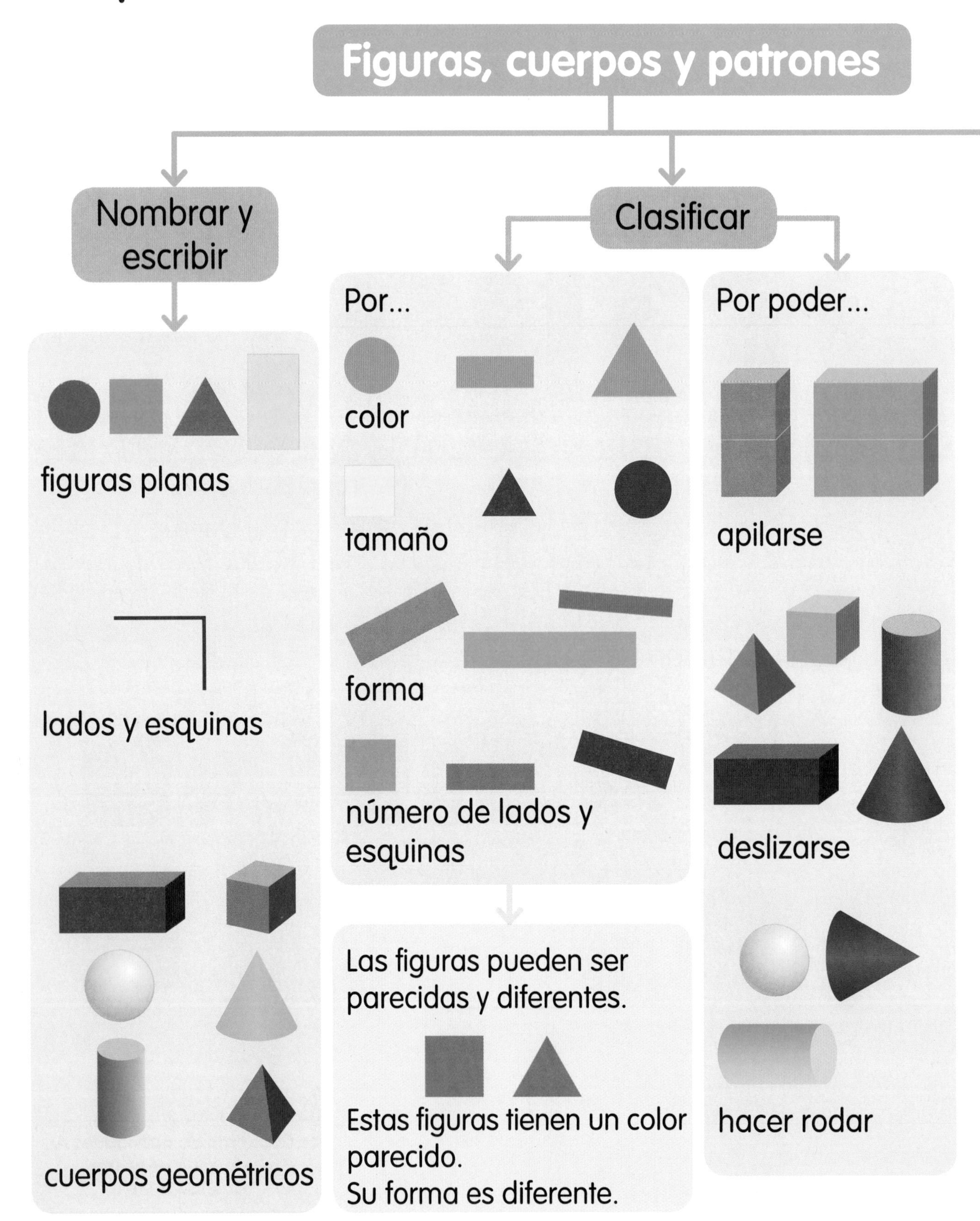

Explorar, identificar y comparar figuras planas y cuerpos geométricos que se encuentran en patrones y en la vida cotidiana.

Hacer ilustraciones y modelos

Con...

figuras planas

cuerpos geométricos

Dividir figuras en partes iguales

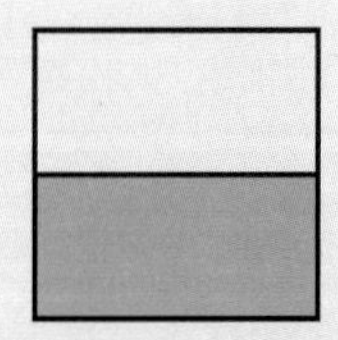

Un medio del cuadrado es verde.

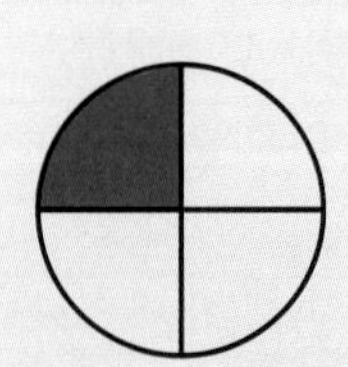

Un cuarto del círculo está sombreado. Tres cuartos del círculo no están sombreados.

Formar patrones que se repiten

Cambia...

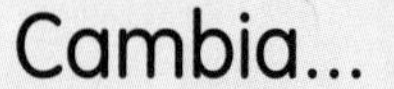

el tamaño

la forma

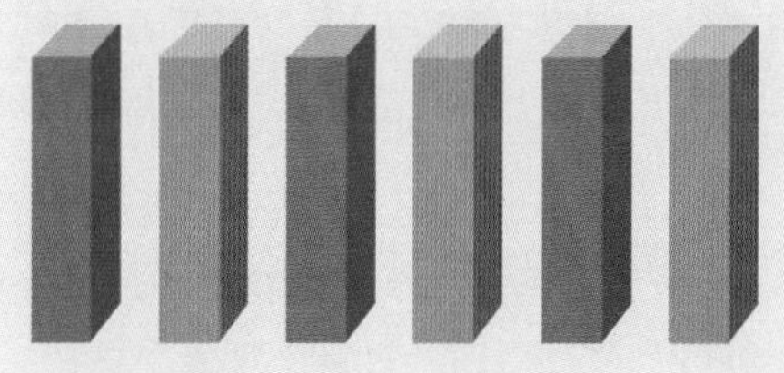

el color

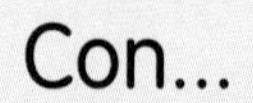

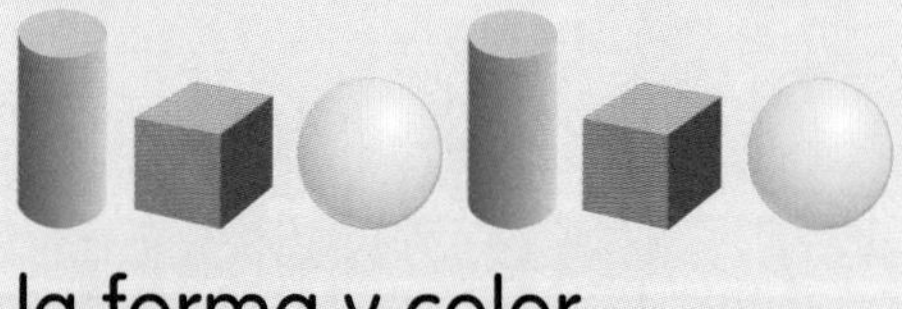

la forma y color

POR TU CUENTA

Ver Cuaderno de actividades A: ¡Ponte la gorra de pensar! págs. 139 a 142

CAPÍTULO 6

Números ordinales y posición

IDEA IMPORTANTE

Se pueden usar números y palabras para describir el orden y la posición.

Recordar conocimientos previos

Números y palabras que indican posición

Jackie es la primera de la fila.
Sam le sigue en la fila.
Carl es el último de la fila.

✔Repaso rápido

1. ______ está segundo en la fila.

2. ______ está 3.º en la fila.

3. ______ está 1.ª en la fila.

Números ordinales

Objetivo de la lección

- Usar números ordinales.

Aprende

Puedes usar los números ordinales para indicar el orden.

Vocabulario

primero segundo tercero cuarto quinto
sexto séptimo octavo noveno décimo
último

Sealy es el 10.º.
Es el **último**.

Aprendizaje con supervisión

Observa la ilustración.
Responde a las preguntas.

1. ¿Cuántos niños están trepando la pared?
2. ¿Quién es el 1.º?
3. ¿Quién está en 2.º lugar?
4. ¿Quién está 6.º?

5. ¿Quién es el 4.º?
6. ¿En qué posición está Ally?
7. ¿En qué posición está Zack?
8. ¿Quién es el último?

Practiquemos

Observa la ilustración.
Responde a las preguntas.

1. ¿Hay alguien en casa en el 1.er piso?
2. ¿En qué piso está el gato?
3. ¿En qué piso está durmiendo el perro?
4. ¿En qué piso hay un hombre lavándose el cabello?
5. ¿En qué piso está el pez?
6. ¿Qué hay en el 10.º piso?
7. ¿Qué está haciendo el hombre del noveno piso?

POR TU CUENTA

Ver Cuaderno de actividades A: Práctica 1, págs. 143 a 146

LECCIÓN 2 Palabras que indican posición

Objetivo de la lección

- Usar palabras que indican posición para nombrar posiciones relativas.

Vocabulario

antes	después	entre
izquierda	derecha	junto a
bajo	encima	debajo de
detrás de	delante de	arriba
abajo	cerca	lejos

Aprende

Puedes usar las palabras que indican posición para indicar orden y posición.

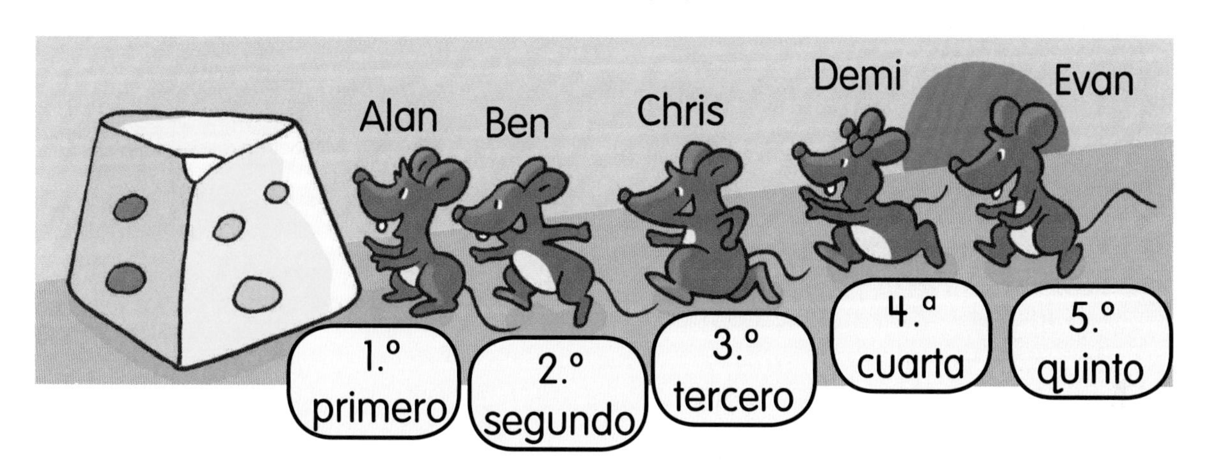

Alan está **antes** de Ben.
Chris está **después** de Ben.
Ben está **entre** Alan y Chris.

Aprendizaje con supervisión

Usa estas palabras para nombrar las posiciones de Demi y Evan.

1. antes entre después

Aprende

Puedes usar izquierda, derecha y junto a, para indicar dónde están las cosas según su posición.

La camiseta está primera a la **izquierda**.
Los pantalones están segundos desde la izquierda.

La camiseta está quinta desde la **derecha**.
También está última desde la derecha.

La toalla está tercera desde la izquierda.
También está tercera desde la derecha.

El vestido está **junto a** la toalla.
El vestido también está junto a la falda.

Los pantalones están entre la camiseta y la toalla.

Aprendizaje con supervisión

Responde a las preguntas.

2. ¿Quién está primero a la derecha?
3. ¿Quién está segundo desde la izquierda?
4. ¿Quién está último desde la izquierda?
5. ¿Quiénes están junto al señor Smith?

Manos a la obra

Haz estas actividades.

1. Su maestro elegirá diez niños.
Deberán pararse en una hilera de frente a la clase.

El maestro preguntará a los demás qué posición ocupa cada persona en la hilera.

Luego, túrnense tú y tu compañero para hablar.
Hablen acerca de la posición que cada persona ocupa en la hilera.
Usen estas palabras:

1.° 2.° 3.° 4.° 5.° 6.° 7.° 8.° 9.° 10.°

izquierda derecha último junto a

2. Coloquen algunos útiles en una hilera en su escritorio.
Túrnense con tu compañero.
Hablen acerca de la posición que cada cosa ocupa en la hilera.

TRABAJAR EN GRUPO **Juego**

¡Encuéntralo primero!

Jugadores: 3
Necesitas:
- 10 ■
- 10 ■

Instrucciones: Usa solo 1, 2 ó 3 dedos para contar.

PASO 1 Los jugadores 1 y 2 colocan sus ■ en una hilera.

PASO 2 El jugador 3 dice una posición ordinal.

PASO 3 El primer jugador en tomar el ■ correcto de su propia hilera obtiene 1 punto.

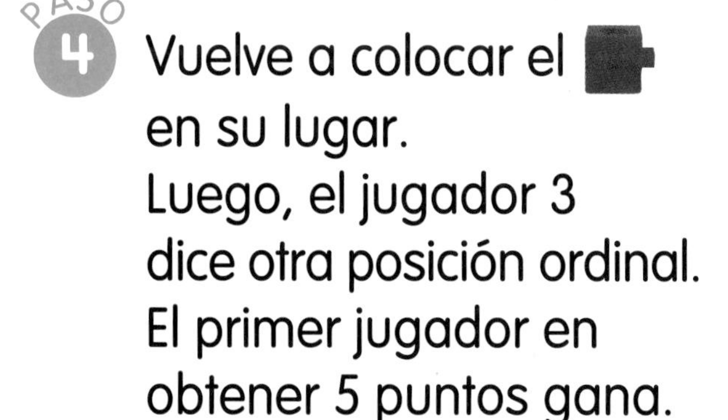

PASO 4 Vuelve a colocar el ■ en su lugar.
Luego, el jugador 3 dice otra posición ordinal.
El primer jugador en obtener 5 puntos gana.

PASO 5 Túrnense para decir las posiciones y jugar.

Practiquemos

Observa la ilustración.
Completa las oraciones.

1. El ratón negro está antes del ratón café.
   El ratón blanco está ______ del ratón café.

2. El ratón café está ______ el ratón negro y el ratón blanco.

3. La mantequilla de cacahuate está segunda desde la ______.

4. El queso está ______ a la derecha.

5. La manzana está ______ la mantequilla de cacahuate.

6. La papa está tercera desde la ______ y la ______.

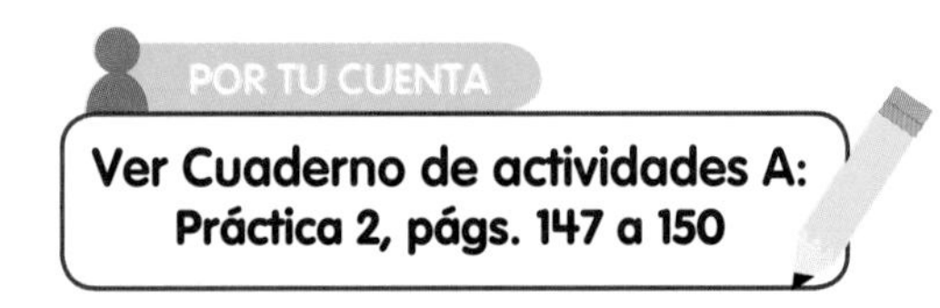

Aprende

Puedes usar la ilustración para aprender más palabras que indican posición.

Jasmine está **bajo** la mesa.

Shenice está **encima** de Pedro.
Pedro está **debajo de** Shenice.

Danny está **detrás de** las cortinas.
Jacob está **delante de** las cortinas.

Aprendizaje con supervisión

Observa la ilustración.
Halla las palabras que faltan que indican posición.

bajo encima de debajo de detrás de delante de

6. Tom está ______ Sue.
7. Sue está ______ Tom.
8. Los juguetes están ______ los libros.
9. Los libros están ______ los juguetes.
10. La pelota está ______ el mueble.

Aprende

Puedes usar la ilustración para aprender más palabras que indican posición.

Mark va hacia **arriba** en el balancín.
Tim va hacia **abajo** en el balancín.

Kay está **cerca** de la pelota de fútbol.
Adele está **lejos** de la pelota de fútbol.

Aprendizaje con supervisión

Observa la ilustración.
Halla las palabras que faltan que indican posición.

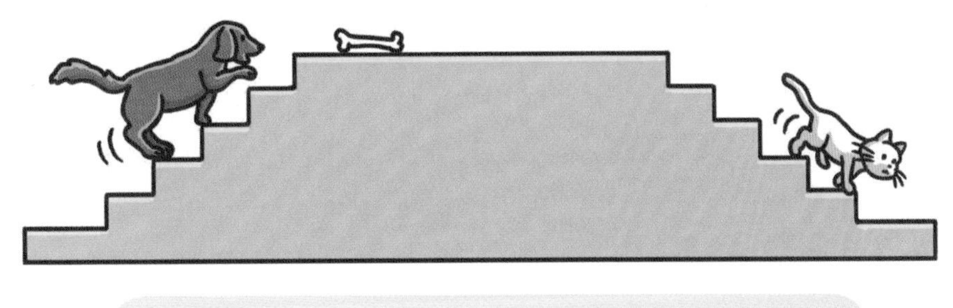

arriba abajo cerca lejos

11 El perro está corriendo hacia ______ por las escaleras.

12 El perro está ______ del hueso.

13 El gato está corriendo hacia ______ por las escaleras.

14 El gato está ______ del hueso.

Practiquemos

Observa la ilustración.
Responde a las preguntas.

1. ¿Quién está debajo de la Pequeña Paula?
2. ¿Quién está delante de Tina la Tamborilera?
3. ¿Quién está encima de Alberto el Alto?
4. ¿Quién está bajo el sombrero de la Vergonzosa Verónica?

5. ¿Quién está detrás de Damián el Dormilón?
6. ¿Quién se desliza hacia abajo por el poste?
7. ¿Quién trepa la escalera hacia arriba?
8. ¿Quién está cerca de la pelota?

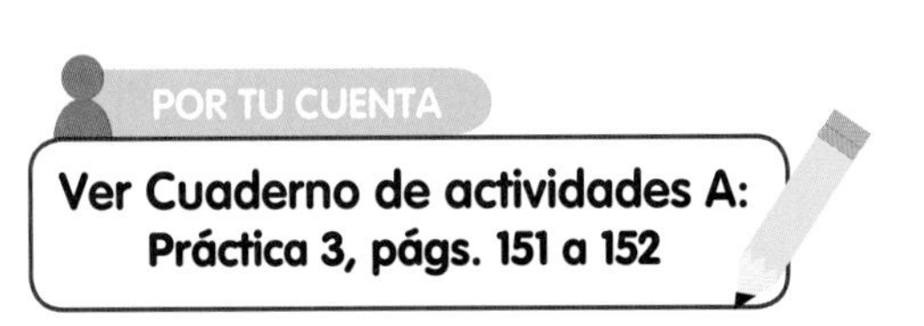

Exploremos

Usa nueve ■ y un ■.

PASO 1 Mezcla los ■.
Luego, ordena los ■ en una hilera.

PASO 2 Escribe la respuesta a cada una de estas preguntas.
¿Qué posición ocupa el ■ desde la izquierda?
¿Qué posición ocupa el ■ desde la derecha?

Posición del ■ desde la izquierda	Posición del ■ desde la derecha	___ + ___

Repite el PASO 1 y el PASO 2 para completar la tabla.

El número total de ■ es 10.

La respuesta en la ___ siempre es ___ más que el número total de ■.

Observa tu salón de clases. Completa las oraciones.

1. Los libros en el estante están cerca de ____.
2. Mi mochila está ____ mi mesa.
3. ____ se sienta detrás de mí.
4. ____ está lejos de mí.
5. ____ se sienta a mi izquierda.

DESTREZAS DE RAZONAMIENTO CRÍTICO

¡Ponte la gorra de pensar!

RESOLUCIÓN DE PROBLEMAS

Escribe los nombres en el orden correcto.

1. La Hormiga Hilda, el Escarabajo Esteban y la Lagartija Lizzy están en una hilera.
   La Hormiga Hilda está última.
   El Escarabajo Esteban no está 2.º.

   ____ ____ ____

   primero

   ¿Quién está entre el 1.º y el 3.º?
   ¿Cómo lo sabes?

¡Ponte la gorra de pensar!

2 Tanya planta 4 flores en una hilera.
La orquídea no es la 2.ª desde la izquierda.
La margarita está entre la rosa y el girasol.
El girasol es el 1.º a la derecha.

IZQUIERDA DERECHA

¿Cuál flor está 3.ª desde la derecha?
¿Cómo lo sabes?

3 Joshua cuenta el número de niños que hay en su grupo.
Nick es la 4.ª persona desde la derecha.
También es la 2.ª persona desde la izquierda.
¿Cuántas personas hay en su grupo?

IZQUIERDA

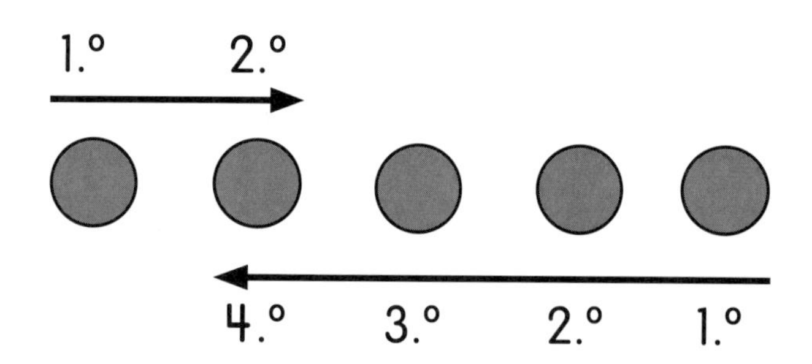

DERECHA

Hay ______ niños en el grupo.

¡Ponte la gorra de pensar!

4. Beth ordena 10 cuentas en una hilera.
Hay solo una cuenta roja.
La cuenta roja es la 6.ª desde la derecha.
Si Beth cuenta desde la izquierda, ¿en qué posición está la cuenta roja? ______

Haz un dibujo o **una representación.**

POR TU CUENTA

Ver Cuaderno de actividades A: ¡Ponte la gorra de pensar! págs. 153 a 156

Resumen del capítulo

Has aprendido ...

Números ordinales y posición

Usar palabras ordinales y palabras que indican posición para hablar de la ubicación de las cosas

Wally está después de Flipper.
Wally está antes de Hippo.
Wally está entre Flipper y Hippo.
Sealy es el último.

El [boya] es el primero de la izquierda

El [boya] es el primero de la derecha.

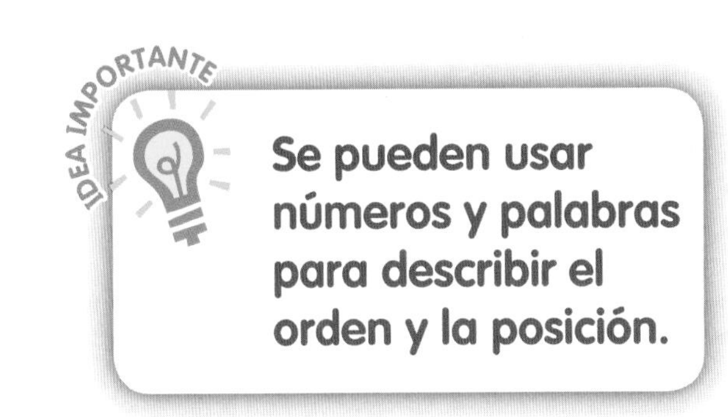

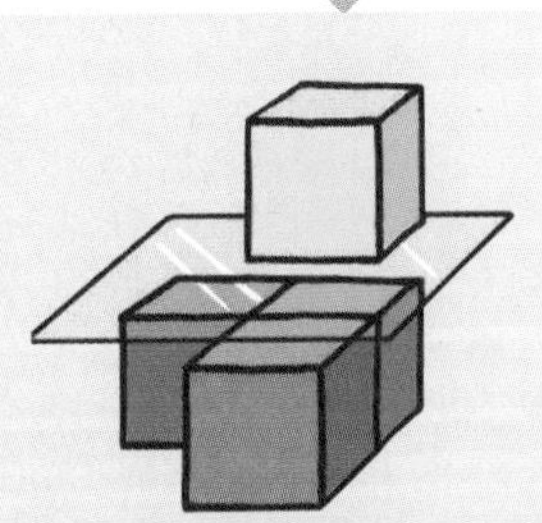

El amarillo está encima del azul.
El azul está debajo del amarillo.

El anaranjado está delante del azul.
El azul está detrás del anaranjado.

El rosado está junto al azul.

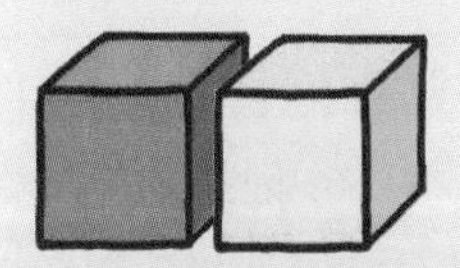

El café está bajo la mano.

El anaranjado está cerca del amarillo.
El azul está lejos del amarillo.

Camina hacia arriba por las escaleras.

Camina hacia abajo por las escaleras.

Ver Cuaderno de actividades A: Repaso/Prueba del capítulo, págs. 157 a 160

CAPÍTULO 7

Los números hasta 20

IDEA IMPORTANTE

Cuenta, compara y ordena números hasta 20.

Recordar conocimientos previos

Contar

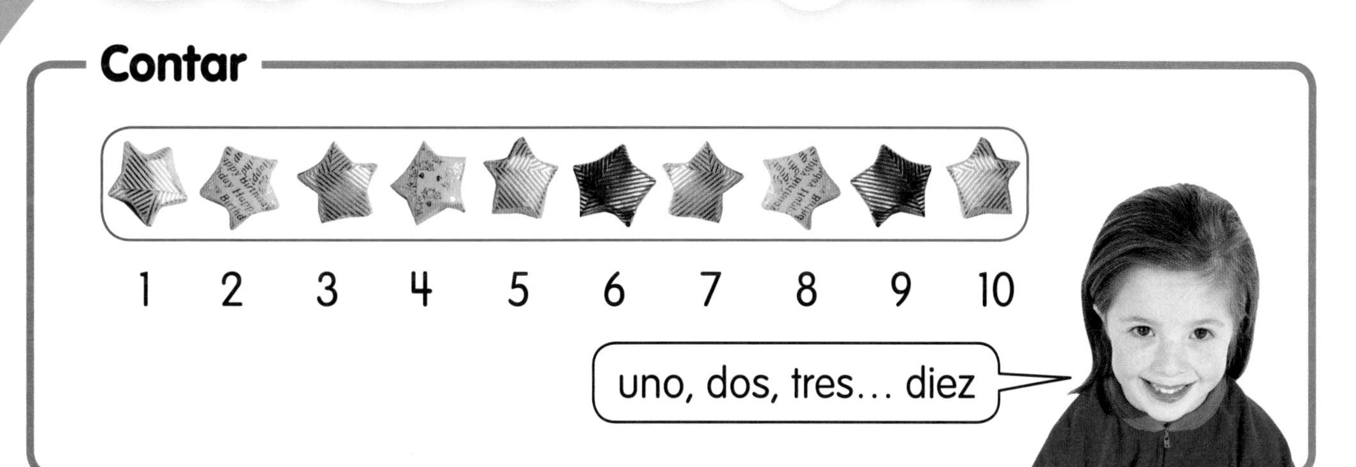

Comparar

6 cubos

9 cubos

3 más

9 es mayor que 6.
6 es menor que 9.

Formar patrones

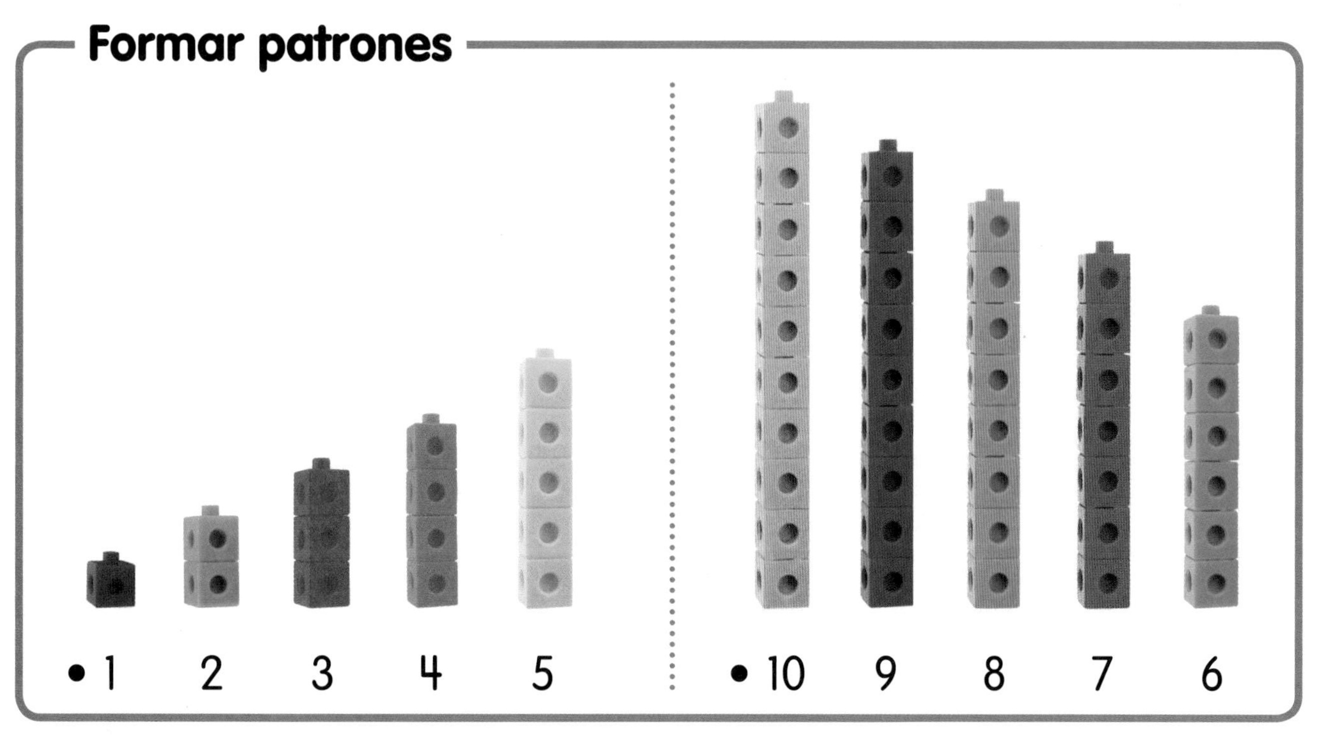

Repaso rápido

Cuenta.

1. Cuenta de 1 a 10.

2. ¿Cuántos [dinosaurio] hay?
Escribe el número y la palabra.

Escribe los números que faltan.

3.

es mayor que .

es menor que .

Completa los patrones numéricos.

4. 6 7 8 ? ?

5. 4 3 2 ? ?

Contar hasta 20

Objetivos de la lección

- Contar hacia adelante de 10 a 20.
- Leer y escribir de 11 a 20 en números y en palabras.

Vocabulario

once	doce
trece	catorce
quince	dieciséis
diecisiete	dieciocho
diecinueve	veinte

Aprende

Puedes contar hacia adelante a partir de 10.

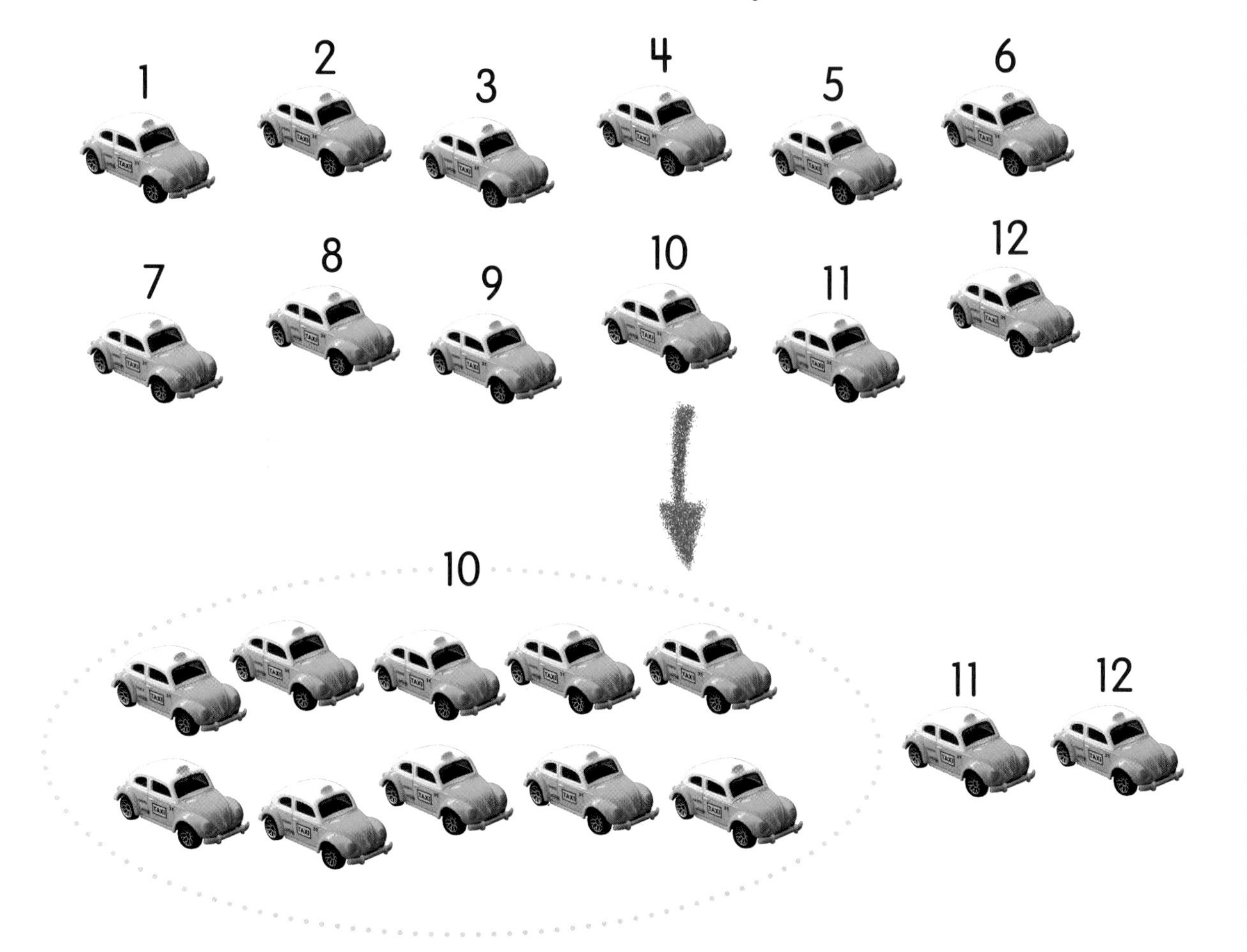

Es más fácil contar hacia adelante: **10, 11, 12.**

Aprende

Puedes contar hacia adelante a partir de 10 con números y palabras.

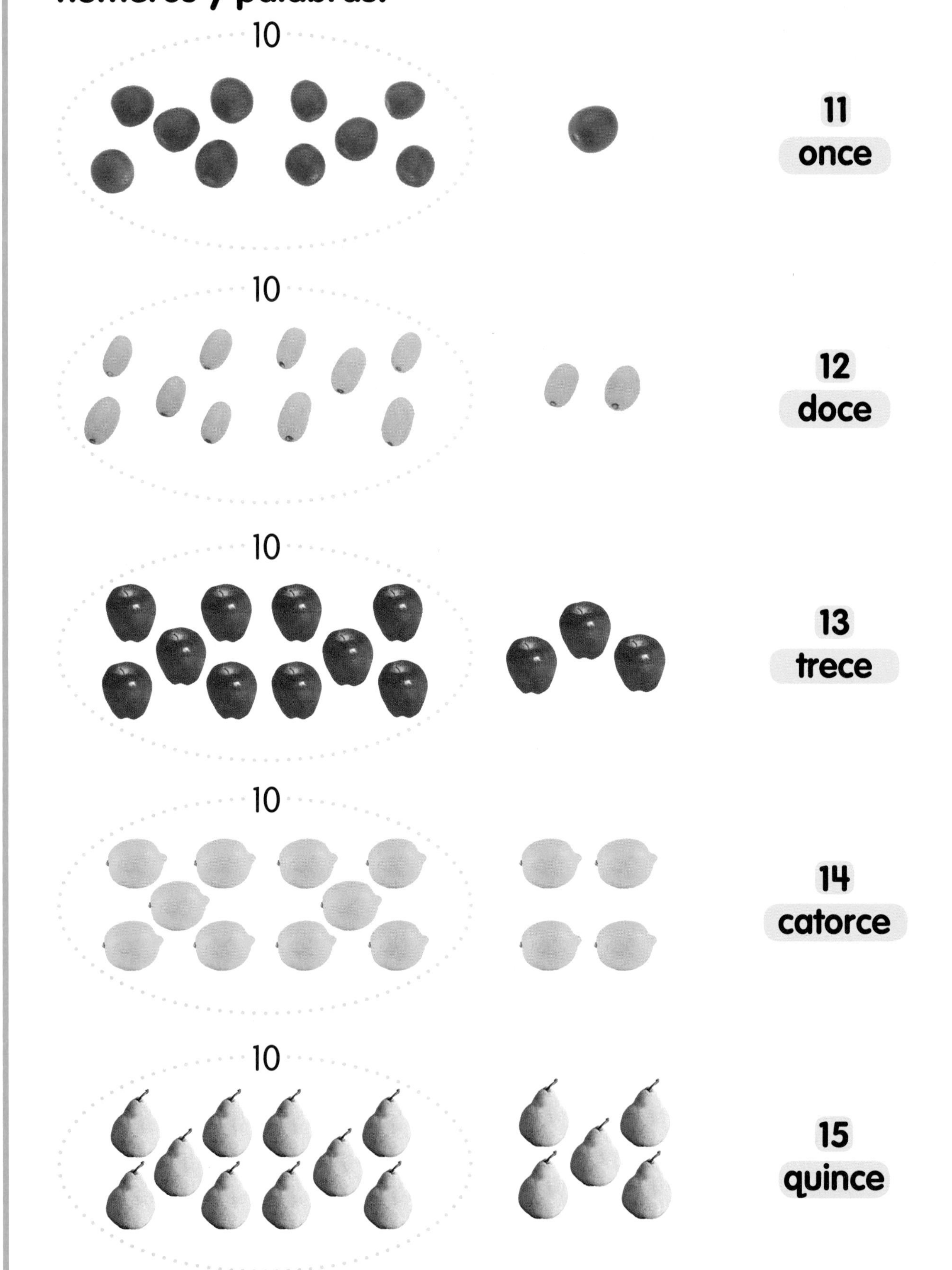

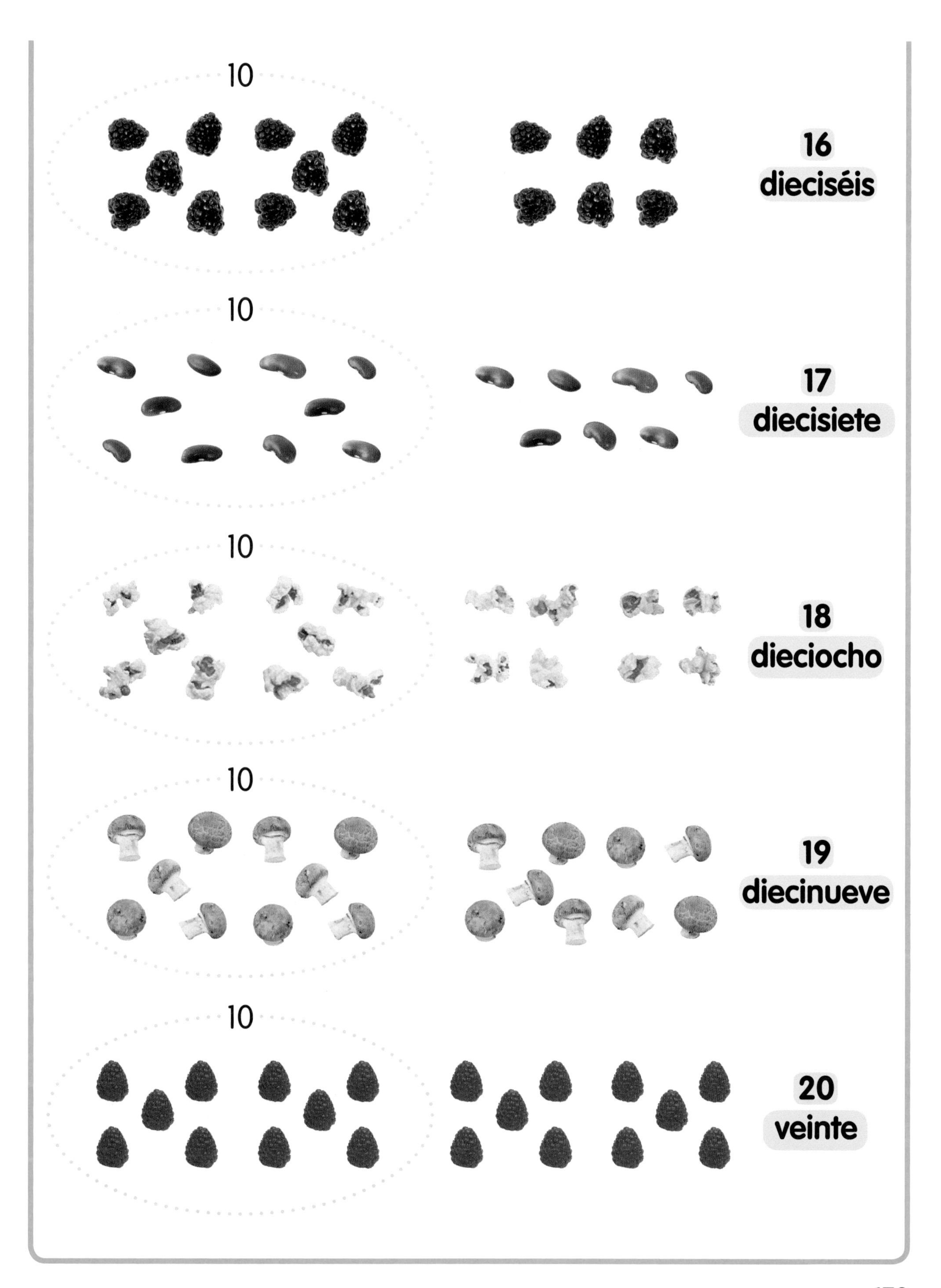
10
16
dieciséis
10
17
diecisiete
10
18
dieciocho
10
19
diecinueve
10
20
veinte

Aprende **Puedes formar primero una decena. Luego, cuenta hacia adelante.**

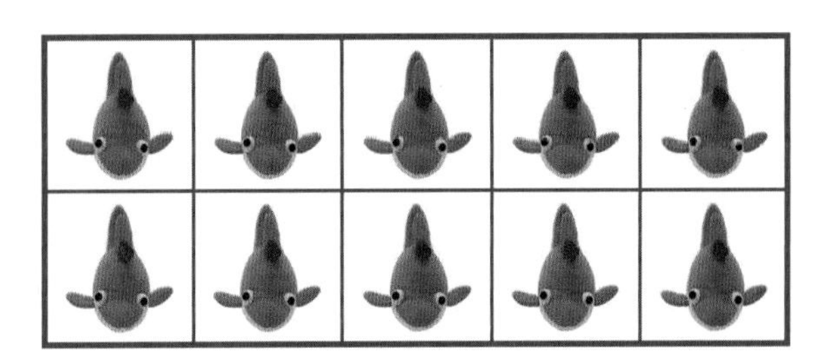 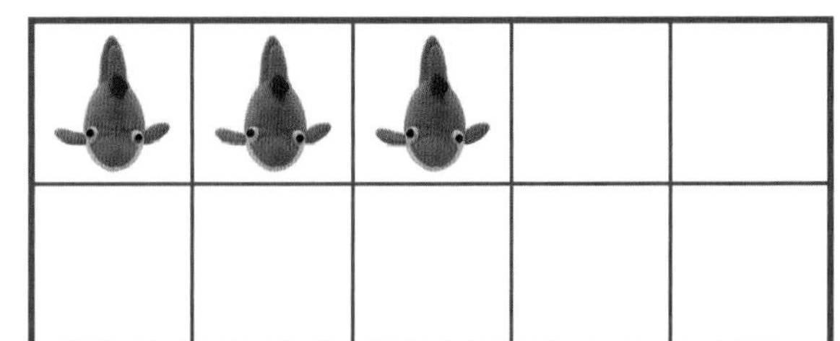

10 y 3 forman 13.
Diez y tres forman trece.
10 + 3 = 13

Aprendizaje con supervisión

Forma una decena.
Luego, cuenta hacia adelante.

1

    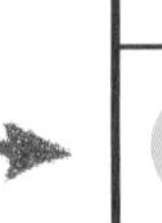

 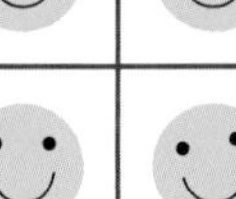 

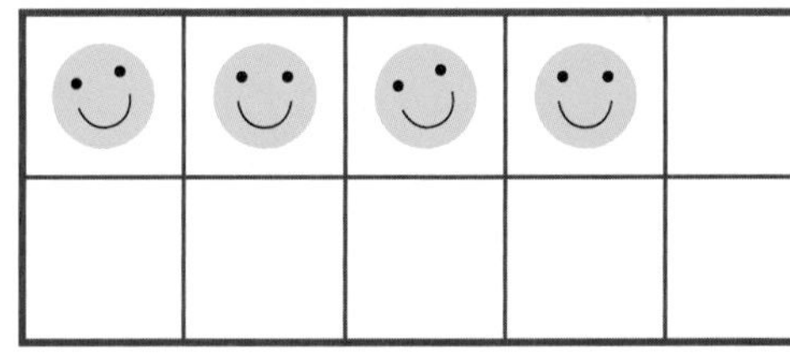

Diez y cuatro forman ____.
____ y ____ forman 14.

____ + ____ = ____

Juego

¡Lanza el cubo numerado!

Jugadores: 4
Necesitas:
- un cubo numerado
- bloques de base diez

PASO 1 Lanza el cubo numerado.
Luego, toma ese número de ▫.

PASO 2 Los jugadores se turnan para lanzar el cubo numerado y tomar ▫.

PASO 3 Cuando sea tu turno otra vez, vuelve a lanzar el cubo numerado.
Luego, toma ese número de ▫.
Si tienes 10 ▫, cámbialos por un ▭.

¡Gana el primer jugador que obtenga 2 ▭!

Aprendizaje con supervisión

Escribe los números que faltan.

2 10 y 7 forman ____. 10 + 7 = ____

3 10 y 10 forman ____. 10 + 10 = ____

Practiquemos

Forma una decena.
Luego, cuenta hacia adelante.

1

10 y 3 forman ____. 10 + 3 = ____

2

10 y ____ forman ____. 10 + ____ = ____

POR TU CUENTA

Ver Cuaderno de actividades A: Práctica 1, págs. 167 a 172

LECCIÓN 2

Valor posicional

Objetivos de la lección

- Usar una tabla de valor posicional para mostrar los números hasta 20.
- Mostrar hasta 20 objetos en decenas y unidades.

Vocabulario
tabla de valor posicional

Aprende

Puedes usar el valor posicional para mostrar los números hasta 20.

10

Decenas	Unidades
1	4

14 = 1 decena y 4 unidades

Esta es una **tabla de valor posicional**.

Aprendizaje con supervisión

Usa el valor posicional para escribir los números que faltan.

1

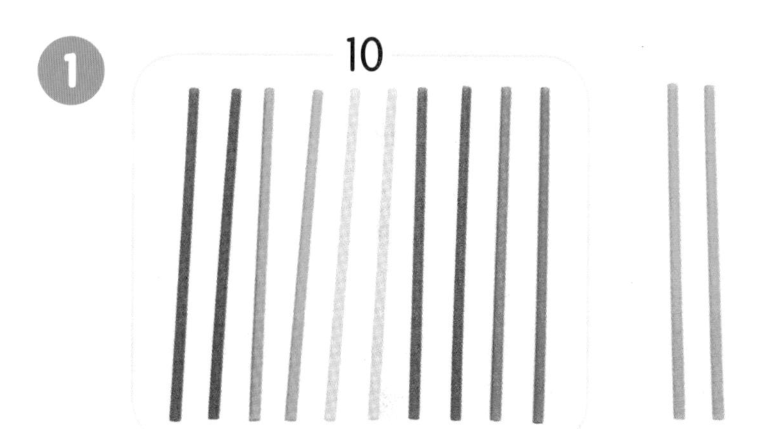

Decenas	Unidades

12 = ___ decena y ___ unidades

2

16 = ___ decena y ___ unidades

Aprende

Puedes usar modelos para mostrar los números hasta 20.

13 = 1 decena y 3 unidades

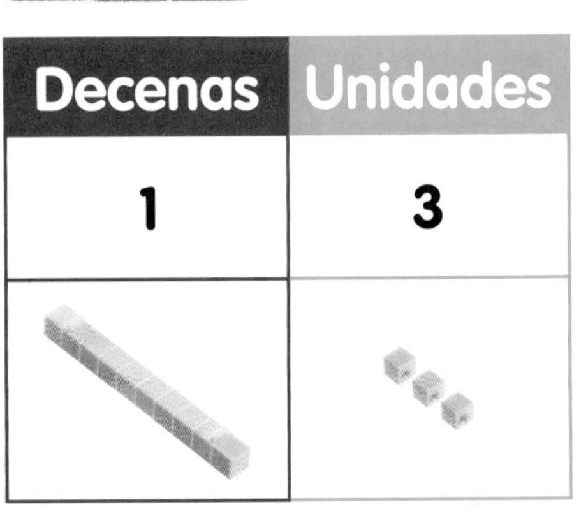

Decenas	Unidades
1	**3**

Aprendizaje con supervisión

Halla la tabla de valor posicional correcta para el número dado.

3 15

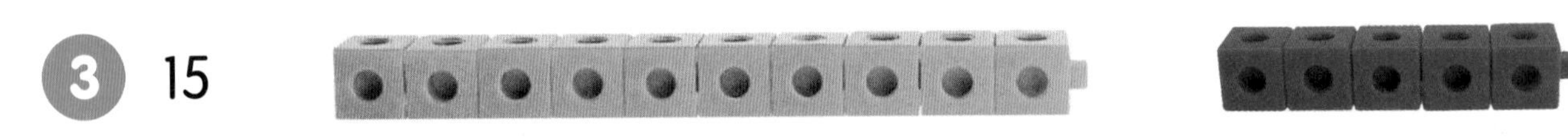

Decenas	Unidades

Decenas	Unidades

Decenas	Unidades

4 17

Decenas	Unidades

Decenas	Unidades

Decenas	Unidades

Manos a la obra

Usa y una tabla de valor posicional.

PASO 1 Agrupa los para mostrar estos números.

a 18

b 20

PASO 2 En la tabla de valor posicional, dibuja ▯ para las decenas y □ para las unidades.

Ejemplo

15

Decenas	Unidades
1	**5**
▯	□ □ □ □ □

Practiquemos

Observa cada tabla de valor posicional.
¿Qué número se muestra?

1 ___

Decenas	Unidades

2 ___

Decenas	Unidades

Muestra el número.
Dibuja ▯ para las decenas y □ para las unidades.

3 14

Decenas	Unidades

4 17

Decenas	Unidades

Escribe los números que faltan.

5 11 = ___ decena y ___ unidad

6 10 = ___ decena y ___ unidades

7 16 = ___ decena y ___ unidades

8 18 = ___ decena y ___ unidades

POR TU CUENTA

Ver Cuaderno de actividades A: Práctica 2, págs. 173 a 176

Comparar números

Objetivo de la lección

- Comparar números hasta 20.

Vocabulario
el mayor
el menor

Aprende

Compara los conjuntos y los números.

Conjunto A

12

Conjunto B

10

El conjunto A tiene dos unidades más que el conjunto B.

El conjunto B tiene 2 unidades menos que el conjunto A.

12 es mayor que 10.

10 es menor que 12.

Aprendizaje con supervisión

Cuenta.
Luego, responde a las preguntas.

1. Conjunto A ____ Conjunto B ____

2. ¿Cuál conjunto tiene más? ____

3. ¿Cuántos más? ____

4. ¿Cuál conjunto tiene menos? ____

5. ¿Cuántos menos? ____

6. ____ es mayor que ____.

7. ____ es menor que ____.

Puedes usar el valor posicional para hallar cuánto mayor o menor es un número.

Compara 13 con 15.
¿Cuál número es mayor?
¿Cuánto mayor es el número?

13

15

Decenas	Unidades
1	3

Decenas	Unidades
1	5

Primero, compara las decenas.
Las decenas son iguales.
Luego, compara las unidades.

Las unidades no son iguales.
5 es 2 unidades mayor que 3.
Entonces, 15 es 2 unidades mayor que 13.

Aprendizaje con supervisión

Compara los números.
Usa el valor posicional como ayuda.

8 ¿Cuál número es mayor?
¿Cuánto mayor es?

19

Decenas	Unidades
1	9

17

Decenas	Unidades
1	7

____ es mayor que ____.

____ es ____ unidades mayor que ____.

9 ¿Cuál número es menor?
¿Cuánto menor es?

16

Decenas	Unidades
1	6

12

Decenas	Unidades
1	2

____ es menor que ____.

____ es ____ unidades menor que ____.

Aprende

Puedes usar el valor posicional para comparar tres números.

Compara 14, 11 y 16.

Decenas	Unidades
1	4

Decenas	Unidades
1	1

Decenas	Unidades
1	6

Todas las decenas son iguales.
Entonces, compara las unidades.

4 es mayor que 1.
6 es mayor que 4.

16 es el número **mayor**.
11 es el número **menor**.

Aprendizaje con supervisión

Compara los números.
Usa el valor posicional como ayuda.

10 ¿Cuál número es el mayor?
¿Cuál es el menor?

10 17 12

____ es el mayor.

____ es el menor.

Decenas	Unidades

Practiquemos

Cuenta y compara.

1 ¿Cuál conjunto tiene más?

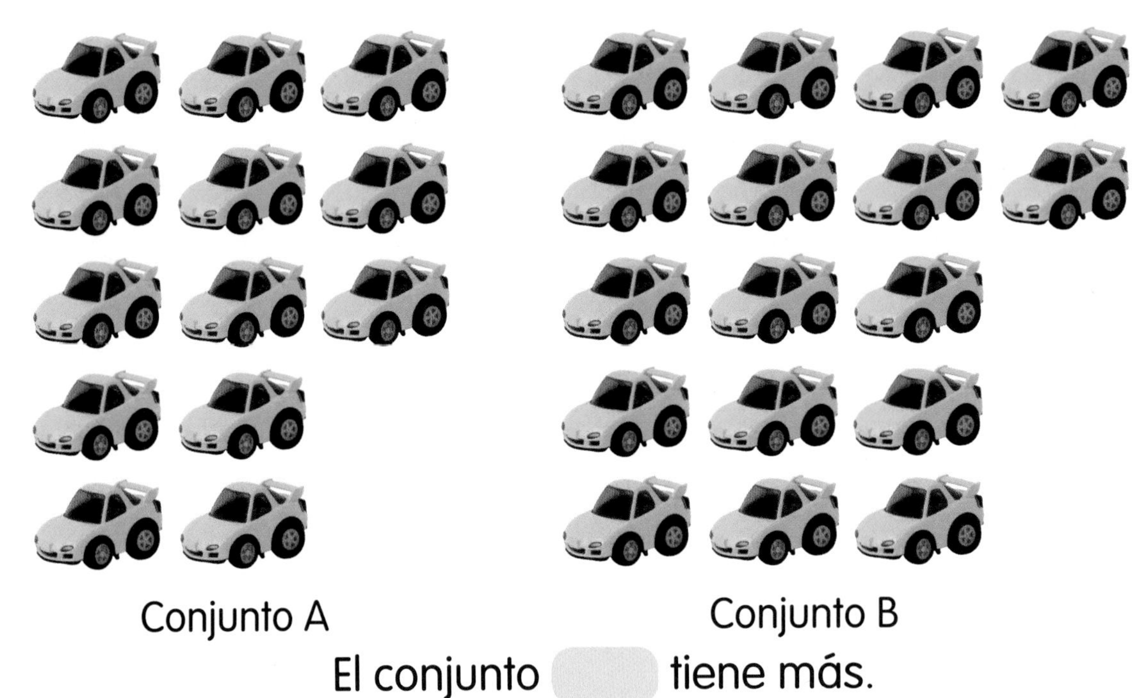

Conjunto A

Conjunto B

El conjunto ______ tiene más.

2 ¿Cuál conjunto tiene menos?

Conjunto A

Conjunto B

El conjunto ______ tiene menos.

¿Cuál número es mayor? ¿Cuánto mayor es?

3 9 ó 5

_____ es mayor.

Es _____ unidades mayor.

¿Cuál número es menor? ¿Cuánto menor es?

4 19 ó 10

_____ es menor.

Es _____ unidades menor.

Compara estos números.

5 12 18 14

¿Cuál es el menor? _____

¿Cuál es el mayor? _____

6 11 20 10

¿Cuál es el menor? _____

¿Cuál es el mayor? _____

Usa [cube icon] **.**
Observa estos números.

11 15 12

PASO 1 Forma un tren numérico para representar el número mayor. Nómbralo tren MA.

PASO 2 Forma un tren numérico para representar el número menor. Nómbralo tren ME.

PASO 3 Quita algunos [cube icon] del tren MA y agrégalos al tren ME. Haz que los dos trenes tengan el mismo número de [cube icon].

¿Cuántos [cube icon] debes quitar del tren MA?

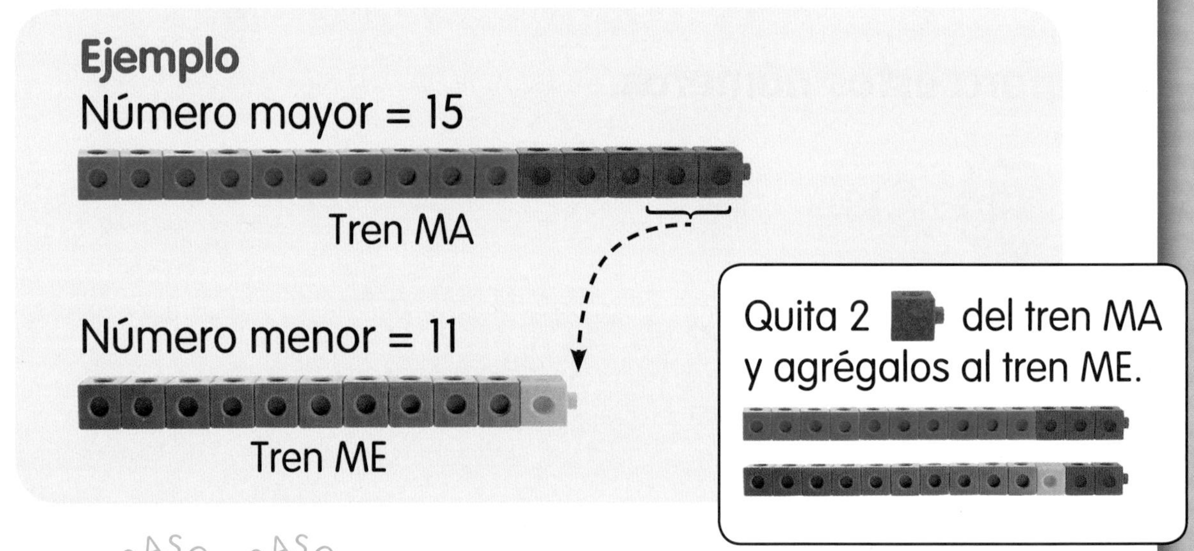

Repite del PASO 1 al PASO 3 para estos números.

a) 16 11 19

b) 20 12 17

Formar patrones y ordenar números

Objetivo de la lección

- Formar patrones numéricos para ordenar números.

Vocabulario
ordenar

Aprende

Puedes formar un patrón.

Lidia usa cubos para formar un patrón.

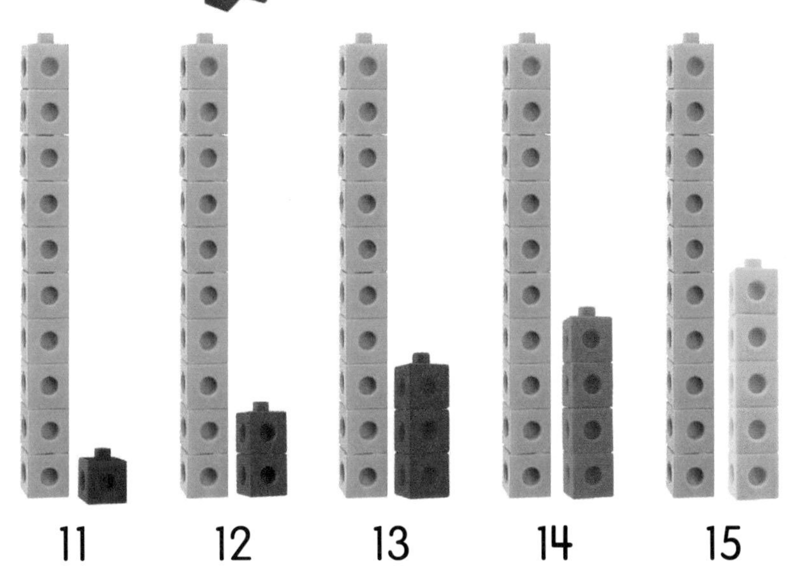

¿Cuántos  siguen en el patrón?

+1 +1 +1 +1 +1
11, 12, 13, 14, 15, 16

Cada número es 1 más que el número anterior.

El número que sigue en el patrón es 16.

Aprendizaje con supervisión

Completa los patrones.

1 Jenny usa cuentas para formar un patrón.

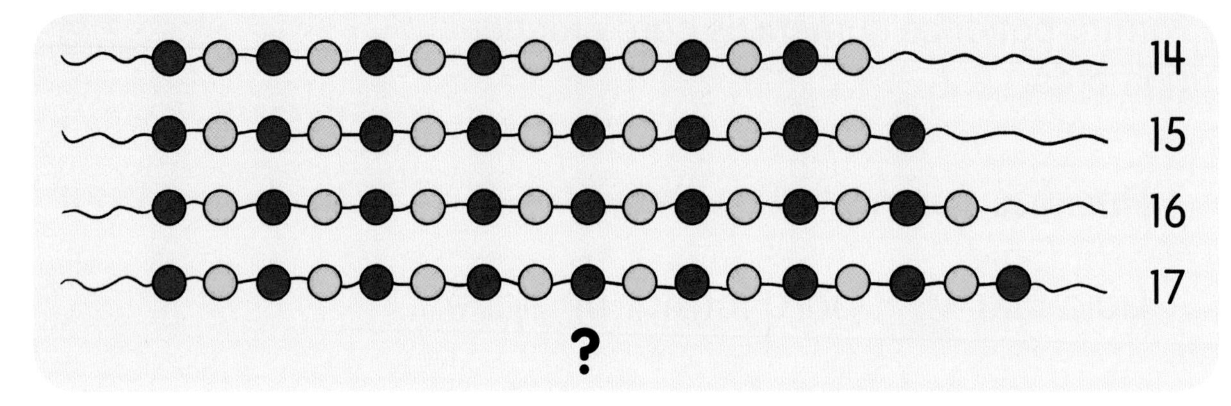

¿Cuántas cuentas siguen en el patrón? ____

2 10, 11, 12, 13, ____, ____, ____

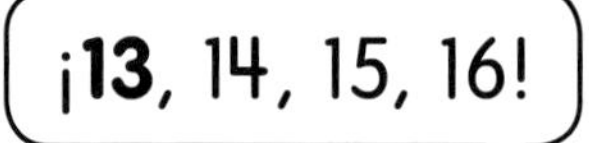

3 14, 15, 16, 17, ____, ____, ____

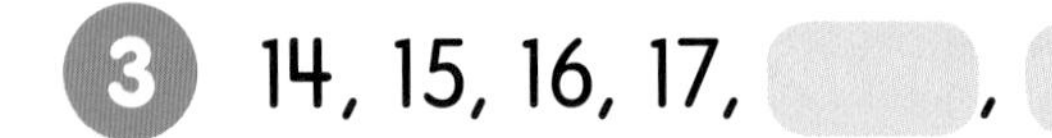

4 20, 19, 18, 17, ____, ____, ____

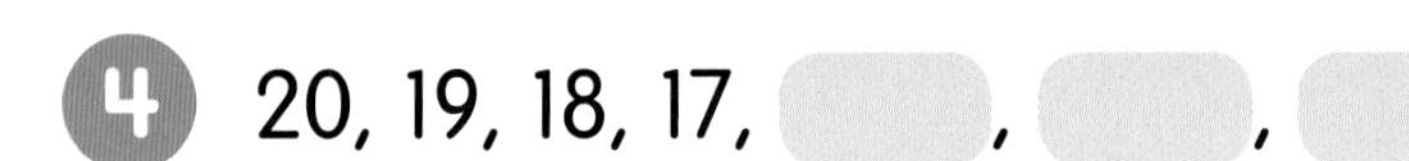

Aprende

Puedes hallar un número más que otro número.

¿Qué número es 1 más que 15?

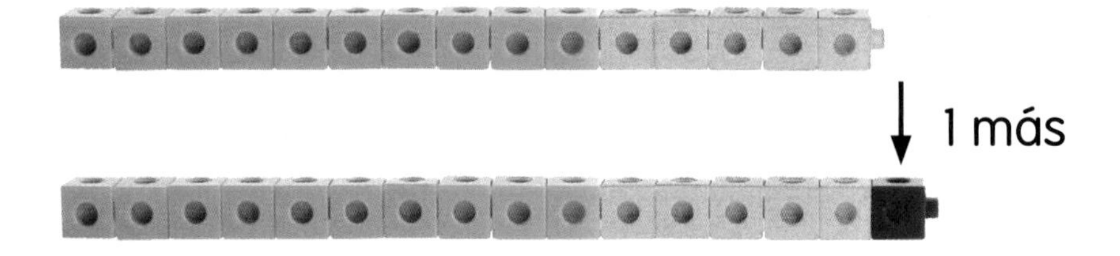

1 más que 15 es igual a 16.

Aprendizaje con supervisión

Resuelve.

5 ¿Qué número es 2 más que 17?

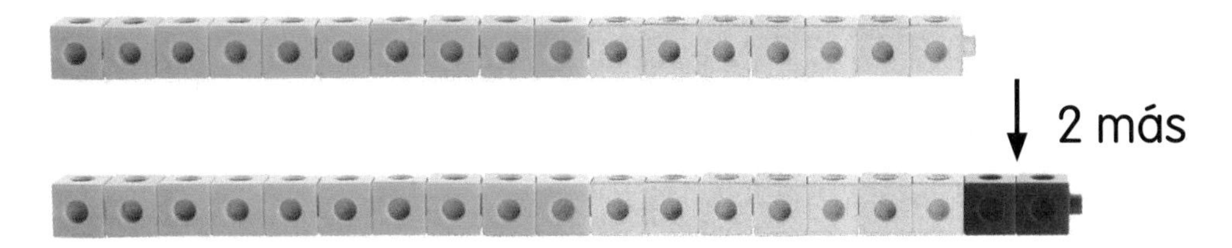

2 más que 17 es igual a ____.

Aprende

Puedes hallar un número menos que otro número.

¿Qué número es 1 menos que 16?

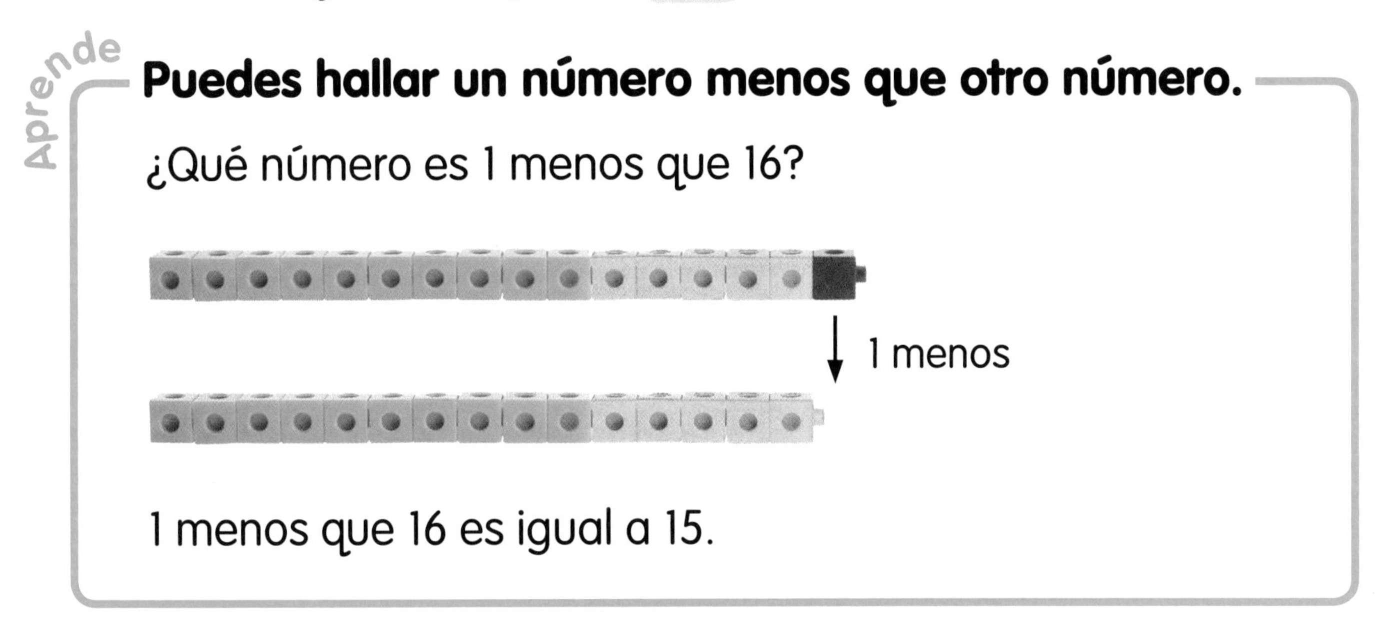

1 menos que 16 es igual a 15.

Aprendizaje con supervisión

Resuelve.

6 ¿Qué número es 2 menos que 20?

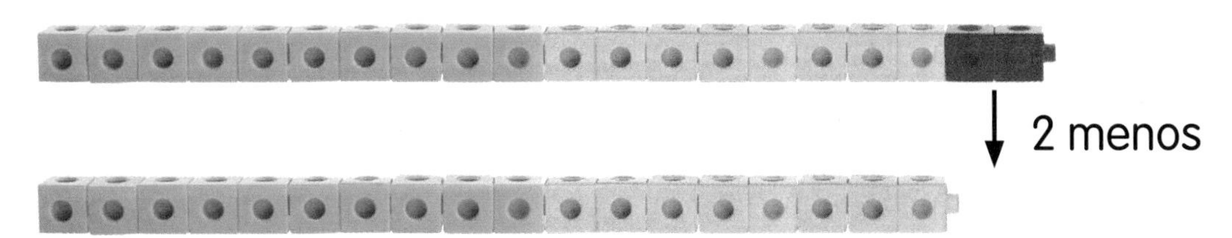

2 menos que 20 es igual a ____.

Aprende

Puedes ordenar números de menor a mayor.

Compara estos números.

14 18 12

Todas las decenas son iguales.
Entonces, compara las unidades.

4 es mayor que 2.
8 es mayor que 4.

18 es el número mayor.
12 es el número menor.

Ordenados de menor a mayor,
los números son:

12 14 18

el menor — el mayor

Aprendizaje con supervisión

Ordena los números.

7. de mayor a menor

20 2 13

8. de menor a mayor

8 10 18

Practiquemos

Escribe los números que faltan.

1. 2 más que 13 es igual a ____.

2. 3 menos que 19 es igual a ____.

Escribe los números que faltan.
Usa la ilustración como ayuda.

10	11	12	13	14	15	16	17	18	19	20

3. 2 más que 12 es igual a ____.

4. 2 más que 18 es igual a ____.

5. 3 más que 10 es igual a ____.

6. ____ es igual a 2 menos que 18.

7. ____ es igual a 2 menos que 17.

8. ____ es igual a 3 menos que 20.

Completa los patrones.

9. 11, 12, 13, ____, 15, 16

10. 17, 16, 15, ____, ____, 12, 11

11. 7, 9, ____, 13, 15, ____, 19

12. ____, 18, 16, ____, ____, 10, 8

Ordena los números de mayor a menor.

13. 11 9 18 15

Ordena los números de menor a mayor.

14. 20 6 12 16

POR TU CUENTA

Ver Cuaderno de actividades A: Práctica 4, págs. 185 a 188

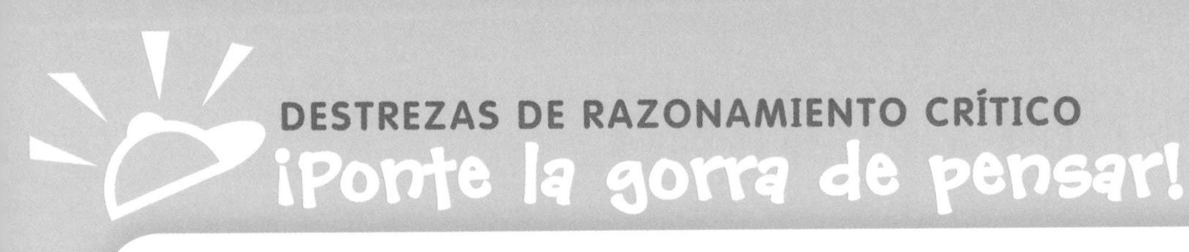

RESOLUCIÓN DE PROBLEMAS

Escribe los dos números que faltan en el patrón. Luego, ordena las tarjetas.

1. | 10 | 14 | 16 | 20 | | ? | ? |

2. | 12 | 14 | 15 | 16 | | ? | ? |

POR TU CUENTA
Ver Cuaderno de actividades A: ¡Ponte la gorra de pensar! págs. 189 a 192

Resumen del capítulo

Has aprendido...

Los números hasta 20

Contar

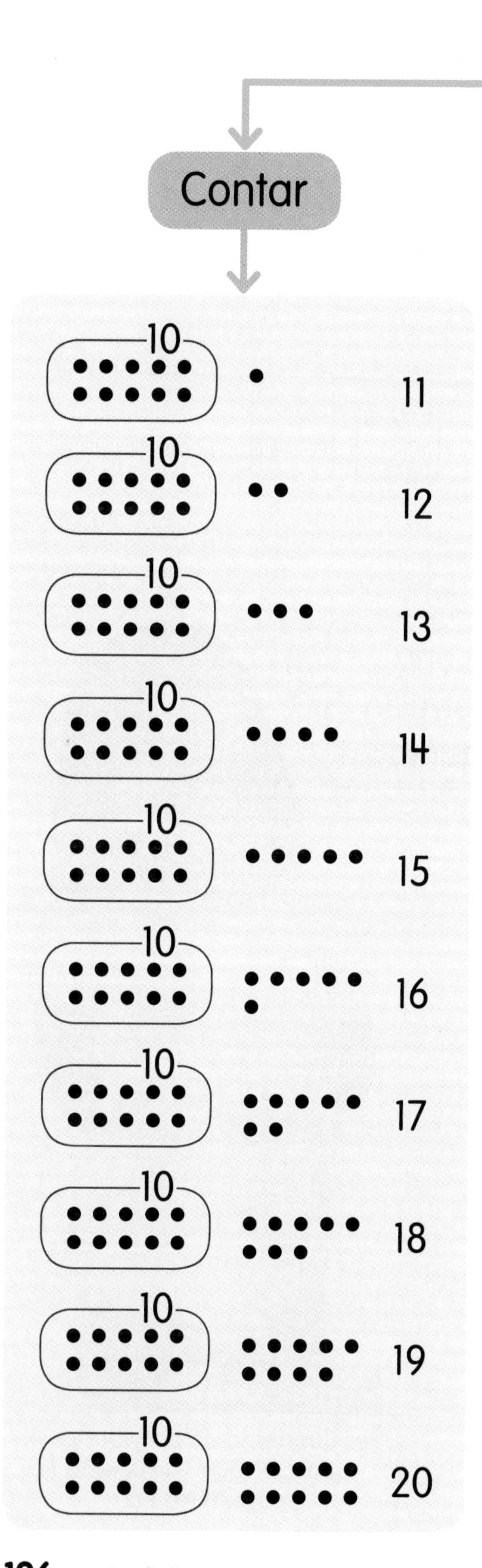

Leer y escribir

11 once
12 doce
13 trece
14 catorce
15 quince
16 dieciséis
17 diecisiete
18 dieciocho
19 diecinueve
20 veinte

Usar una tabla de valor posicional

Decenas	Unidades
1	4

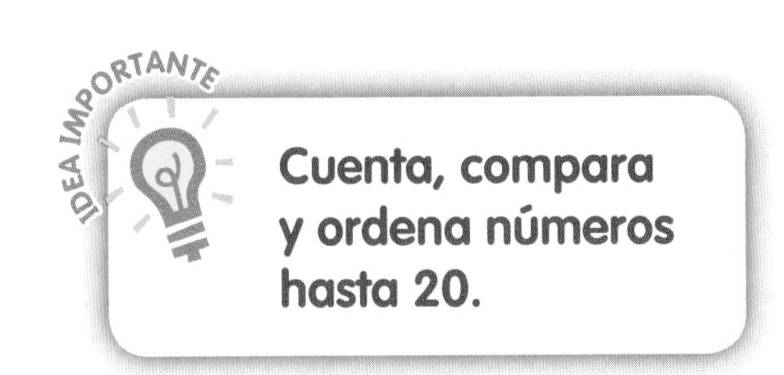

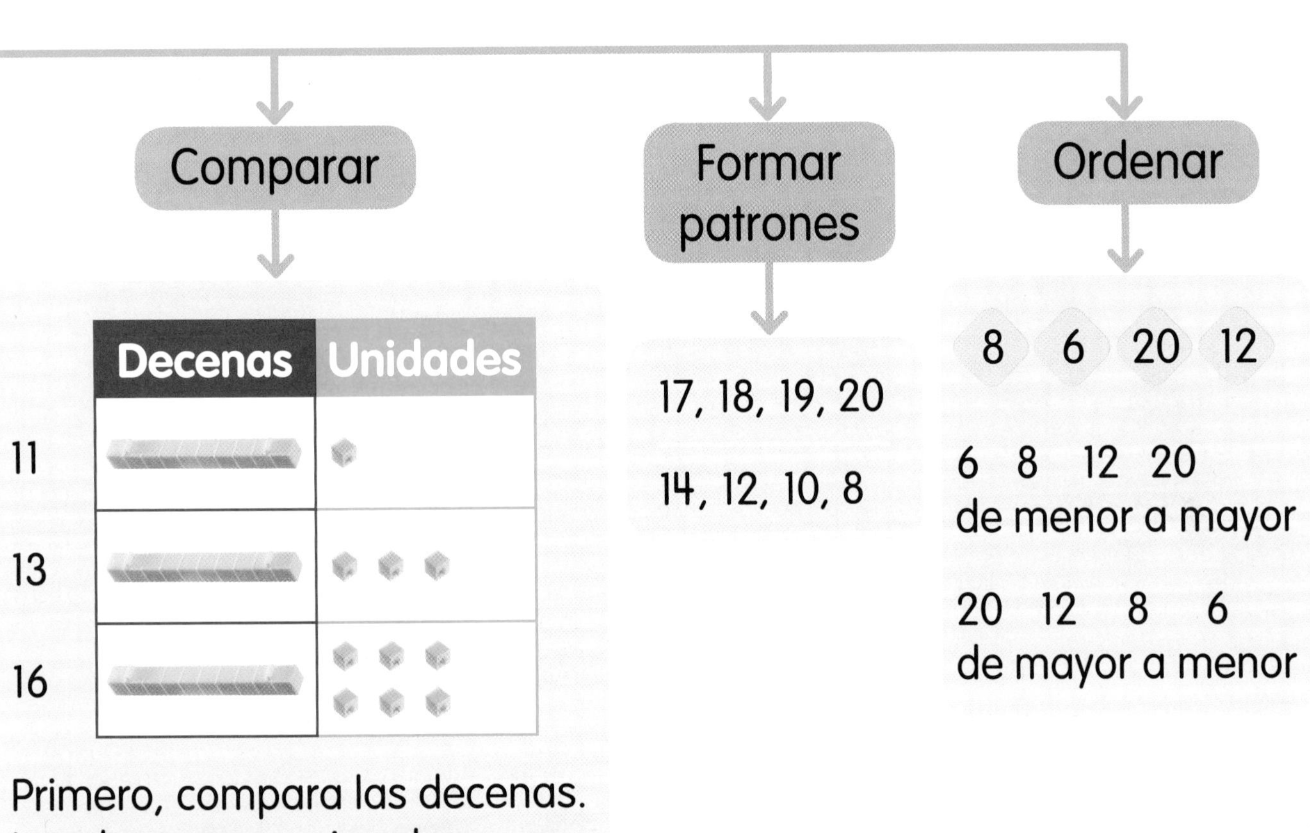

Primero, compara las decenas.
Las decenas son iguales.
Luego, compara las unidades.

13 es mayor que 11.
13 es menor que 16.
16 es el número mayor.
11 es el número menor.

Menos

2 menos que 13 es igual a 11.

Más

2 más que 13 es igual a 15.

POR TU CUENTA

Ver Cuaderno de actividades A: Repaso/Prueba del capítulo págs. 193 a 196

CAPÍTULO 8

Operaciones de suma y resta hasta 20

IDEA IMPORTANTE

Se pueden usar diferentes estrategias para sumar y restar.

Recordar conocimientos previos

Usar familias de operaciones para resolver enunciados numéricos

$1 + 3 = 4$
$3 + 1 = 4$
$4 - 1 = 3$
$4 - 3 = 1$

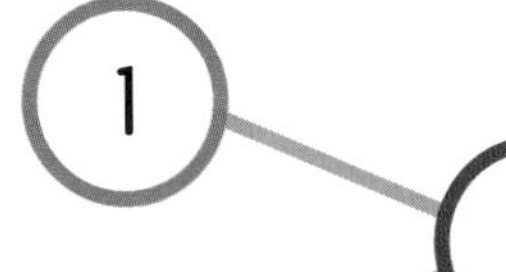

$? - 1 = 3$

$1 + 3 = 4$ es la operación de suma relacionada. Entonces, $4 - 1 = 3$.

$3 + ? = 4$

$4 - 3 = 1$ es la operación de resta relacionada. Entonces, $3 + 1 = 4$.

Sumar y restar 0

$3 + 0 = 3$
$3 - 0 = 3$

Operaciones de suma

10 y 2 forman 12.
12 es igual a 10 y 2.
$10 + 2 = 12$

Comparar números

15 es 2 más que 13.

14 es 3 menos que 17.

Forma una familia de operaciones.

1 

Completa los enunciados numéricos.
Usa operaciones relacionadas.

2 ___ + 4 = 7

7 − ___ = 3

Resuelve.

3 9 + 1 = 10

1 + ___ = 10

4 5 + 0 = ___

5 5 − ___ = 5

6 10 y 4 forman ___.

14 es igual a ___ y 4.

10 + ___ = 14

7 ___ es 3 más que 15.

8 5 menos que 20 es igual a ___.

Maneras de sumar

Objetivo de la lección

- Usar diferentes estrategias para sumar números de 1 y 2 dígitos.

Vocabulario

grupo	operación de dobles
igual	dobles más uno

Aprende

Puedes formar una decena para sumar.

Gus tiene 8 cerezas.
Ava le da 6 más.

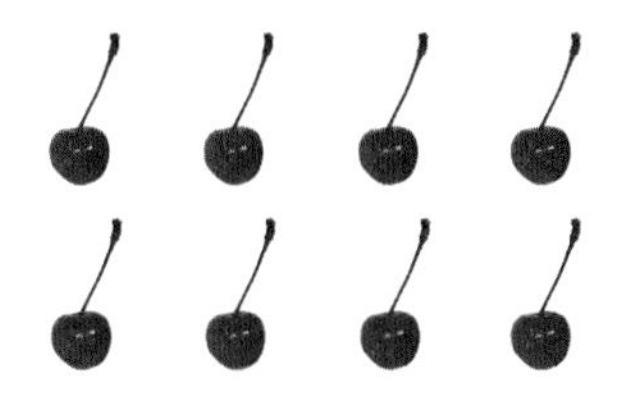

¿Cuántas cerezas tiene Gus ahora?

Paso 1 Forma un **grupo** de 10 cerezas.

8 + 6

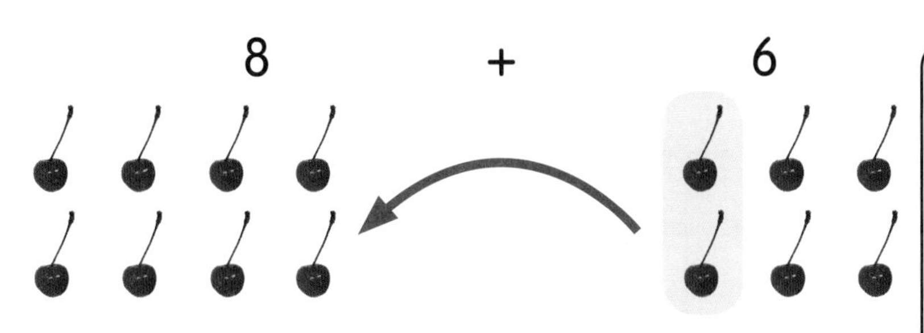

Puedes descomponer el número menor en 2 partes.

$8 + 6 = 10 + 4$
$= 14$

6 → 2, 4

Paso 2 Suma las cerezas que sobran al grupo de 10.

10 + 4

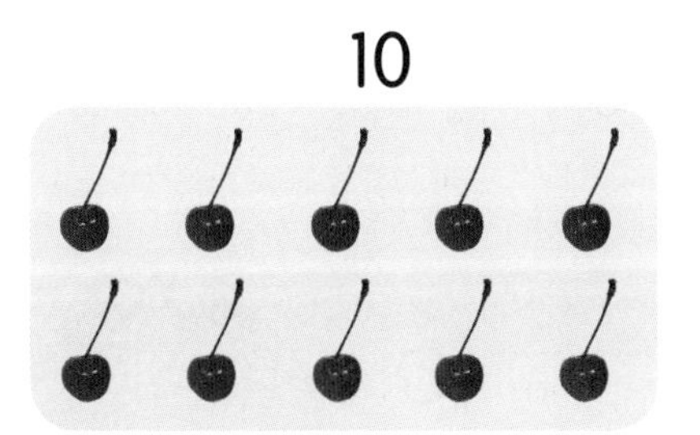

$10 + 4 = 14$
Ahora Gus tiene 14 cerezas.

Manos a la obra

Usa .

Agrupa las para formar una decena. Luego, suma.

Ejemplo

9 + 3

10 + 2

$9 + 3 = 10 + 2$
$= 12$

1 8 + 6

$8 + 6 = 10 +$ ☐
$=$ ☐

2 7 + 6

$7 + 6 = 10 +$ ☐
$=$ ☐

Aprendizaje con supervisión

Forma una decena.
Luego, suma.
Usa números conectados como ayuda.

1. 9 + 5 = ___

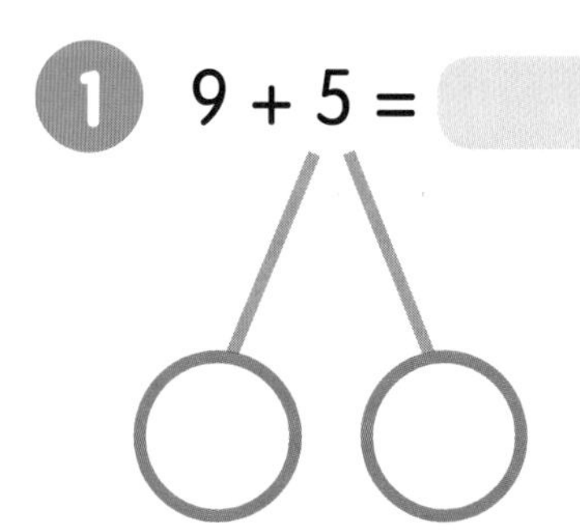

2. 8 + 7 = ___

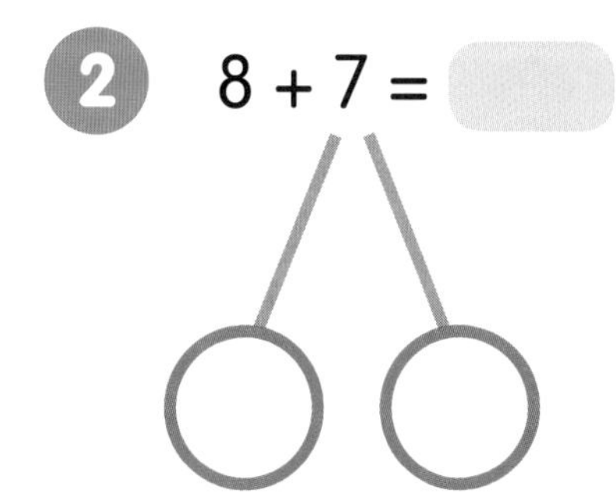

Practiquemos

Forma una decena.
Luego, suma.

1. 9 + 4 = ___

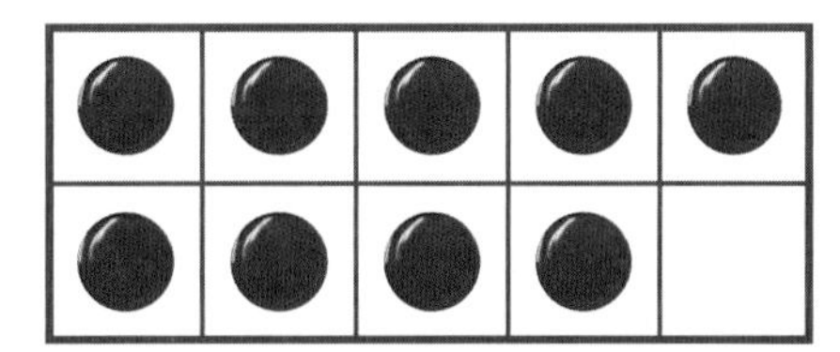

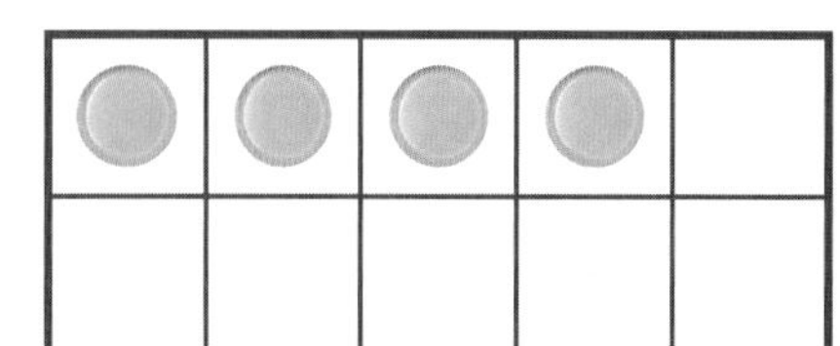

2. 7 + 9 = ___

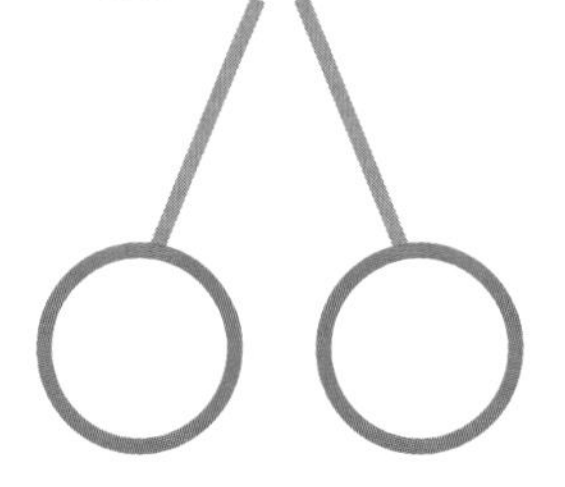

3. 9 + 8 = ___

4. 8 + 3 = 10 + ___
   = ___

5. 6 + 8 = ___ + ___
   = ___

POR TU CUENTA

Ver Cuaderno de actividades A: Práctica 1, págs. 197 a 202

Aprende

Puedes agrupar en una decena y unidades para sumar.

Paul tiene 16 dinosaurios.

Su hermana le da 3 dinosaurios más.

¿Cuántos dinosaurios tiene Paul ahora?

Paso 1 Agrupa 16 en una decena y unidades.
$16 = 10 + 6$

$16 + 3 = ?$

16 → 10, 6

16 + 3 = ?

Paso 2 Suma las unidades.
$6 + 3 = 9$

Paso 3 Suma la decena y las unidades.
$10 + 9 = 19$

Entonces, $16 + 3 = 19$.

Ahora Paul tiene 19 dinosaurios.

Aprendizaje con supervisión

Agrupa en una decena y unidades.
Luego, suma.

3 $13 + 3 =$ ___

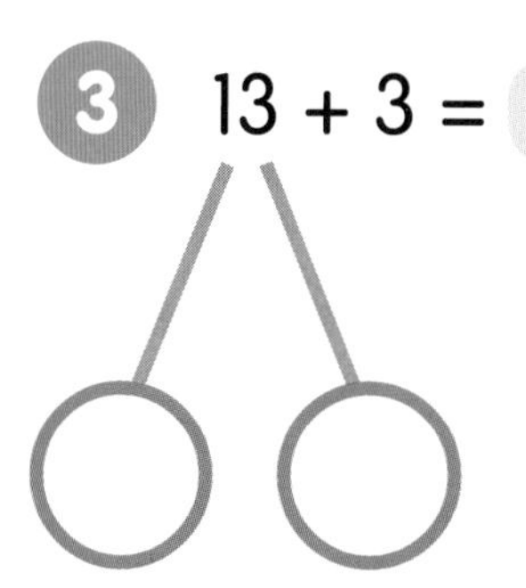

4 $12 + 7 =$ ___

Practiquemos

Agrupa en una decena y unidades.
Luego, suma.

1 $11 + 7 =$ ___

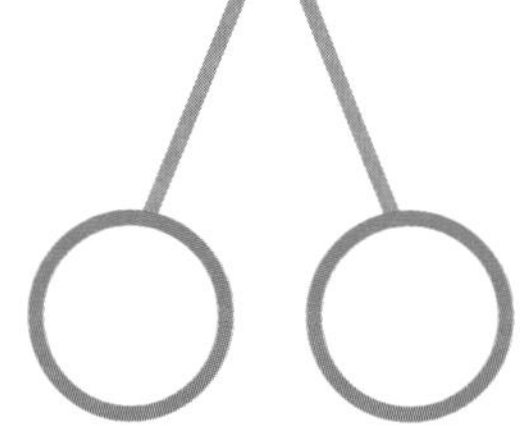

2 $4 + 13 =$ ___

3 $14 + 5 =$ ___

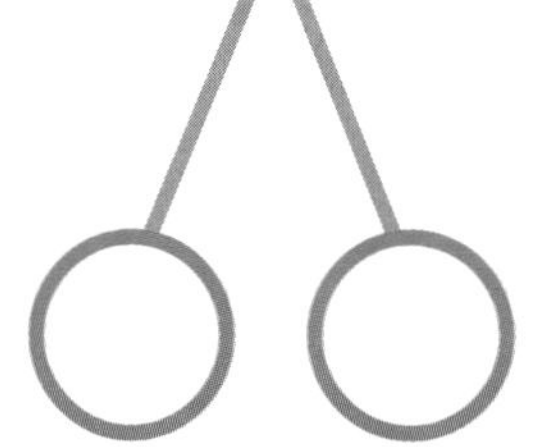

4 $2 + 17 =$ ___

POR TU CUENTA

Ver Cuaderno de actividades A:
Práctica 2, págs. 203 a 204

Aprende

Puedes usar operaciones de dobles para sumar.

Esta es una **operación de dobles**.

2 + 2 = 4

Duplicar 2 significa sumar 2 y 2.
Los números que se suman son **iguales**.

Aquí hay más operaciones de dobles.

3 + 3 = 6

4 + 4 = 8

Aprendizaje con supervisión

Resuelve.

5. ¿Cuál es la operación de dobles?
   1 + 1 = 2 ó 10 + 1 = 11

6. Duplicar 5 significa sumar ____ y 5.

7. 5 + 5 = ____

Aprende

Puedes usar operaciones de dobles más uno para sumar.

2 + 2 = 4 es una operación de dobles.

¿Cuánto es 2 + 3?

2 + 3 = ?

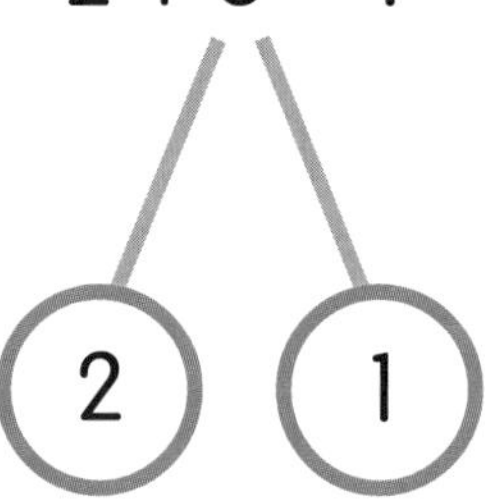

2 1

Puedes volver a escribir 2 + 3 así:

2 + 2 + 1

Entonces, 2 + 3 es igual a duplicar 2 más 1.

2 + 3 es una operación de **dobles más uno**.
Puedes usar la operación de dobles 2 + 2 para sumar 2 y 3.

$\underbrace{2 + 2}_{\text{dobles}} = 4$

$2 + 3 = \underbrace{2 + 2 + 1}_{\text{dobles más 1}}$
$= 4 + 1$
$= 5$

2 + 2 y 1 más.

Aprendizaje con supervisión

Resuelve.

8 ¿Cuáles son operaciones de dobles?
¿Cuáles son operaciones de dobles más uno?

$4 + 4 = 8$ $4 + 5 = 9$ $8 + 7 = 15$ $7 + 7 = 14$

9 $5 + 6 = ?$

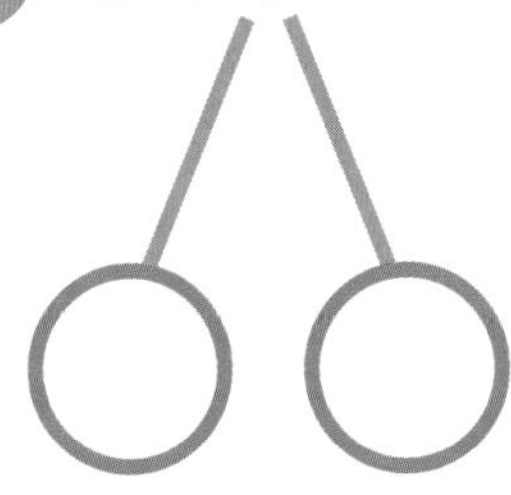

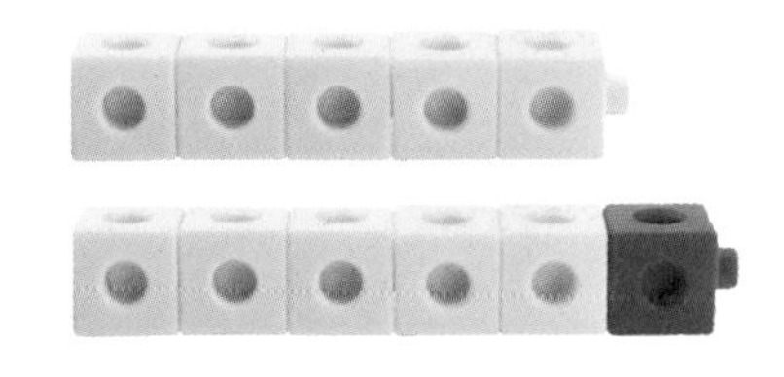

5 + 6 es igual a duplicar ___ más ___.

$5 + 6 = 5 +$ ___ $+$ ___

$= 10 +$ ___

$=$ ___

Practiquemos

Resuelve.

1 **a** Duplicar 6 es ___ + ___ = ___.

b $6 + 7 =$ ___ $+$ ___ $+$ ___

$=$ 

2 **a** ¿Qué operación de dobles te ayuda a sumar 9 y 8?

___

b 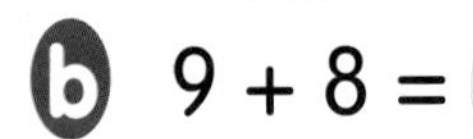 $9 + 8 =$ ___

POR TU CUENTA

Ver Cuaderno de actividades A: Práctica 3, págs. 203 a 208

Maneras de restar

Objetivo de la lección

- Restar un número de 1 dígito de un número de 2 dígitos con y sin agrupación.

Aprende

Puedes agrupar en una decena y unidades para restar.

Ray tiene 17 automóviles de juguete.
Regala 3 automóviles de juguete.
¿Cuántos le quedan?

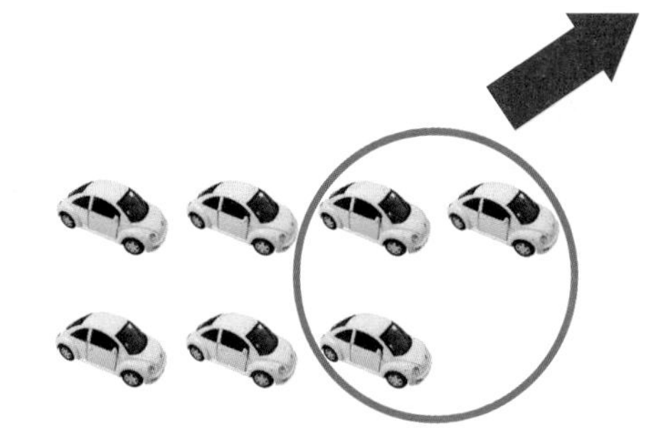

Paso 1 Agrupa 17 en una decena y unidades.
$17 = 10 + 7$

Paso 2 Resta las unidades.
$7 - 3 = 4$

Paso 3 Suma la decena y las unidades.
$10 + 4 = 14$

Entonces, $17 - 3 = 14$.

A Ray le quedan 14 automóviles de juguete.

Aprendizaje con supervisión

Agrupa los números en una decena y unidades. Luego, resta.

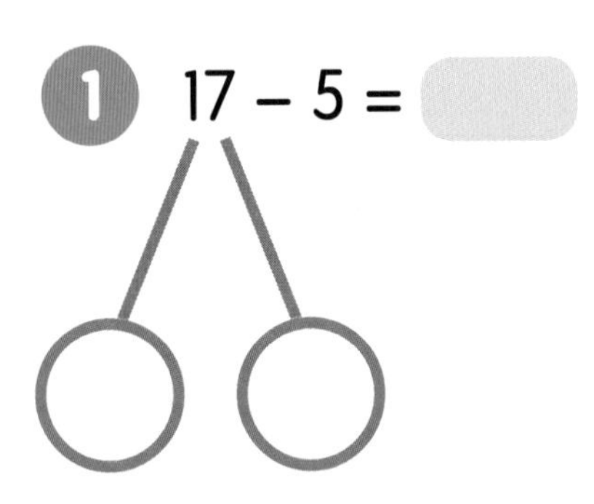

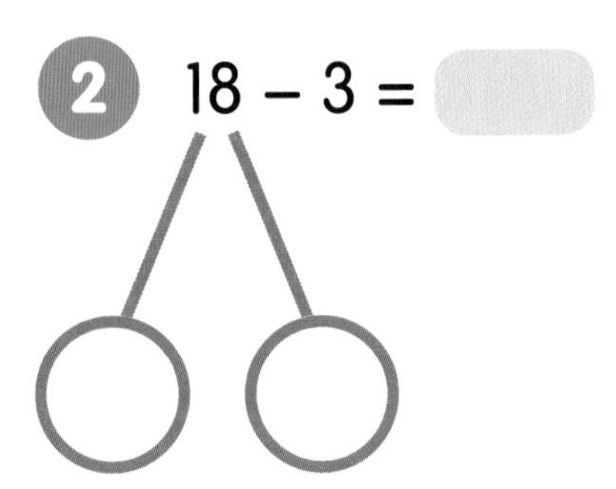

Resuelve la adivinanza.
Resta y luego escribe la letra en la línea correcta.

3

13 – 3 = ◯	A	17 – 6 = ◯	S
15 – 3 = ◯	B	18 – 5 = ◯	L
16 – 1 = ◯	N	19 – 3 = ◯	C

¿Dónde vive el presidente de los Estados Unidos?

EN LA

___	___	___	___
16	10	11	10

___	___	___	___	___	___
12	13	10	15	16	10

Puedes agrupar en una decena y unidades para restar.

Juan hace 12 estrellas.
Le da 7 a Gina.
¿Cuántas estrellas le quedan a Juan?

Paso 1 Agrupa 12 en una decena y unidades.
$12 = 10 + 2$

$12 - 7 = ?$

2 10

Paso 2 No puedes restar 7 de 2.
Entonces, resta 7 de 10.
$10 - 7 = 3$

Paso 3 Suma las unidades.
$2 + 3 = 5$

Entonces, $12 - 7 = 5$.

A Juan le quedan 5 estrellas.

Aprendizaje con supervisión

Agrupa los números en una decena y unidades. Luego, resta.

4. $11 - 3 =$ ___

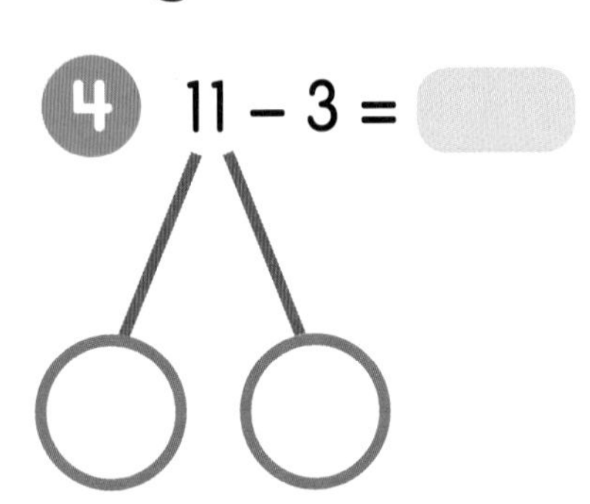

5. $13 - 6 =$ ___

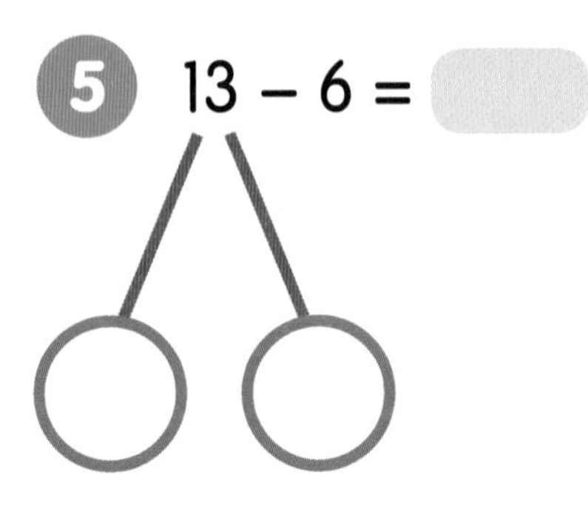

Aprende

Puedes usar operaciones de suma de dobles como ayuda para restar.

Joe compra 12 huevos.
Usa 6 huevos para preparar un pastel.

$6 + 6 = 12$
Entonces, $12 - 6 = 6$

$12 - 6 = 6$

A Joe le quedan 6 huevos.

Aprendizaje con supervisión

Resuelve.

6. $10 - 5 =$ ___

7. $14 - 7 =$ ___

Juego

¡A girar y restar!

Jugadores: **3**
Necesitas:
- 2 flechas giratorias (A y B)

Instrucciones:

Flecha giratoria A 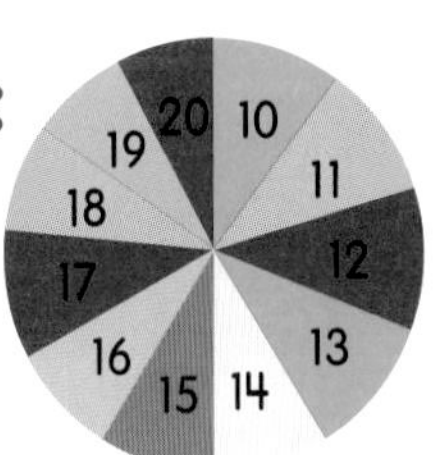

Flecha giratoria B

El jugador 1 usa la flecha giratoria A para obtener un número.

Luego, el jugador 1 usa la flecha giratoria B para obtener otro número.

PASO 3 Los jugadores 2 y 3 restan los dos números.

El jugador que dice el enunciado de resta correcto primero gana 1 punto. Túrnate para hacer girar la flecha.

¡El jugador que tiene más puntos después de seis rondas gana!

Practiquemos

Resta.
Puedes usar números conectados como ayuda.

1. $16 - 3 =$ ___

2. $17 - 4 =$ ___

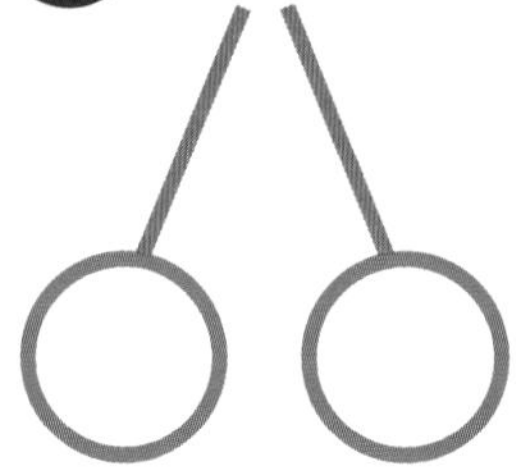

3. $18 - 7 =$ ___

4. $19 - 5 =$ ___

5. $15 - 6 =$ ___

6. $12 - 5 =$ ___

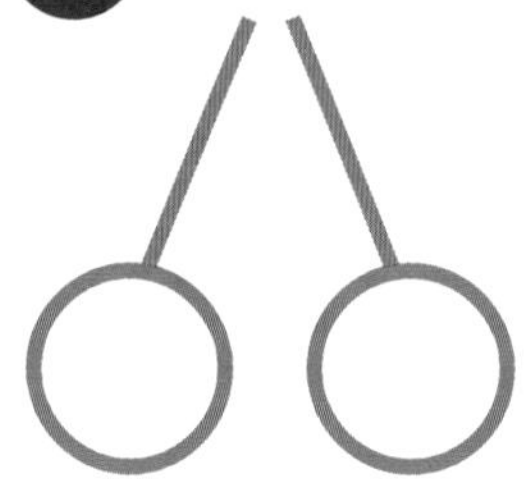

7. $11 - 4 =$ ___

8. $14 - 8 =$ ___

9. $20 - 9 =$ ___

10. $18 - 9 =$ ___

POR TU CUENTA

Ver Cuaderno de actividades A: Práctica 4, págs. 209 a 216

LECCIÓN 3

Problemas cotidianos: Las operaciones de suma y resta

Objetivo de la lección

- Resolver problemas cotidianos.

Aprende

Suma para resolver este problema.

Ramón tiene 9 .

Ana le da 6 .

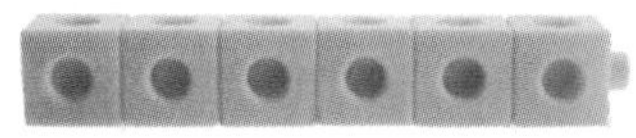

¿Cuántos tiene Ramón en total?

$9 + 6 = 15$

Ramón tiene 15 en total.

Aprendizaje con supervisión

Resuelve.

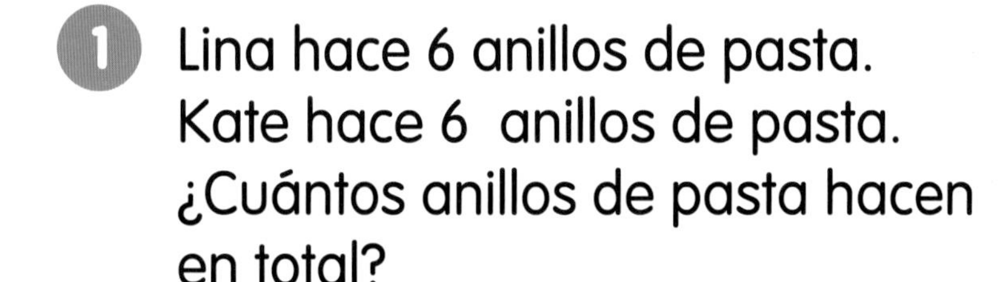

1. Lina hace 6 anillos de pasta.
Kate hace 6 anillos de pasta.
¿Cuántos anillos de pasta hacen en total?

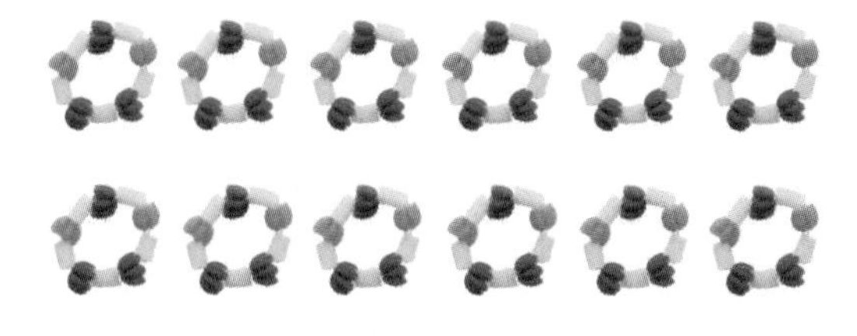

Hacen ___ anillos de pasta en total.

Aprende

Resta para resolver este problema.

Ali tiene 16 conchas marinas de plastilina.
Le da 5 a Manu.
¿Cuántas le quedan a Ali?

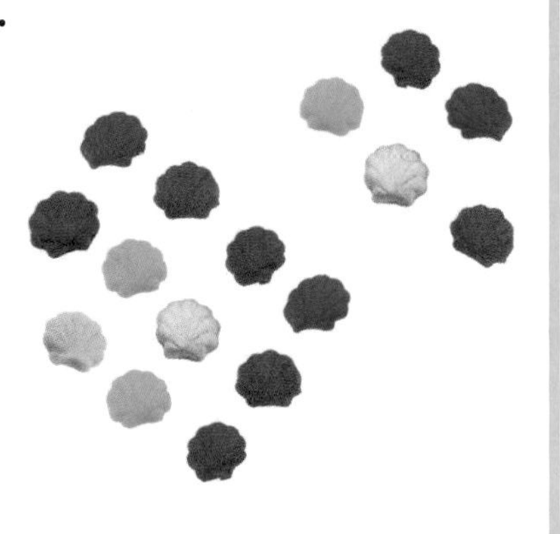

$16 - 5 = 11$

Le quedan 11 conchas marinas de plastilina.

Aprendizaje con supervisión

Resuelve.

2 George tiene 11 clips.
3 clips son azules.
Los demás son rojos.
¿Cuántos clips son rojos?

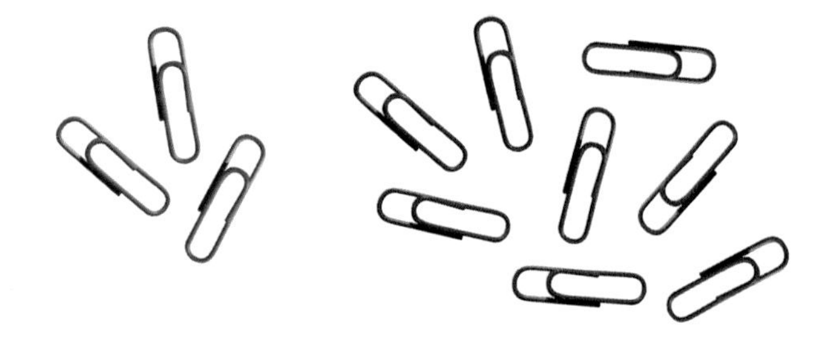

___ clips son rojos.

Practiquemos

Resuelve.

1 Terry recoge 8 tomates.
Nani recoge 8 tomates.
¿Cuántos tomates tienen Terry y Nani en total?

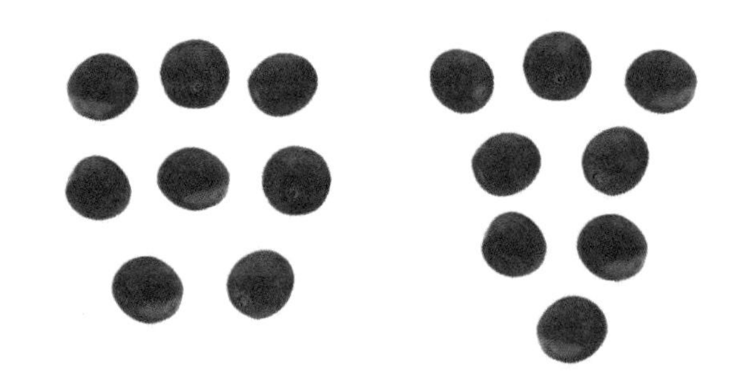

___ ○ ___ = ___

Tienen ___ tomates en total.

2 Pam hace 14 flores de papel.
9 son azules.
¿Cuántas son rosadas?

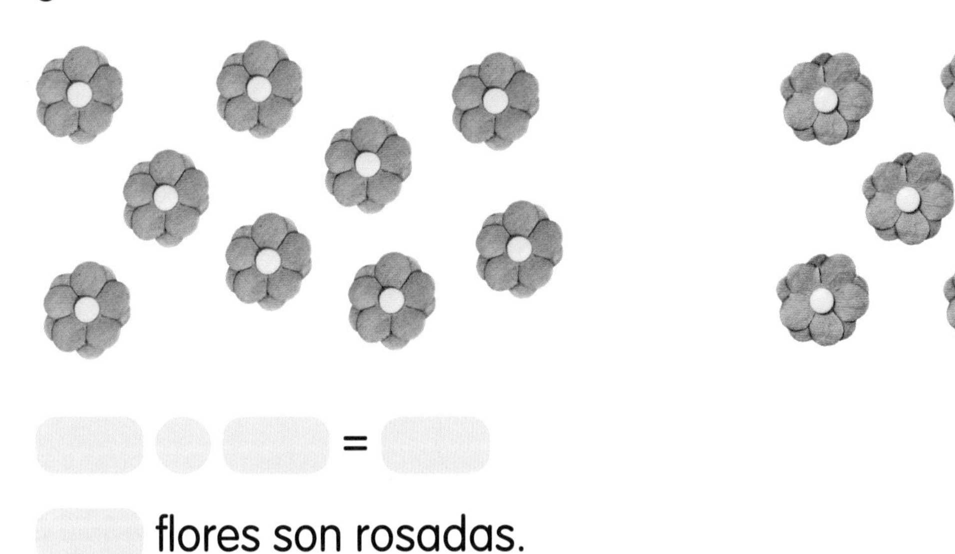

___ ___ ___ = ___

___ flores son rosadas.

3 Walter halla 15 hojas.
Su hermano le da 4 hojas más.
¿Cuántas hojas tiene Walter en total?

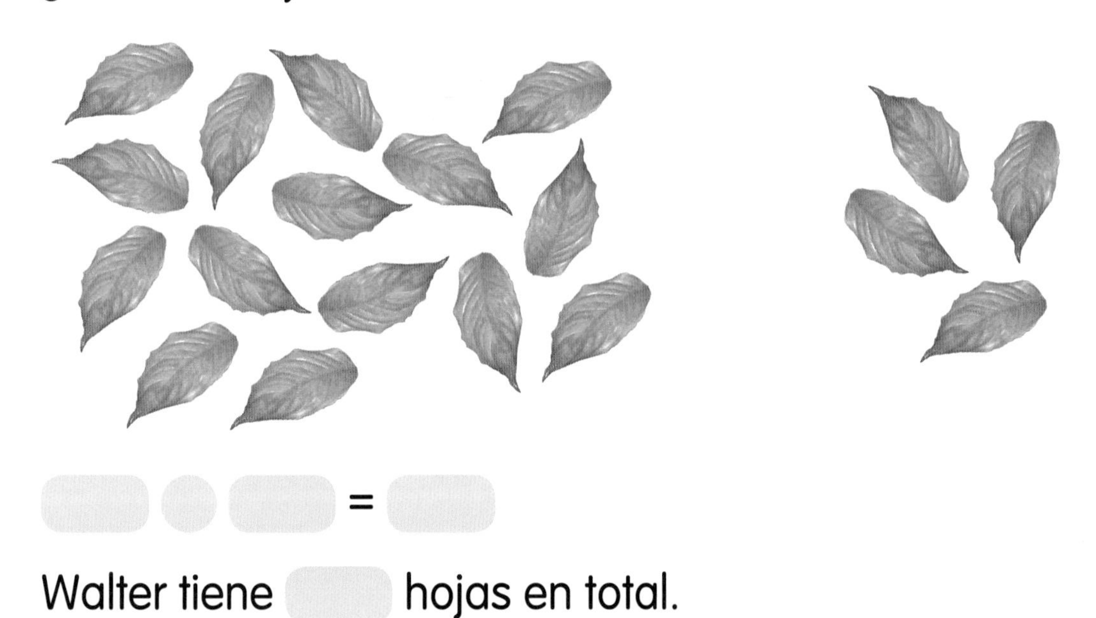

___ ___ ___ = ___

Walter tiene ___ hojas en total.

4 Junie regala 8 naranjas.
Le quedan 9 naranjas.
¿Cuántas naranjas tenía al principio?

___ ○ ___ = ___

Junie tenía ___ naranjas al principio.

5 Tim tiene 16 canicas.
Pierde algunas y le quedan 8 canicas.
¿Cuántas canicas pierde?

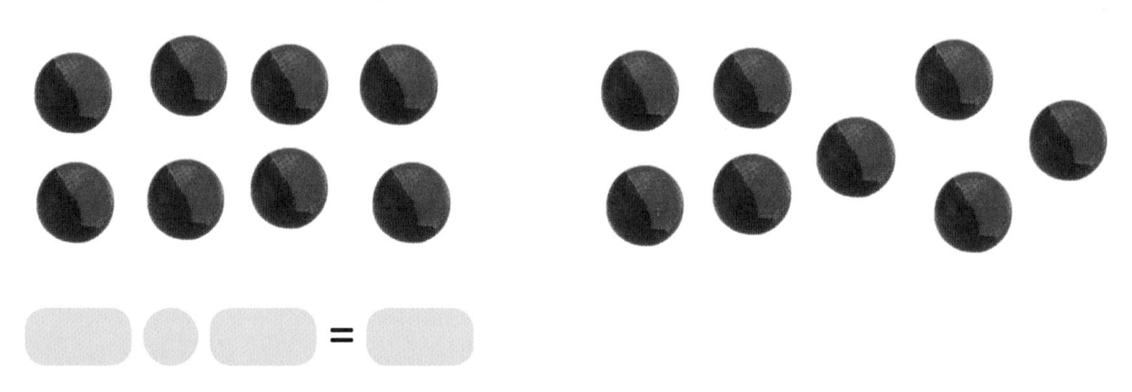

___ ○ ___ = ___

Tim pierde ___ canicas.

POR TU CUENTA

Ver Cuaderno de actividades A: Práctica 5, págs. 217 a 218

LECTURA Y ESCRITURA

Diario de matemáticas

Observa a las personas de tu entorno.
Escribe un cuento de suma o de resta sobre ellas.
Usa números conectados como ayuda.

Ejemplo

Hay 12 niños en mi clase.
3 tienen el cabello rubio.
El resto tiene el cabello color café.
¿Cuántos niños tienen el cabello color café?

12 – 3 = ___

12
2 10

___ niños tienen el cabello color café.

Exploremos

Escribe enunciados numéricos con estos números.
Puedes usar cada número más de una vez.

5 6 7 8 9 13 15

¿Cuántas familias de operaciones puedes formar?

DESTREZAS DE RAZONAMIENTO CRÍTICO

¡Ponte la gorra de pensar!

RESOLUCIÓN DE PROBLEMAS

1. Completa los ◯ y el ◯ con estos números.

3 4 5 6 7 15

➔ y ⬇ significan =.
Usa cada número solo una vez.

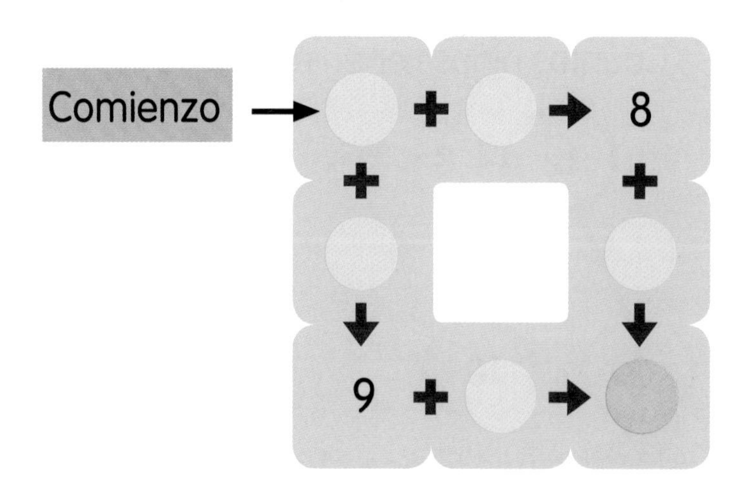

El número en el ◯ es el mayor.

DESTREZAS DE RAZONAMIENTO CRÍTICO

¡Ponte la gorra de pensar!

RESOLUCIÓN DE PROBLEMAS

2 Completa los ○ y el ● con estos números.

3 4 6 7 8 17

→ y ↓ significan =.
Usa cada número solo una vez.

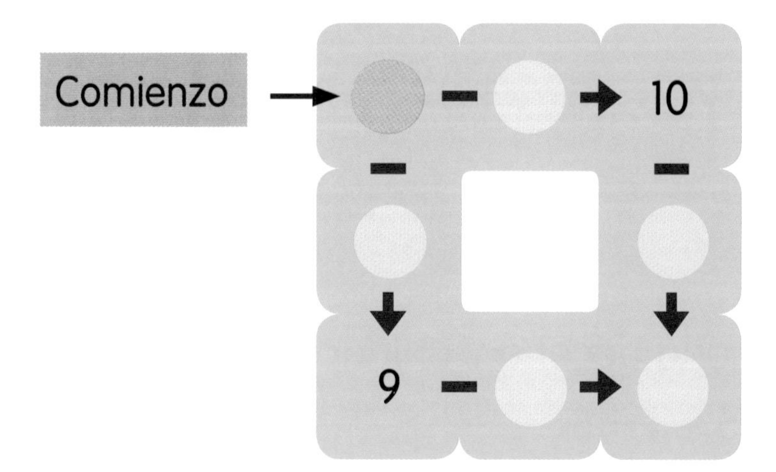

Ver Cuaderno de actividades A: ¡Ponte la gorra de pensar! págs. 219 a 222

Resumen del capítulo

Has aprendido...

Operaciones de suma y resta hasta 20

a sumar formando una decena.

$8 + 5 = 10 + 3$
$= 13$

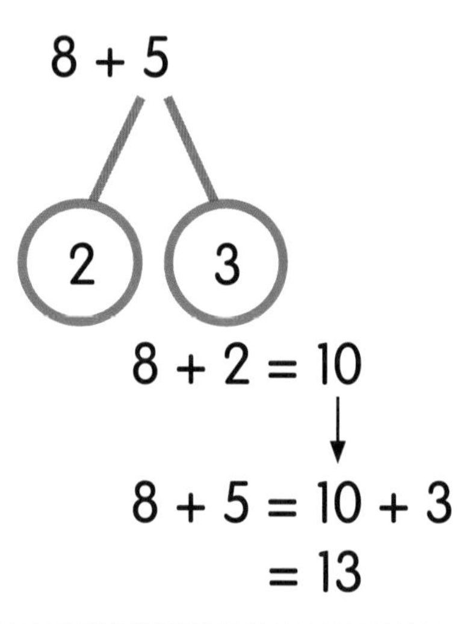

a sumar agrupando en una decena y unidades.

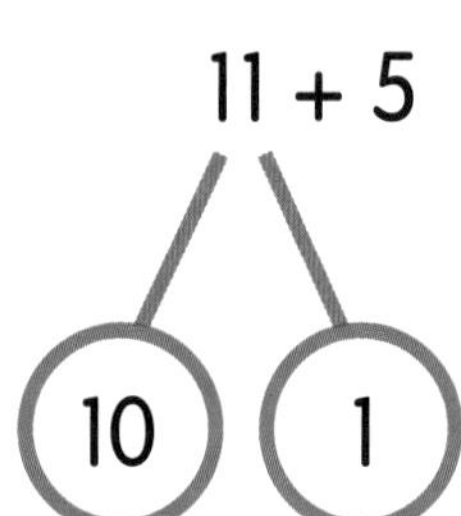

$5 + 1 = 6$

$11 + 5 = 10 + 6$
$= 16$

a sumar con operaciones de dobles.

$3 + 3 = 6$ es una operación de dobles.
Los números que se suman son iguales.

a sumar con dobles más uno.

$3 + 4$ es igual a $3 + 3$ más 1
$3 + 4 = 3 + 3 + 1$
$= 7$

Se pueden usar diferentes estrategias para sumar y restar.

a restar agrupando en una decena y unidades.

1 15 − 3

5 − 3 = 2

15 − 3 = 10 + 2
= 12

2 15 − 6

10 − 6 = 4

15 − 6 = 4 + 5
= 9

a restar con operaciones de dobles.

7 + 7 = 14
Entonces, 14 − 7 = 7.

a sumar o restar para resolver problemas cotidianos.

1 Joy tiene 8 renacuajos.
Ben le da 5 renacuajos más.
¿Cuántos renacuajos tiene ahora?

8 + 5 = 13

Ahora, Joy tiene 13 renacuajos.

2 Constanza tiene 18 canicas.
Le da 9 a Pedro.
¿Cuántas canicas le quedan a Constanza?

18 − 9 = 9

A Constanza le quedan 9 canicas.

POR TU CUENTA

Ver Cuaderno de actividades A: Repaso/Prueba del capítulo, págs. 223 a 224

CAPÍTULO 9 La longitud

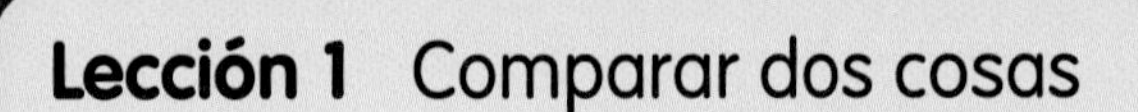

Lección 1 Comparar dos cosas

Lección 2 Comparar más de dos cosas

Lección 3 Usar una línea de comparación

Lección 4 Medir cosas

Lección 5 Hallar la longitud en unidades

Compara la estatura y longitud de los objetos. Mídelos con unidades no estándares para hallar la longitud.

Recordar conocimientos previos

Contar

Hay 4 cubos en total.

Hay 4 clips en total.

Hay 4 palitos en total.

Comparar números

8 20 10

8 es el número menor.
20 es el número mayor.

Cuenta.
¿Cuántos hay?

1. 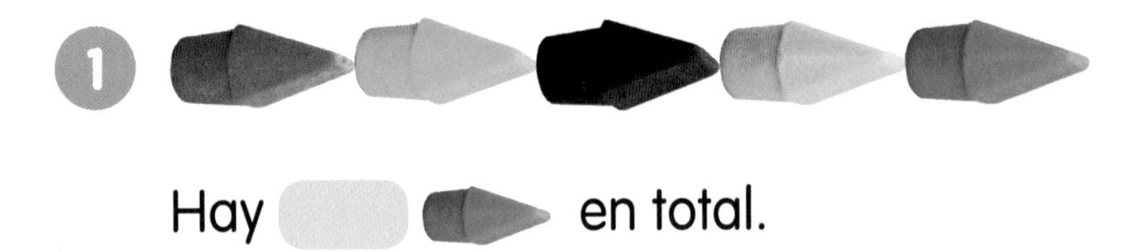

Hay ___ en total.

2. 

Hay ___ en total.

3. 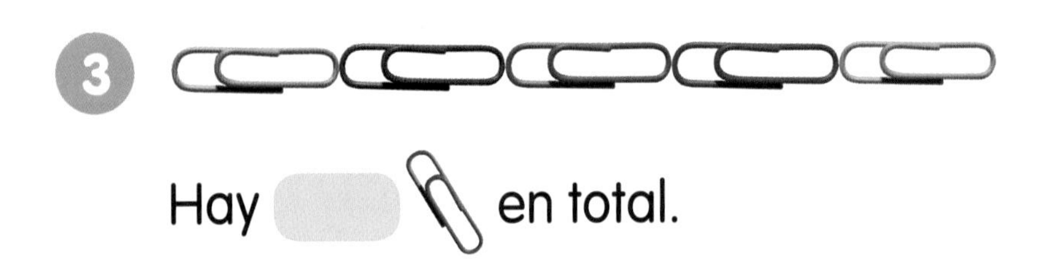

Hay ___ en total.

Compara estos números.

4. 18 8 12

¿Cuál número es el mayor? ___

¿Cuál número es el menor? ___

Comparar dos cosas

Objetivo de la lección

- Usar las palabras alto/más alto, largo/más largo, bajo/más bajo y corto/más corto para comparar dos longitudes.

Vocabulario

alto	más alto
bajo	más bajo
largo	más largo
corto	más corto

Aprende

Puedes comparar la estatura de las personas.

Soy **alta**.

Soy **más alto**.

Soy **baja**.

Soy **más bajo**.

Aprendizaje con supervisión

Observa tu escritorio y el escritorio del maestro. Responde a las preguntas.

1. ¿Cuál es más alto?
2. ¿Cuál es más bajo?

Aprende

Puedes comparar la longitud de los objetos.

Aprendizaje con supervisión

Observa tu lápiz y el lápiz de tu amigo.
Responde a las preguntas.

3. ¿Cuál es más largo? ______
4. ¿Cuál es más corto? ______

Manos a la obra

Usa [cubos].

1 **a** Haz una torre con 3 [cubo].

b Haz una torre más alta que la torre roja.
Usa [cubo].
¿Cuántos cubos usaste? ______

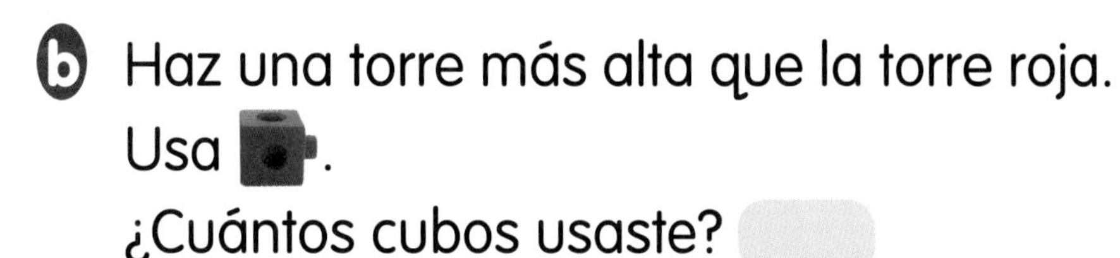

Torre roja

c Haz una torre más baja que la torre roja.
Usa [cubo].
¿Cuántos cubos usaste? ______

2 **a** Haz un tren numérico con 5 [cubo].

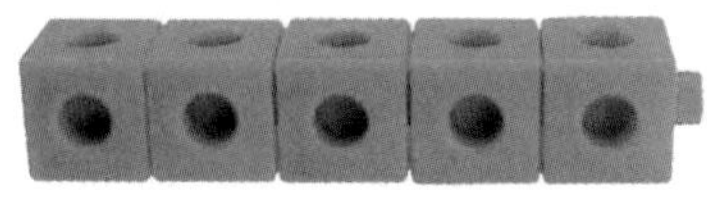

Tren verde

b Haz un tren más largo que el tren verde.
Usa [cubo].
¿Cuántos cubos usaste? ______

c Haz un tren más corto que el tren verde.
Usa [cubo].
¿Cuántos cubos usaste? ______

Observa tu salón de clases.

3 Halla algo que sea más corto que tu lápiz. ______

Halla algo que sea más largo que tu lápiz. ______

Exploremos

¡Papá gato y la gatita están cosiendo!
Habla sobre la ilustración con un amigo.
Usa estas palabras.

alto — más alto

largo — más largo

bajo — más bajo

corto — más corto

La cola de la gatita es larga. La cola de papá gato es más larga.

Practiquemos

Observa las ilustraciones.
Resuelve.

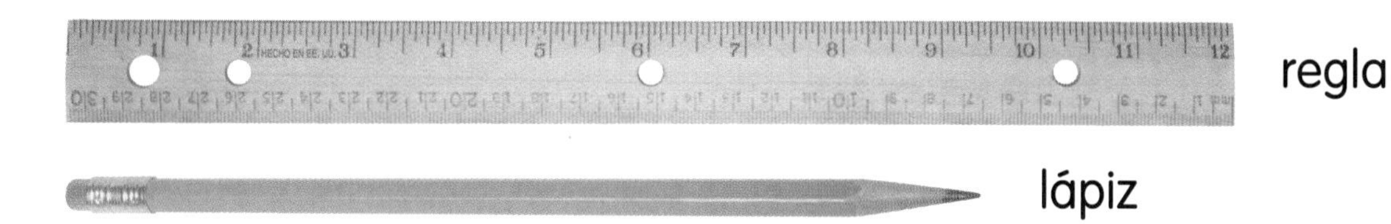
regla

lápiz

1. ¿Cuál objeto es más largo? ______

2. ¿Cuál objeto es más corto? ______

   a. El lápiz es ______ que la regla.

   b. La regla es ______ que el lápiz.

3. ¿Quién es más bajo? ______

4. ¿Quién es más alto? ______

Terry Brian

POR TU CUENTA

Ver Cuaderno de actividades A: Práctica 1, págs. 225 a 228

Comparar más de dos cosas

Objetivos de la lección

- Comparar dos cosas de distintas longitudes con una tercera cosa que tenga otra longitud.
- Usar las palabras el más alto, el más largo, el más bajo y el más corto para comparar más de dos cosas de distintas longitudes.

Vocabulario
el más alto
el más bajo
el más largo
el más corto

Aprende

Puedes comparar la estatura de más de dos personas.

Chris es más alto que Brandon.
Brandon es más alto que Annie.
Entonces, Chris es más alto que Annie.

Aprendizaje con supervisión

Completa los espacios en blanco.

1

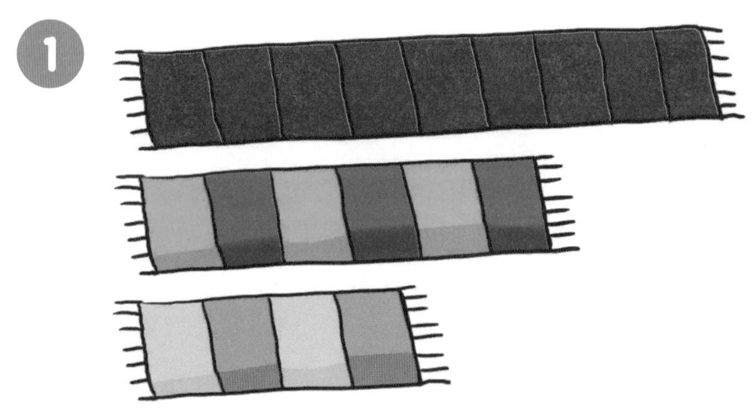

La bufanda roja es más larga que la bufanda azul.

La bufanda azul es más larga que la bufanda ______.

Entonces, la bufanda roja es más larga que la bufanda ______.

Aprende

Puedes comparar la altura y la longitud de más de dos objetos.

Chris es **el más alto**.
Annie es **la más baja**.

La bufanda de Annie es **la más larga**.
La bufanda de Brandon es **la más corta**.

Aprendizaje con supervisión

Observa la ilustración.
Responde a las preguntas.

Pablo y Erin están observando algunos animales en el zoológico.

2. ¿Cuál animal es el más alto? ______
3. ¿Cuál animal es el más bajo? ______
4. ¿Cuál animal es el más largo? ______
5. ¿Cuál animal es el más corto? ______

Manos a la obra

Usa  **.**

PASO 1 Haz cuatro torres como estas. Luego, ordénalas. Puedes comenzar por la torre más alta o la más baja.

PASO 2 Haz una torre más alta que la torre más alta.

PASO 3 Haz una torre más baja que la torre más baja.

Observa tu salón de clases.
Busca estos objetos.

1. el objeto más largo
2. el objeto más alto
3. el objeto más bajo
4. el objeto más corto

Ordena las letras y resuelve.

AL SETATUA ED AL

LIERBTAD

¿Cuál palabra es la más larga?

Practiquemos

Compara.
Responde a las preguntas.

1. ¿Quién es más alto: Laura o Will?
2. ¿Quién es más alto: Tania o Will?
3. ¿Tania es más alta que Laura?
4. ¿Quién es el más alto de todos?
5. ¿Quién es el más bajo de todos?

Ver Cuaderno de actividades A:
Práctica 2, págs. 229 a 233

LECCIÓN 3

Usar una línea de comparación

Objetivo de la lección

- Usar un punto de comparación en común para comparar diferentes longitudes.

Vocabulario

línea de comparación

Aprende

Puedes comparar la longitud de objetos usando una línea de comparación.

¿Cuál pez es el más largo?

Ahora, ¿puedes decir cuál pez es el más largo?

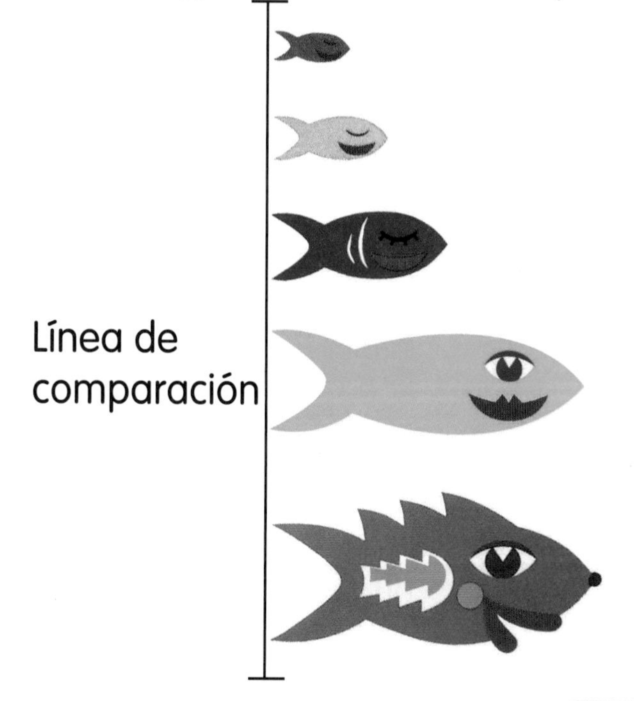

El pez azul es el más largo.

Colocar los objetos en una **línea de comparación** sirve para determinar qué objeto es el más largo.

Manos a la obra

Usa 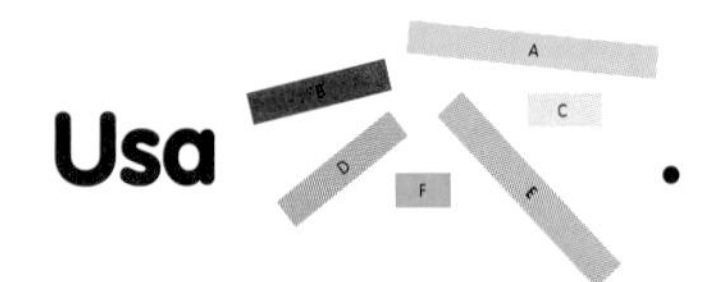 .

1. Recorta copias de estas tiras de papel.
   Colócalas en una línea de comparación.
   ¿Cuál es la más larga? ____
   ¿Cuál es la más corta? ____

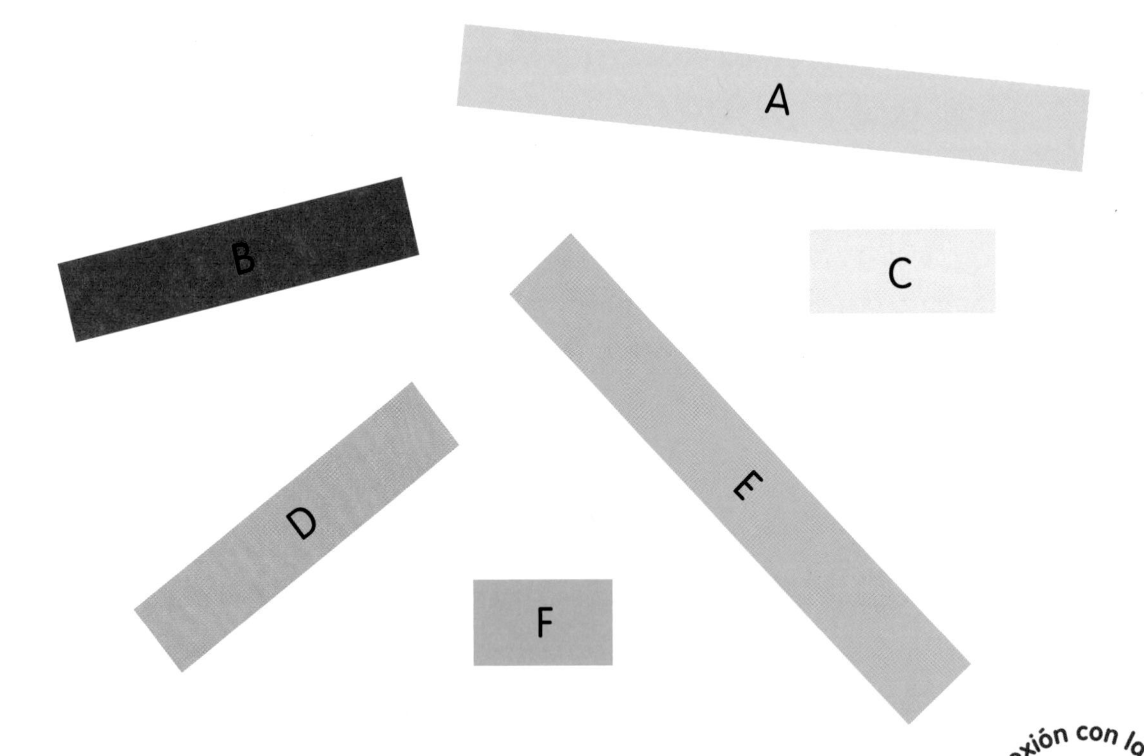

Conexión con la tecnología

2. Traza tres líneas de diferentes longitudes en la computadora.
   Pregunta a tu amigo cuál es la más larga y cuál es la más corta.

Practiquemos

Resuelve.

A

1. a) ¿Cuál cinta es más larga que la cinta A? Nómbrala cinta B.

   b) ¿Cuál cinta es más corta que la cinta A? Nómbrala cinta C.

   c) ¿Cuál cinta es la más larga?

   ¿Cuál cinta es la más corta?

2. a) ¿Cuál edificio es el más alto?

   b) ¿Cuál edificio es el más bajo?

   c) ¿Cuál edificio es igual de alto que el edificio Q?

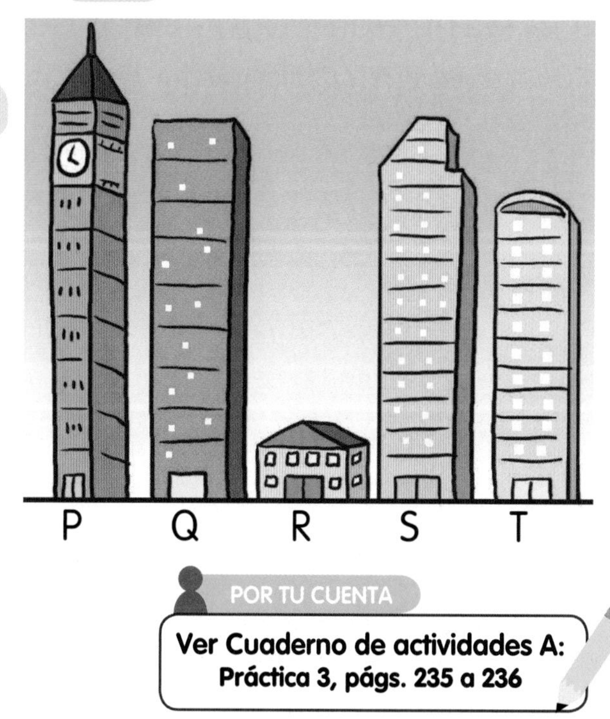

POR TU CUENTA

Ver Cuaderno de actividades A: Práctica 3, págs. 235 a 236

LECCIÓN 4 Medir cosas

Objetivos de la lección

- Medir longitudes con unidades no estándares.
- Comprender que al usar diferentes unidades no estándares se pueden obtener diferentes mediciones de un mismo objeto.

Vocabulario
aproximadamente

Aprende

Puedes medir longitudes con objetos.

La cola del mono mide **aproximadamente** 5 clips de longitud.
También puedes decir que su longitud es aproximadamente 5 clips.

Aprendizaje con supervisión

Completa.

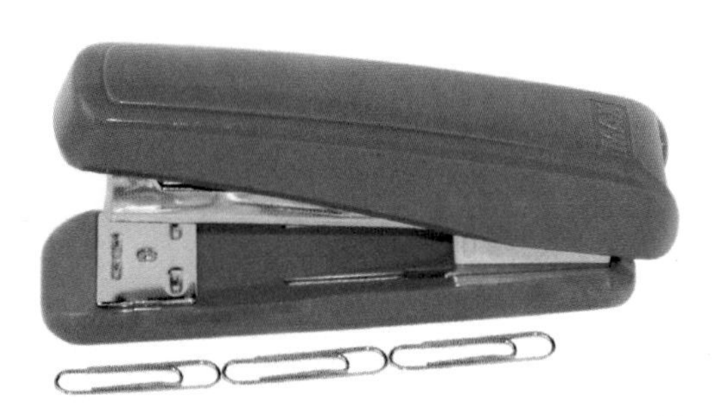

La grapadora mide aproximadamente ____ clips de longitud.

2

La bolsa mide aproximadamente ____ cucharas de longitud.

Manos a la obra

Usa / para medir.

el escritorio del maestro ____

tu escritorio ____

tu libro de texto ____

Luego, responde a las preguntas.

1. ¿Cuál es el más largo? ____
2. ¿Cuál es el más corto? ____
3. ¿Tu escritorio es más largo que el escritorio del maestro? ____

Aprende

Puedes usar diferentes objetos para medir la misma cosa.

El lápiz mide aproximadamente 5 clips de longitud.
Mide aproximadamente 1 palito plano de longitud.

lápiz

La botella de agua mide aproximadamente 7 clips de longitud.
Mide aproximadamente 2 palitos planos de longitud.

botella de agua

¿Qué podría usar para medir la longitud de mi pececito?

¿Y para medir un dinosaurio?

Aprendizaje con supervisión

Completa.

estuche para lápices

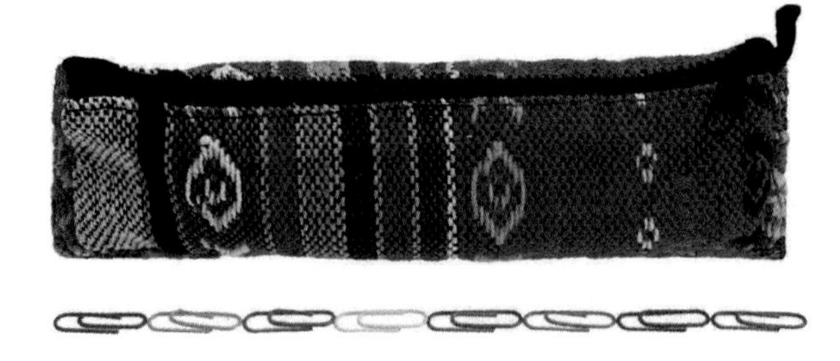

El estuche para lápices mide aproximadamente  clips de longitud.

Mide aproximadamente  palitos planos de longitud.

Manos a la obra

Usa ☐ **.**

PASO **1** Recorta algunas tiras de papel.

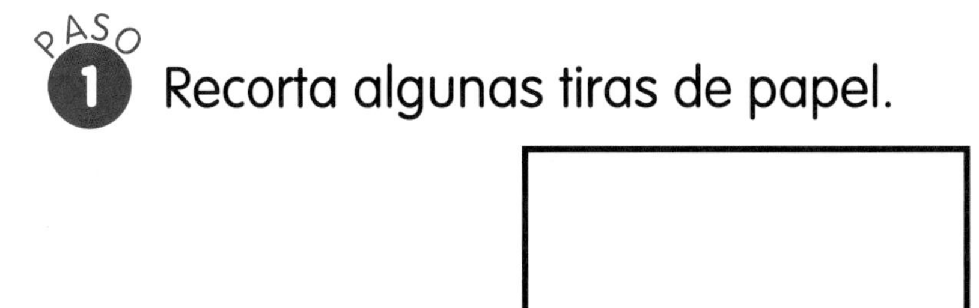

PASO **2** Usa estas tiras de papel para medir la longitud del antebrazo de tu compañero.

Mi antebrazo mide aproximadamente ____ tiras de papel de longitud.

PASO **3** Traza el contorno de tu pie sobre una hoja de papel.

PASO **4** Usa las tiras de papel para medir la longitud de tu pie.
Mi pie mide aproximadamente ____ tiras de papel de longitud.

Manos a la obra

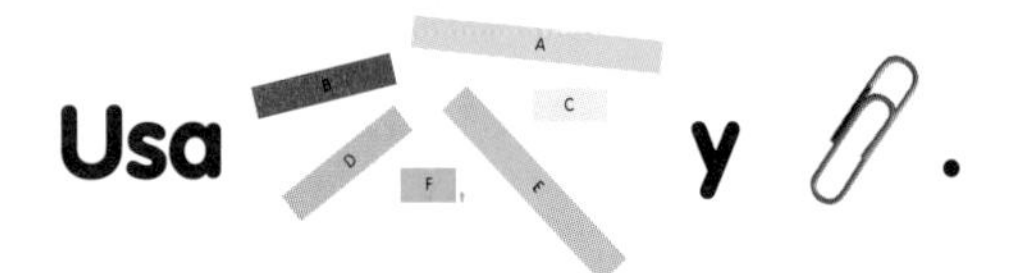

Usa [tiras de papel] **y** [clips] **.**

PASO 1 Adivina cuántos clips de longitud mide cada tira de papel.

PASO 2 Luego, coloca los clips a lo largo de las tiras para comprobar las respuestas.

¿Cuántas longitudes adivinaste correctamente?

¿Cuáles tiras miden lo mismo?

¿Cuál tira es la más larga?

¿Cuál tira es la más corta?

PASO 3 Ordena las tiras de la más larga a la más corta.

Practiquemos

Observa la ilustración.
Responde a las preguntas.

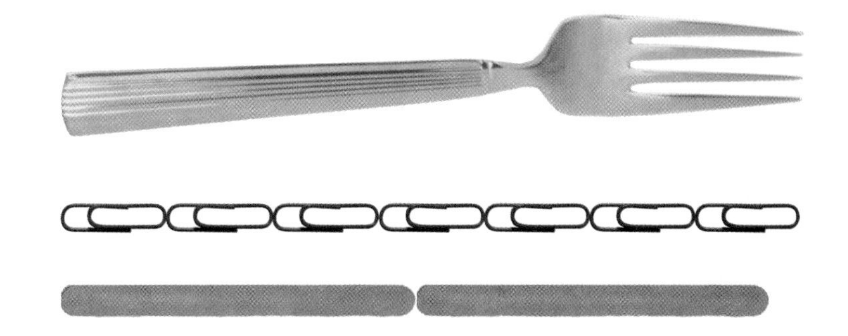

La longitud del tenedor es aproximadamente ____ clips.
Mide aproximadamente ____ palitos planos de longitud.

2 ¿Usarías un [sacapuntas] o un [peine] para medir la ventana? ____

POR TU CUENTA
Ver Cuaderno de actividades A:
Práctica 4, págs. 237 a 240

LECCIÓN 5 Hallar la longitud en unidades

Objetivos de la lección

- Usar la palabra "unidad" para describir la longitud.
- Contar las unidades de medida en decenas y en unidades.

Vocabulario
unidad

Aprende

Puedes medir la longitud con unidades.

1 / representa 1 **unidad**.

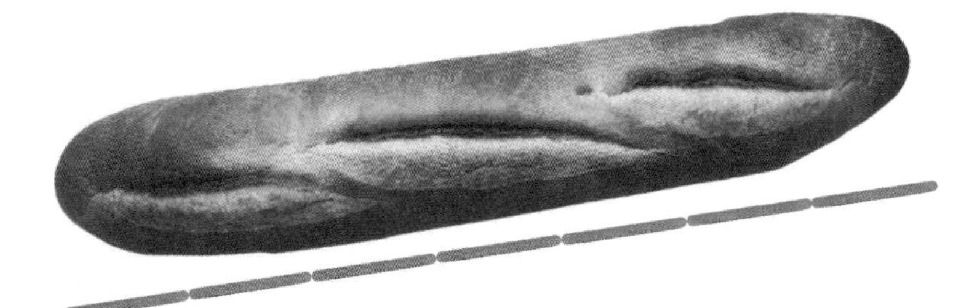

Esta barra de pan mide aproximadamente 7 unidades de longitud.

Aprendizaje con supervisión

Resuelve.

1 📎 representa 1 unidad.

1

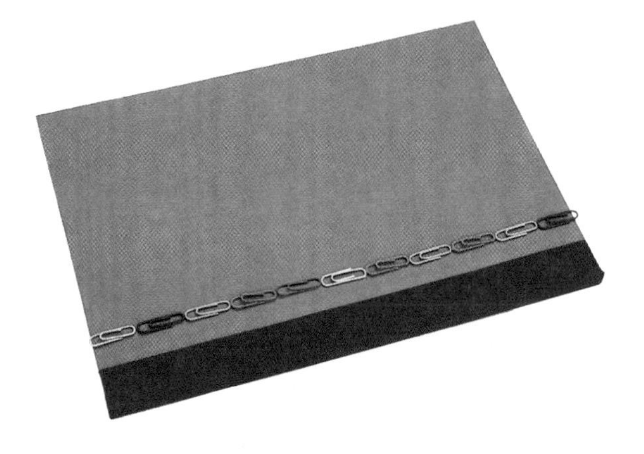

¿Cuántas unidades de longitud mide este libro? ____ unidades

Aprende

Puedes medir la longitud con objetos.

1 / representa 1 unidad.

10 unidades 4 unidades

14 es igual a 10 y 4.

La cuerda para saltar mide aproximadamente 14 unidades de longitud.

Aprendizaje con supervisión

Resuelve.

1 / representa 1 unidad.

2. ¿Cuántas unidades de longitud mide el póster?

   ____ unidades

   ____ es igual a 10 y ____.

Observa la ilustración.
Luego, responde a las preguntas.
Cada ☐ representa 1 unidad.

3. ¿Cuánto mide el toallero? ____ unidades
4. ¿Cuánto mide la ducha de altura? ____ unidades
   ____ es igual a 10 y ____.
5. ¿Cuánto mide el niño de estatura? ____ unidades
   ____ es igual a ____ y ____.
6. ¿El cepillo es más largo que el espejo? ____
7. ¿Cuál objeto es más corto: el cepillo o el toallero? ____

Manos a la obra

Usa y para medir estos objetos del salón de clases.

	representa 1 unidad	representa 1 unidad
monitor		
estuche para lápices		
puerta		
lonchera		
caja de pañuelos		

Observa las dos medidas del monitor.

¿Se necesitan más o más para medir su longitud?

¿Sucede lo mismo con los otros objetos que mediste?

¿A qué crees que se debe esto?

Practiquemos

Usa 📎 para medir.
1 📎 representa 1 unidad.

En la ilustración se muestra la casa de Chris, su escuela y el parque.

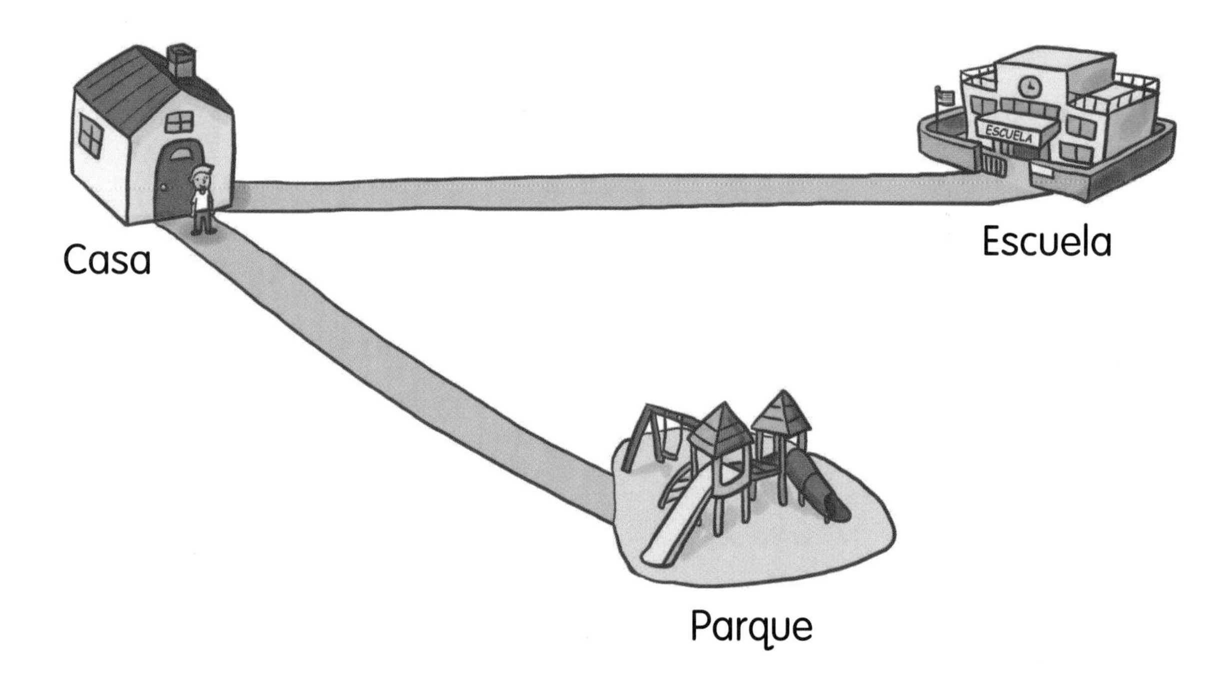

1 El camino desde la casa de Chris hasta la escuela mide aproximadamente ____ unidades de longitud.

2 El camino desde la casa de Chris hasta el parque mide aproximadamente ____ unidades de longitud.

Resuelve.

Los caracoles A, B y C recorren las líneas.

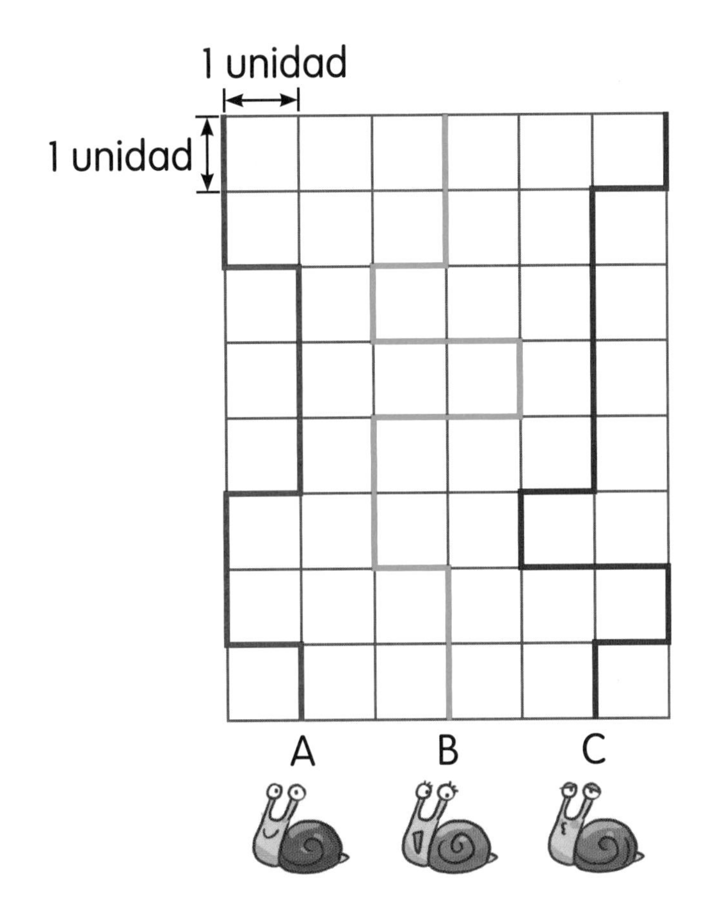

3 ¿Cuál caracol recorre el camino más largo? ____

Recorre ____ unidades.

____ es igual a ____ y ____.

4 ¿Cuál caracol recorre el camino más corto? ____

Recorre ____ unidades.

____ es igual a ____ y ____.

5 ¿Cuál caracol recorre 13 unidades?

El caracol ____.

6 1 ☐ representa 1 unidad.

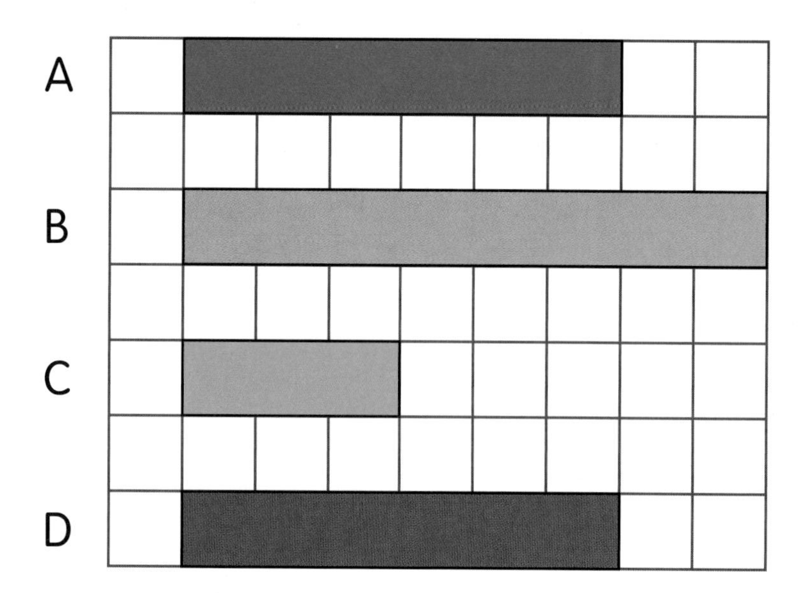

a ¿Cuál tira es la más larga?

b ¿Cuál tira es la más corta?

c ¿Cuáles dos tiras miden lo mismo?
Miden unidades de longitud.

Ver Cuaderno de actividades A: Práctica 5, págs. 241 a 244

DESTREZAS DE RAZONAMIENTO CRÍTICO

¡Ponte la gorra de pensar!

RESOLUCIÓN DE PROBLEMAS

1 Observa la barra de pan y el libro.

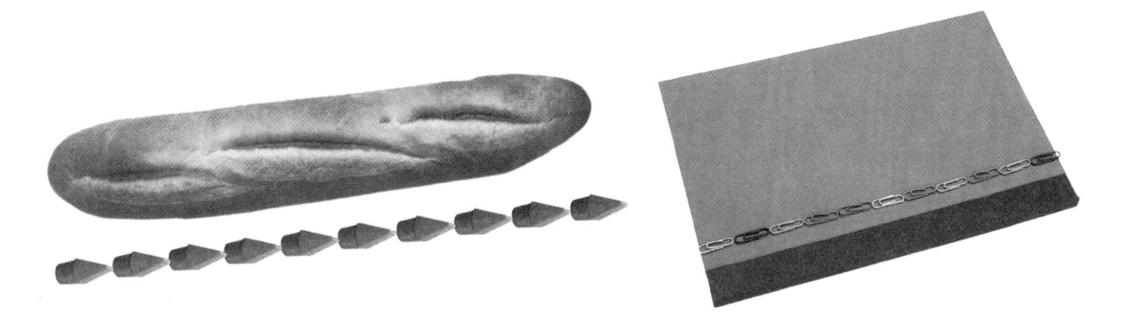

¿Puedes afirmar que el libro es más largo que la barra de pan?
¿Por qué?

2

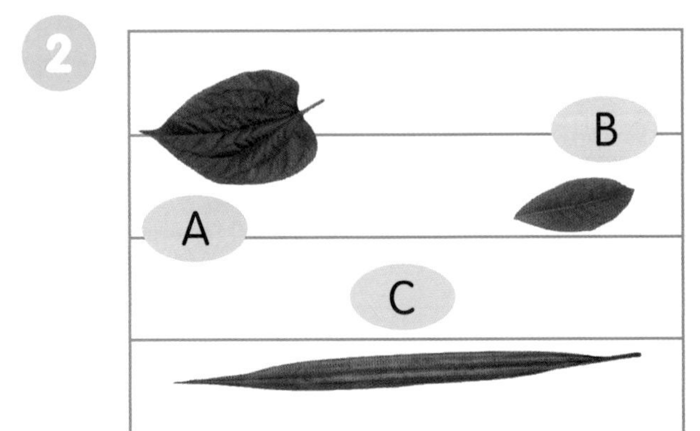

Conjunto 1

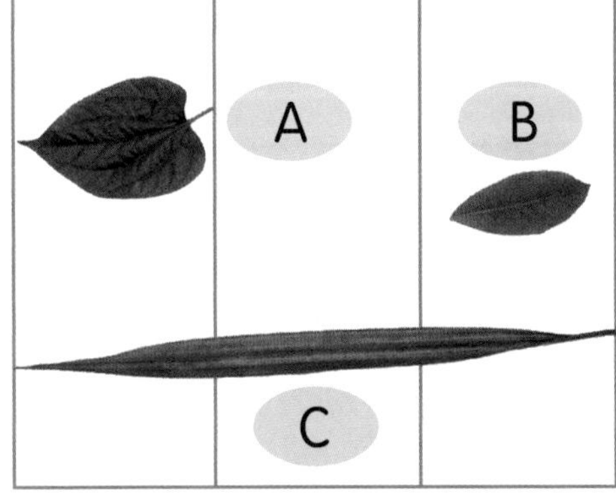

Conjunto 2

Quieres saber la longitud de las hojas.
¿Cuál conjunto de líneas usarás?
¿Por qué?

Ver Cuaderno de actividades A:
¡Ponte la gorra de pensar!
págs. 245 a 248

Resumen del capítulo

Has aprendido ...

Longitud

a comparar dos objetos.

alto

más alto

bajo

más bajo

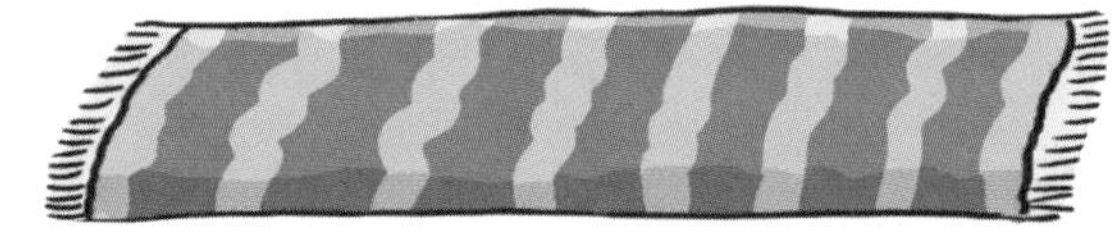
largo

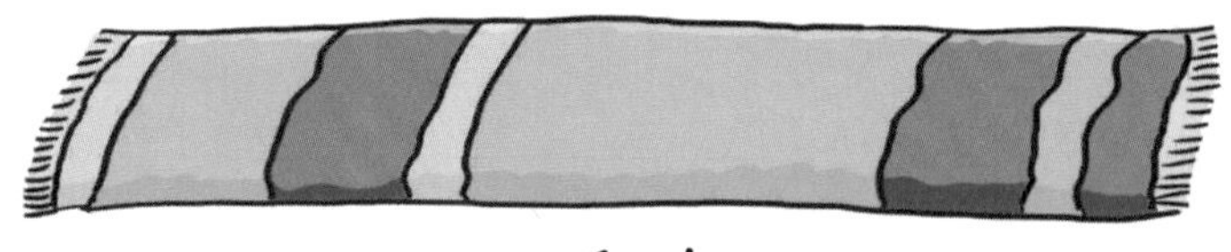
más largo

a comparar más de dos objetos.

Ally

Ben

Carlo

Ally es más alta que Ben.
Ben es más alto que Carlo.
Entonces, Ally también es más alta que Carlo.

Ally es la más alta.
Carlo es el más bajo.

a usar una línea de comparación.

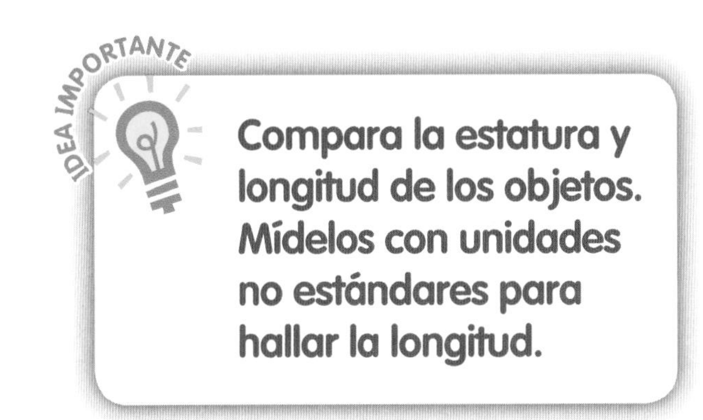

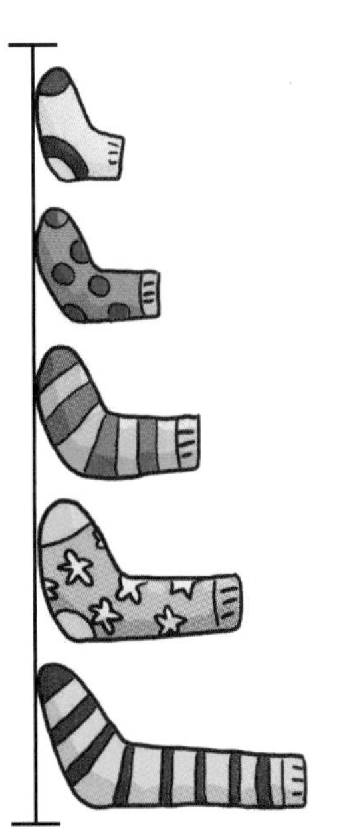

a usar objetos para medir.

El perro mide aproximadamente 10 calcetines de longitud.
Mide aproximadamente 1 bufanda de longitud.

a usar unidades para medir.

1 [unidad] representa 1 unidad.
El gato mide 2 unidades de longitud.

POR TU CUENTA

Ver Cuaderno de actividades A: Repaso/Prueba del capítulo, págs. 249 a 252

Glosario

A

- **abajo**

Pip camina hacia abajo por el árbol.

- **alto, más alto, el más alto**

alto más alto el más alto

- **antes**

En la hilera, Wink está antes que Boo.

- **apilar**

- **arriba**

Pip camina hacia arriba del árbol.

- **bajo**

Pip está bajo la hoja.

- **catorce**

Se cuenta	Se escribe	Se dice
	14	catorce

- **cerca**

Pip está cerca de la bellota.

- **cero**

Se cuenta	Se escribe	Se dice
	0	cero

- **cilindro**

- **cinco**

Se cuenta	Se escribe	Se dice
	5	cinco

- **cinta para contar**

1	2	3	4	5	6

- **círculo**

- **color**

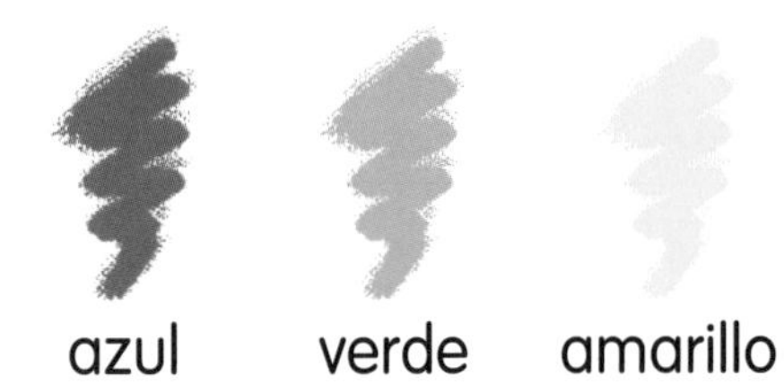

azul verde amarillo rojo

- **cono**

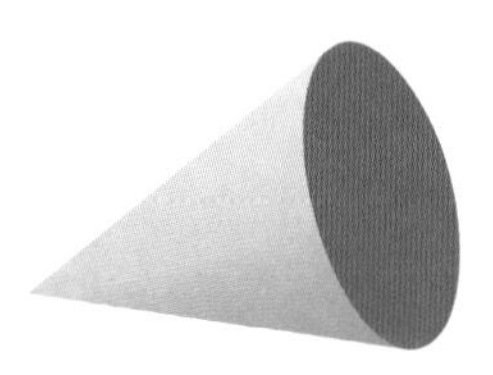

- **corto, más corto, el más corto**

corto más corto el más corto

- **cuadrado**

- **cuarto**

- **cuatro**

Se cuenta	Se escribe	Se dice
●●●●	4	cuatro

- **cubo**

- **cuento de resta**

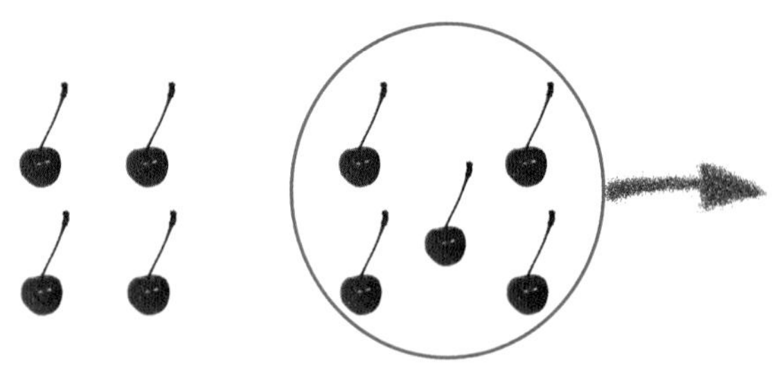

Mary tiene 9 cerezas.
Julia come 5 cerezas.

$9 - 5 = 4$

A Mary le quedan 4 cerezas.

- **cuento de suma**

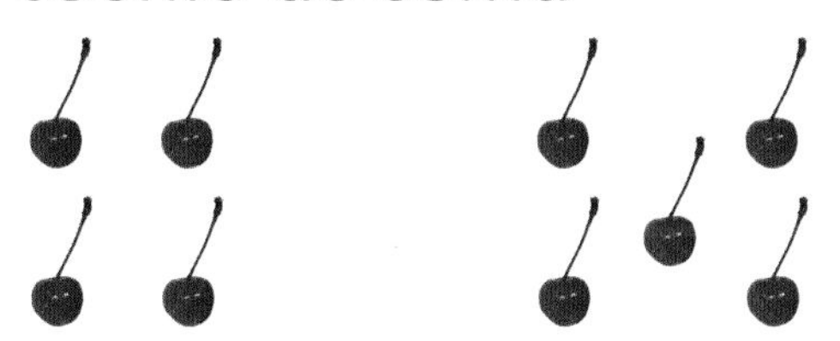

Mary recoge 4 cerezas.
June recoge 5 cerezas.

$4 + 5 = 9$

Ellas recogen 9 cerezas en total.

- **cuerpo geométrico**

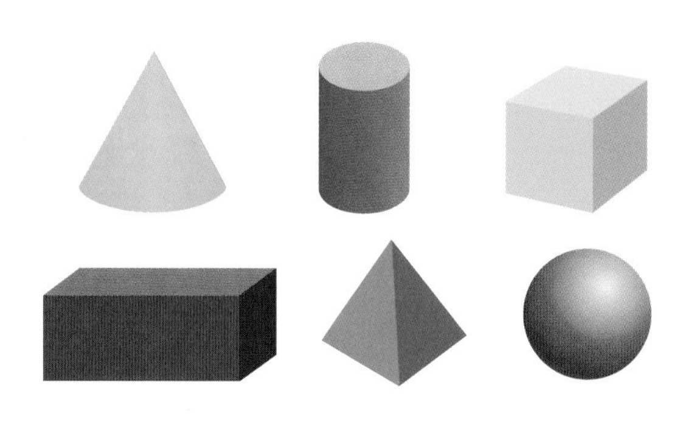

D

- **debajo**

Boo está debajo de Pip.

- **décimo**

- **delante de**

Wink

Wink está delante de la bellota.

- **derecha**

Wink está a la derecha.

- **deslizar**

- **después**

En la hilera, Boo está después de Wink.

- **detrás de**

Boo está detrás de las bellotas.

- **diecinueve**

Se cuenta	Se escribe	Se dice
	19	diecinueve

- **dieciocho**

Se cuenta	Se escribe	Se dice
	18	dieciocho

- **dieciséis**

Se cuenta	Se escribe	Se dice
	16	dieciséis

- **diecisiete**

Se cuenta	Se escribe	Se dice
	17	diecisiete

- **diez**

Se cuenta	Se escribe	Se dice
	10	diez

- **diferente**

Estas figuras son círculos. Son diferentes porque no son del mismo color.

- **doce**

Se cuenta	Se escribe	Se dice
	12	doce

- **dos**

Se cuenta	Se escribe	Se dice
	2	dos

E

- **el mayor**

8 12 17

De estos números, 17 es el mayor.

- **el menor**

8 12 17

De estos números, 8 es el menor.

- **encima**

  Pip está encima de Boo.

- **entero**

  Ver **números conectados**

- **entre**

  Boo está entre Pip y Wink.

- **enunciado de resta**

  7 – 3 = 4 es un enunciado de resta.

- **enunciado de suma**

  2 + 5 = 7 es un enunciado de suma.

- **esfera**

- **esquina**

  Una esquina es el lugar donde se unen dos lados.

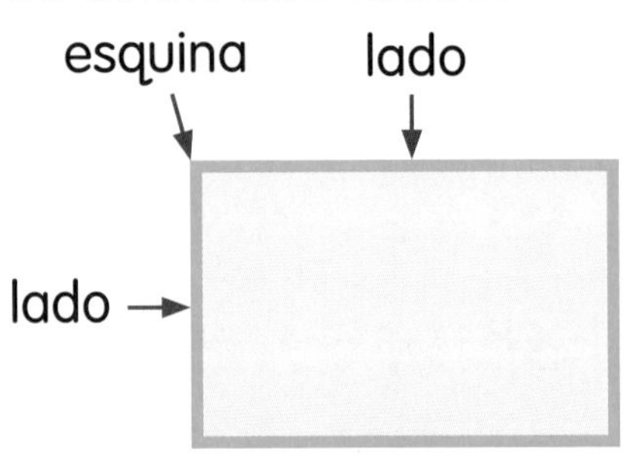

F

- **falso**

  5 + 4 = 10 es un enunciado numérico falso.

- **familia de operaciones**

  Un grupo de enunciados de suma y resta que tienen las mismas partes y el mismo entero.

  3 + 5 = 8 8 – 5 = 3
  5 + 3 = 8 8 – 3 = 5

- **figura**

  figuras planas

G

- **grupo**

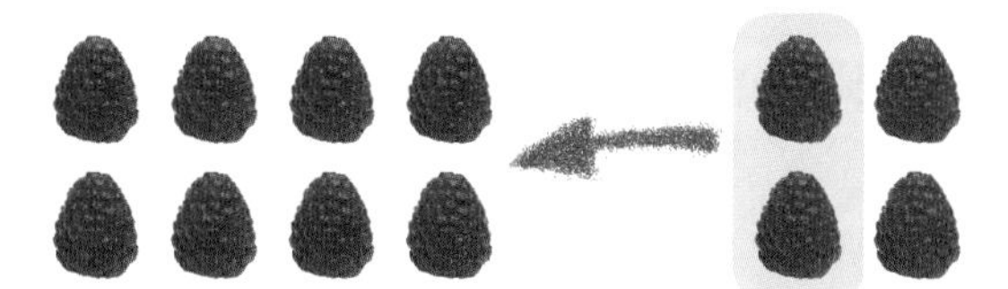

8 frambuesas   4 frambuesas

Para formar un grupo de 10 frambuesas, hay que mover 2 frambuesas.

I

- **igual**

Que tienen la misma cantidad, número, color o forma.

3 es igual a 2 + 1

3 = 3

signo de igual

4 estrellas

4 corazones

igual número

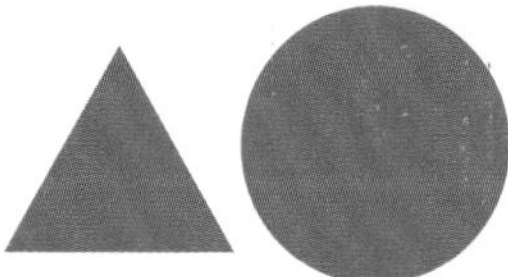
igual color

igual forma

- **izquierda**

Pip está a la izquierda.

J

- **junto a**

Boo está junto a Pip.
Boo también está junto a Wink.

L

- **lado**

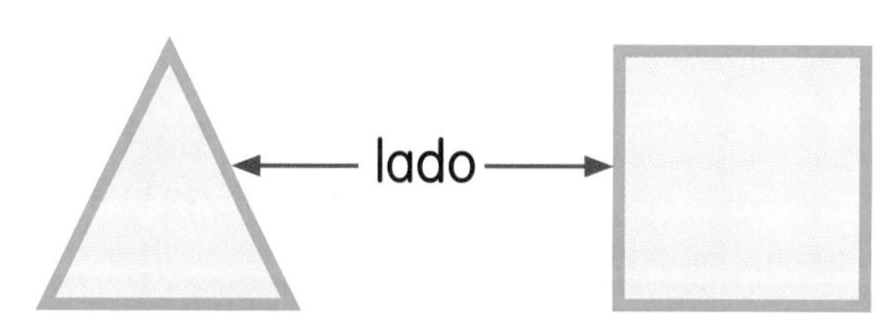

Un triángulo tiene 3 lados.
Un cuadrado tiene 4 lados.

- **largo, más largo, el más largo**

 largo

 más largo

 el más largo

- **lejos**

Wink está lejos de la bellota.

- **línea de comparación**

Puedes usar una línea de comparación para comparar la longitud de los objetos.

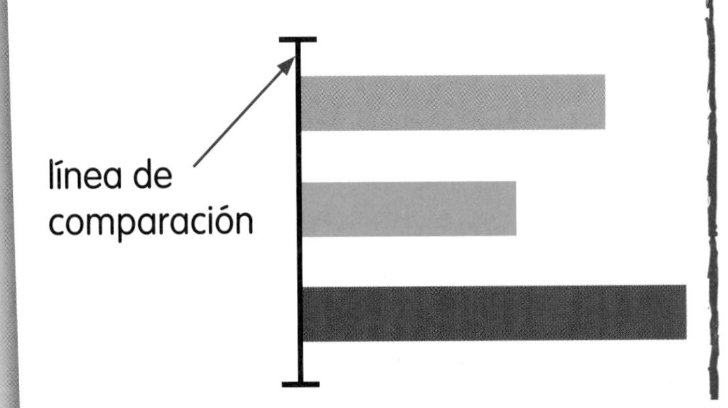

M

- **más**

Se usa para sumar.

$10 + 1 = 11$

signo de más

- **más que**

Hay más  que.

Hay 1  más que .

- **mayor que**

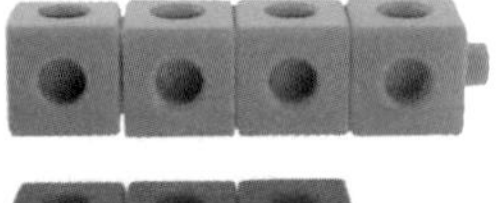

4 es mayor que 3.

- **menor que/menos que**

3 es menor que 4.

3 es 1 menos que 4.

- **menos**

  Se usa para restar.

  8 – 1 = 7

  ↑ signo de menos

- **menos que**

  Hay menos ★ que ♥.

N

- **noveno**

- **nueve**

Se cuenta	Se escribe	Se dice
●●●●● ●●●●	9	nueve

- **números**

  0 1 16 20

- **números conectados**

  parte 3, parte 5, entero 8

  Un número conectado muestra las partes y el entero.
  Las partes forman un entero.
  Puedes usar números conectados como ayuda para sumar o restar.

- **números en palabras**

  cero ocho
  dieciséis veinte

O

- **ocho**

Se cuenta	Se escribe	Se dice
●●●●● ●●●	8	ocho

- **octavo**

- **once**

Se cuenta	Se escribe	Se dice
	11	once

- **operación de dobles**

3 + 3 = 6

Los números que se suman son iguales.

- **operación de dobles más uno**

4 + 5 = 9

4 + 5 es igual a 4 + 4 más 1 más.

- **ordenar**

Puedes ordenar los números de menor a mayor o de mayor a menor.

4 7 11 20

el menor

20 11 7 4

el mayor

P

- **parecido**

Estas figuras son círculos. Son parecidas porque todas tienen la misma forma.

- **parte**

Ver **números conectados**

- **patrón**

patrones numéricos

• 2, 4, 6, 8, 10

• 20, 19, 18, 17, 16

un patrón de figuras

- **patrón que se repite**

  Un patrón que ocurre una y otra vez.

cuadrado, círculo, cuadrado, círculo...

- **pirámide**

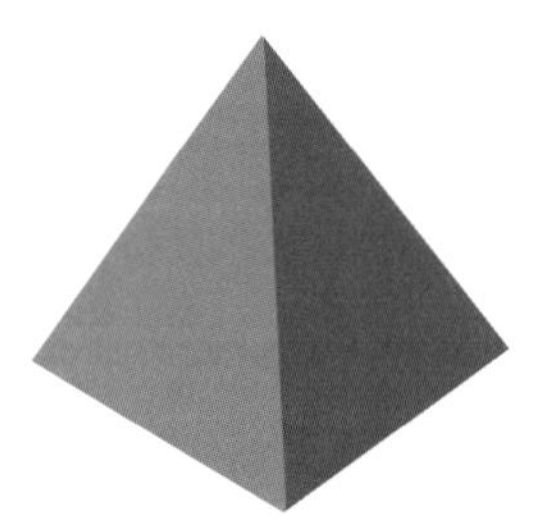

- **primero**

- **prisma rectangular**

Q

- **quince**

Se cuenta	Se escribe	Se dice
	15	quince

- **quinto**

- **quitar**

  Ver **restar**

R

- **rectángulo**

- **restar**

  Quitar una parte del entero para hallar la otra parte.

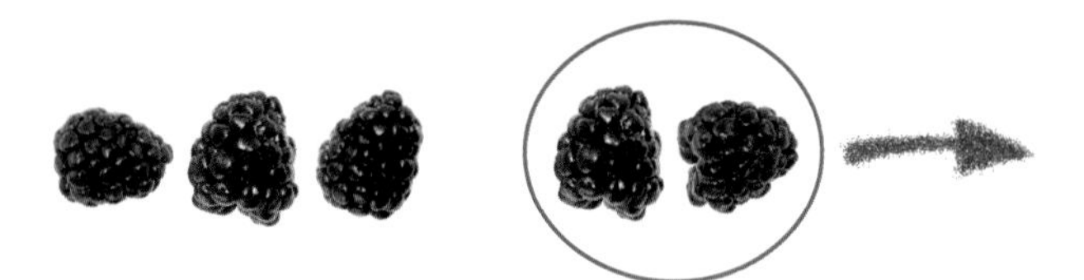

$5 - 2 = 3$

entero parte parte

- **rodar**

S

- **segundo**

- **seis**

Se cuenta	Se escribe	Se dice
●●●●● ●	6	seis

- **séptimo**

- **sexto**

- **siete**

Se cuenta	Se escribe	Se dice
●●●●● ●●	7	siete

- **sumar**

  Juntar dos o más partes para formar un entero.

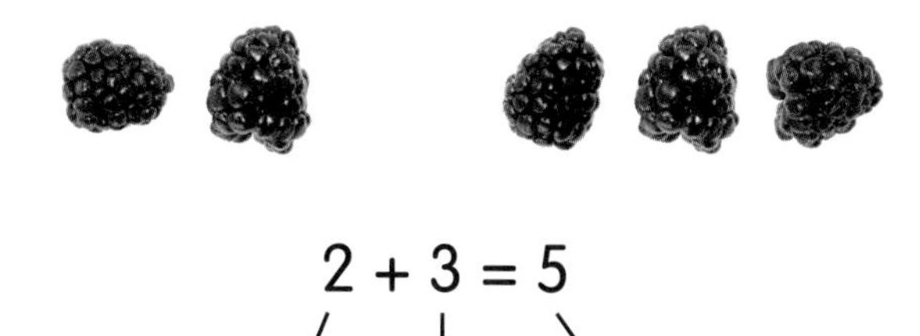

$$2 + 3 = 5$$

parte parte entero

T

- **tabla de valor posicional**

  Una tabla de valor posicional muestra cuántas decenas y unidades hay en un número.

  En el número 19, hay 1 decena y 9 unidades.

Decenas	Unidades
1	9

- **tamaño**

pequeño grande

- **tercero**

- **trece**

Se cuenta	Se escribe	Se dice
	13	trece

- **tres**

Se cuenta	Se escribe	Se dice
	3	tres

- **triángulo**

- **último**

Esta ardilla es el último miembro del grupo. No hay nadie detrás.

- **un cuarto**

Un cuarto del cuadrado está sombreado

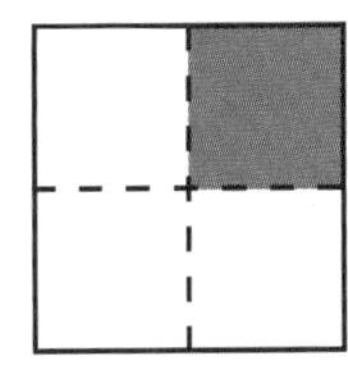

- **un medio**

Un medio del cuadrado está sombreado.

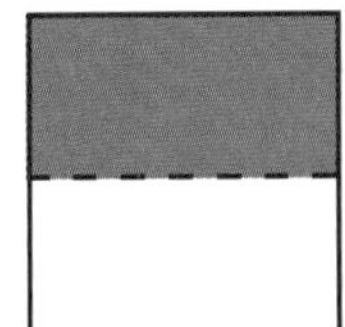

- **unidad**

Las unidades se usan para medir objetos.

puede usarse para medir.
1 representa 1 unidad.

El lápiz mide 6 unidades de longitud.

- **uno**

Se cuenta	Se escribe	Se dice
	1	uno

- **veinte**

Se cuenta	Se escribe	Se dice
	20	veinte

- **verdadero**

5 + 4 = 9 es un enunciado numérico verdadero.

Índice

Las páginas en fuente normal pertenecen al Libro del estudiante A.
Las páginas en fuente azul pertenecen al Libro del estudiante B.
Las páginas en *itálicas* pertenecen al Cuaderno de actividades (CA) A.
Las páginas en *itálicas y fuente azul* pertenecen al Cuaderno de actividades (CA) B.
Las páginas en **negrita** indican dónde se presenta un término.

Las páginas en fuente normal pertenecen al Libro del estudiante A.
Las páginas en fuente azul pertenecen al Libro del estudiante B.
Las páginas en *itálicas* pertenecen al Cuaderno de actividades (CA) A.
Las páginas en *itálicas y fuente azul* pertenecen al Cuaderno de actividades (CA) B.
Las páginas en **negrita** indican dónde se presenta un término.

Las páginas en fuente normal pertenecen al Libro del estudiante A.
Las páginas en fuente azul pertenecen al Libro del estudiante B.
Las páginas en *itálicas* pertenecen al Cuaderno de actividades (CA) A.
Las páginas en *itálicas y fuente azul* pertenecen al Cuaderno de actividades (CA) B.
Las páginas en **negrita** indican dónde se presenta un término.

Las páginas en fuente normal pertenecen al Libro del estudiante A.
Las páginas en fuente azul pertenecen al Libro del estudiante B.
Las páginas en *itálicas* pertenecen al Cuaderno de actividades (CA) A.
Las páginas en *itálicas y fuente azul* pertenecen al Cuaderno de actividades (CA) B.
Las páginas en **negrita** indican dónde se presenta un término.

Las páginas en fuente normal pertenecen al Libro del estudiante A.
Las páginas en fuente azul pertenecen al Libro del estudiante B.
Las páginas en *itálicas* pertenecen al Cuaderno de actividades (CA) A.
Las páginas en *itálicas y fuente azul* pertenecen al Cuaderno de actividades (CA) B.
Las páginas en **negrita** indican dónde se presenta un término.

Las páginas en fuente normal pertenecen al Libro del estudiante A.
Las páginas en fuente azul pertenecen al Libro del estudiante B.
Las páginas en *itálicas* pertenecen al Cuaderno de actividades (CA) A.
Las páginas en *itálicas y fuente azul* pertenecen al Cuaderno de actividades (CA) B.
Las páginas en **negrita** indican dónde se presenta un término.

Las páginas en fuente normal pertenecen al Libro del estudiante A.
Las páginas en fuente azul pertenecen al Libro del estudiante B.
Las páginas en *itálicas* pertenecen al Cuaderno de actividades (CA) A.
Las páginas en *itálicas y fuente azul* pertenecen al Cuaderno de actividades (CA) B.
Las páginas en **negrita** indican dónde se presenta un término.

Photo Credits

cover: ©Houghton Mifflin Harcourt, *viii:* ©Marshall Cavendish Education, *xii:* ©Comstock Klips Photo CD, 1: ©Getty Images/Peter Beavis, *2tl:* ©SXC.hu/Thiago Felipe Festa, *2tr:* ©Marshall Cavendish Education, *2ml:* ©Marshall Cavendish Education, *2mr:* ©Marshall Cavendish Education, *2bl:* ©morgueFile.com/jeltovski, *2br:* ©SXC.hu/Abdullah GÖÇER, 4: ©Marshall Cavendish Education, *4bl:* ©Comstock Klips Photo CD, *4bl*: ©Marshall Cavendish Education, *5tl:* ©Marshall Cavendish Education, *5tl:* ©Marshall Cavendish Education, *5ml:* ©Marshall Cavendish Education, *5bl:* ©Marshall Cavendish Education, *5bl:* ©SXC.hu/Sanja Gjenero, *7t:* ©Comstock Klips Photo CD, *7t:* ©Comstock Klips Photo CD, *7m:* ©Comstock Klips Photo CD, *7b*: ©Marshall Cavendish Education, *7b*: ©SXC.hu/Ann Key, *10:* ©Marshall Cavendish Education, *13l:* ©Image Source Photo CD, *13l:* ©Stockbyte Photo CD, *13r:* ©iStockphoto.com/Jeff Strauss, *13r:* ©iStockphoto.com/Thomas Perkins, *13b:* ©Comstock Klips Photo CD, *17:* ©Marshall Cavendish Education, *21:* ©Marshall Cavendish Education, *22:* ©iStockphoto.com/Nathan Maxfield, *24:* ©Marshall Cavendish Education, *26:* ©Marshall Cavendish Education, *28:* ©Image Source Photo CD, *34:* ©Image Source Photo CD, *40:* ©Marshall Cavendish Education, *42:* ©Marshall Cavendish Education, *43:* ©Marshall Cavendish Education, *44t:* ©Marshall Cavendish Education, *44b:* ©Jupiter Images Photo CD, *45t:* ©iStockphoto.com/Jeff Strauss, *45b:* ©Stockbyte Photo CD, *46t:* ©Stockbyte Photo CD, *46b:* ©iStockphoto.com/Thomas Perkins, *50tl:* ©Marshall Cavendish Education, *50tr:* ©morgueFile.com/sdpkelkar, *50m:* ©Marshall Cavendish Education, *51:* ©Image Source Photo CD, *52:* ©Image Source Photo CD, *53:* ©Marshall Cavendish Education, 56: ©Marshall Cavendish Education, *57:* ©Marshall Cavendish Education, *61:* ©Marshall Cavendish Education, *63:* ©Jupiter Images Photo CD, *65:* ©iStockphoto.com/Marilyn Nieves, *67:* ©Marshall Cavendish Education, *69:* ©iStockphoto.com/Thomas Perkins, *70:* ©Marshall Cavendish Education, *71:* ©Image Source Photo CD, *72:* ©Stockbyte Photo CD, *74:* ©iStockphoto.com/Stuart Monk, *81t:* ©Marshall Cavendish Education, *81b:* ©Jupiter Images Photo CD, *84:* ©Marshall Cavendish Education, *87:* ©Marshall Cavendish Education, *88:* ©Marshall Cavendish Education, *89:* ©Stockbyte Photo CD, *90:* ©iStockphoto.com/Jeff Strauss, *91:* ©Comstock Klips Photo CD, *96:* ©Marshall Cavendish Education, *97:* ©morgueFile.com/Scott Liddell, *101:* ©Marshall Cavendish Education, *103:* ©Image Source Photo CD, *106:* ©iStockphoto.com/Marilyn Nieves, *107:* ©iStockphoto.com/Thomas Perkins, *110bl:* ©Image Source Photo CD, *110br:* ©iStockphoto.com/Jeff Strauss, *112:* ©iStockphoto.com/Kyu Oh, *113t:* ©Stockbyte Photo CD, *113b:* ©iStockphoto.com/Stuart Monk, *115:* ©Marshall Cavendish Education, *122tr:* ©Stockbyte Photo CD, *122br:* ©Image Source Photo CD, *124:* ©Image Source Photo CD, *127l:* ©Marshall Cavendish Education, *127mr:* ©Image Source Photo CD, *127br:* ©Jupiter Images Photo CD, *128:* ©Marshall Cavendish Education, *129:* ©Marshall Cavendish Education, *130t:* ©Marshall Cavendish Education, *130m:* ©Marshall Cavendish Education, *130b:* ©Corel Everyday Objects Photo CD, *131:* ©Marshall Cavendish Education, *132:* ©iStockphoto.com/Stuart Monk, *133:* ©Marshall Cavendish Education, *134:* ©Marshall Cavendish Education, *135t:* ©iStockphoto.com/Nathan Maxfield, *135m:* ©iStockphoto.com/Jesus Jauregui, *135b:* ©Image Source Photo CD, *153:* ©Jupiter Images Photo CD, *162:* ©iStockphoto.com/Jesus Jauregui, *164:* ©iStockphoto.com/Miroslav Ferkuniak, 165: ©Jupiter Images Photo CD, *169tl:* ©Marshall Cavendish Education, *169tr:* ©Jupiter Images Photo CD, *170:* ©Marshall Cavendish Education, *171:* ©Marshall Cavendish Education, *172t:* ©Marshall Cavendish Education, *172m:* ©Comstock Klips Photo CD, 172b: ©Comstock Klips Photo CD, *172b:* ©SXC.hu/Ann Key, *173:* ©Marshall Cavendish Education, *174t:* ©Marshall Cavendish Education, *174bl:* ©Jupiter Images Photo CD, *174br:* ©Image Source Photo CD, *181t:*

©Comstock Klips Photo CD, *181br:* ©Jupiter Images Photo CD, *182:* ©Marshall Cavendish Education, *186:* ©Marshall Cavendish Education, 188: ©Stockbyte Photo CD, *189:* ©Stockbyte Photo CD, *190:* ©iStockphoto.com/Marilyn Nieves, *195:* ©iStockphoto.com/Kyu Oh, *201m:* ©Comstock Klips Photo CD, *201br:* ©iStockphoto.com/Tracy Whiteside, *202tl:* ©Marshall Cavendish Education, *202tr:* ©iStockphoto.com/Jeff Strauss, *202mr:* ©iStockphoto.com/Jarek Szymanski, *202br:* ©iStockphoto.com/Jesus Jauregui, *203:* ©Marshall Cavendish Education, *204tl:* ©Marshall Cavendish Education, *204tr:* ©Marshall Cavendish Education, *204mr:* ©Image Source Photo CD, *206:* ©Marshall Cavendish Education, *207t:* ©Marshall Cavendish Education, *207b:* ©Jupiter Images Photo CD, *209m:* ©morgueFile.com/sdpkelkar, *212ml:* ©morgueFile.com/Scott Liddell, *212mr:* ©Image Source Photo CD, *215br:* ©Marshall Cavendish Education, 216: ©Marshall Cavendish Education, *217:* ©Marshall Cavendish Education, *218tl:* ©Marshall Cavendish Education, *218tr:* ©iStockphoto.com/Miroslav Ferkuniak, *218m:* ©Marshall Cavendish Education, *219:* ©Jupiter Images Photo CD, *220:* ©Image Source Photo CD, *225:* ©Marshall Cavendish Education, *226t:* ©morgueFile.com/earl53, *226m:* ©Marshall Cavendish Education, *230:* ©iStockphoto.com/Marilyn Nieves, *231:* ©Corel Everyday Objects Photo CD, *235bl:* ©Corel Stock Photo Library CD, *235br:* ©iStockphoto.com/Nathan Maxfield, *237mr:* ©iStockphoto.com/Jeff Strauss, *237br:* ©iStockphoto.com/Thomas Perkins, *240:* ©Marshall Cavendish Education, *241:* ©Marshall Cavendish Education, *242t:* ©Marshall Cavendish Education, *242ml:* ©Marshall Cavendish Education, *242mr:* ©iStockphoto.com/Jarek Szymanski, *242b:* ©Marshall Cavendish Education, *244t:* ©Marshall Cavendish Education, *244ml:* ©Image Source Photo CD, *245:* ©Marshall Cavendish Education, *246m:* ©Comstock Klips Photo CD, *246m:* ©Marshall Cavendish Education, *246bl:* ©Marshall Cavendish Education, *246br:* ©Marshall Cavendish Education, *247tl:* ©Marshall Cavendish Education, *247tr:* ©iStockphoto.com/Stuart Monk, *249:* ©Marshall Cavendish Education, *250:* ©Marshall Cavendish Education, *253tl:* ©Comstock Klips Photo CD, *253tl:* ©morgueFile.com/earl53, *253tr:* ©Marshall Cavendish Education, *253m:* ©Marshall Cavendish Education, *257ml:* ©Marshall Cavendish Education, *257mr:* ©Comstock Klips Photo CD, *259:* ©Marshall Cavendish Education, *260*: ©Marshall Cavendish Education, *261:* ©Marshall Cavendish Education, *262:* ©Marshall Cavendish Education, *264:* ©Marshall Cavendish Education, *265:* ©Marshall Cavendish Education, *267:* ©Marshall Cavendish Education, *268:* ©Marshall Cavendish Education, *269tr:* ©Comstock Klips Photo CD, *269ml:* ©Marshall Cavendish Education, *269br:* ©Marshall Cavendish Education, *270:* ©Marshall Cavendish Education, *271:* ©Marshall Cavendish Education

Acknowledgements

The publisher wishes to thank the following organizations for sponsoring the various objects used in this book:

Accent Living
Flower frames p. 4
Plate with fish motifs p. 61
Spoons p. 88

Growing Fun Pte Ltd
Math balance pp. 32, 35, 38

Hasbro Singapore Pte Ltd
For supplying Play-Doh™
to make the following:
Clay stars p. 211
Clay cats pp. 60, 96
Clay shells p. 216

Lyves & Company Pte Ltd
Fish mobile p. 237

Noble International Pte Ltd
Unit cubes – appear throughout the book

The publisher also wishes to thank the individuals who have contributed in one way or another, namely:
Model Isabella Gilbert
And all those who have kindly loaned the publisher items for the photographs featured.

COMMON CORE STATE STANDARDS FOR MATHEMATICAL CONTENT		
STANDARD	**DESCRIPTOR**	**PAGE CITATIONS**
1.OA OPERATIONS AND ALGEBRAIC THINKING		
Represent and solve problems involving addition and subtraction		
1.OA.1	Use addition and subtraction within 20 to solve word problems involving situations of adding to, taking from, putting together, taking apart, and comparing, with unknowns in all positions, e.g., by using objects, drawings, and equations with a symbol for the unknown number to represent the problem.	SE 1A: 42–45, 59–62, 69–78A, 84–86, 87–93, 198–200, 215–220 SE 1B: 123–131, 143–149
1.OA.2	Solve word problems that call for addition of three whole numbers whose sum is less than or equal to 20, e.g., by using objects, drawings, and equations with a symbol for the unknown number to represent the problem.	SE 1A: 215–220 SE 1B: 123–131, 267
Understand and apply properties of operations and the relationship between addition and subtraction		
1.OA.3	Apply properties of operations as strategies to add and subtract.	SE 1A: 30–36, 42–54, 55–58, 198–200, 220–221 SE 1B: 119–122, 134–137, 138–142, 143–149, 150
1.OA.4	Understand subtraction as an unknown-addend problem.	SE 1A: 69–78A, 79–83, 84–86, 87–93, 94–95, 201–204, 209–214, 215–220 SE 1B: 101–110, 111–118, 123–131, 134–137, 234–241, 242–248
Add and subtract within 20		
1.OA.5	Relate counting to addition and subtraction (e.g., by counting on 2 to add 2).	SE 1A: 42–54, 55–58, 69–78A, 189–194 SE 1B: 57–62, 84–93, 182–192, 196–212

COMMON CORE STATE STANDARDS FOR MATHEMATICAL CONTENT		
STANDARD	**DESCRIPTOR**	**PAGE CITATIONS**
1.OA.6	Add and subtract within 20, demonstrating fluency for addition and subtraction within 10. Use strategies such as counting on; making ten (e.g., 8 + 6 = 8 + 2 + 4 = 10 + 4 = 14); decomposing a number leading to a ten (e.g., 13 – 4 = 13 – 3 – 1 = 10 – 1 = 9); using the relationship between addition and subtraction (e.g., knowing that 8 + 4 = 12, one knows 12 – 8 = 4); and creating equivalent but easier or known sums (e.g., adding 6 + 7 by creating the known equivalent 6 + 6 + 1 = 12 + 1 = 13).	SE 1A: 37, 55–58, 59–62, 69–78A, 79–83, 84–86, 87–95, 201–208 SE 1B: 80–83, 119–122, 123–131, 138–142, 143–149, 252–253
Work with addition and subtraction equations		
1.OA.7	Understand the meaning of the equal sign, and determine if equations involving addition and subtraction are true or false.	SE 1A: 42–54, 55–58, 59–62, 63, 69–78A, 79–83, 84–86, 87–93, 94–95, 201–208, 209–214, 215–220 SE 1B: 84–93, 101–110, 111–118, 119–122, 123–131, 138–142, 143–149, 221–227, 228–233, 234–241, 242–248, 254–258, 296–301
1.OA.8	Determine the unknown whole number in an addition or subtraction equation relating to three whole numbers.	SE 1A: 42–54, 59–62, 63, 84–86, 87–95, 201–208, 209–214 SE 1B: 13–17, 18–22, 30–35, 36–41, 57–62, 63–65, 66–75, 84–93, 94–100, 111–118, 119–122, 123–131, 134–137, 138–142, 143–149, 221–227, 228–233, 234–241, 242–248
1.NBT NUMBER AND OPERATIONS IN BASE TEN		
Extend the counting sequence		
1.NBT.1	Count to 120, starting at any number less than 120. In this range, read and write numerals and represent a number of objects with a written numeral.	SE 1A: 4–12, 20–26, 171–176, 177–180, 189–194 SE 1B: 52–56, 57–62, 63–65, 66–77, 178–181, 182–192, 193–195, 196–212

COMMON CORE STATE STANDARDS FOR MATHEMATICAL CONTENT		
STANDARD	**DESCRIPTOR**	**PAGE CITATIONS**
Understand place value		
1.NBT.2	Understand that the two digits of a two-digit number represent amounts of tens and ones. Understand the following as special cases:	
1.NBT.2.a	10 can be thought of as a bundle of ten ones — called a "ten."	SE 1A: 171–176, 177–180, 181–188 SE 1B: 57–62, 63–65, 66–75, 84–93, 94–100, 111–118, 182–192, 193–195, 196–212, 221–227, 228–233, 234–241, 242–248
1.NBT.2.b	The numbers from 11 to 19 are composed of a ten and one, two, three, four, five, six, seven, eight, or nine ones.	SE 1A: 171–176, 177–180, 181–188, 189–194
1.NBT.2.c	The numbers 10, 20, 30, 40, 50, 60, 70, 80, 90 refer to one, two, three, four, five, six, seven, eight, or nine tens (and 0 ones).	SE 1B: 57–62, 63–65, 84–93, 182–192, 193–195, 196–212, 221–227, 234–241
1.NBT.3	Compare two two-digit numbers based on meanings of the tens and ones digits, recording the results of comparisons with the symbols >, =, and <.	SE 1A: 181–186, 189–194, 224–226 SE 1B: 66–75, 178–181, 196–212
Use place value understanding and properties of operations to add and subtract		
1.NBT.4	Add within 100, including adding a two-digit number and a one-digit number, and adding a two-digit number and a multiple of 10, using concrete models or drawings and strategies based on place value, properties of operations, and/or the relationship between addition and subtraction; relate the strategy to a written method and explain the reasoning used. Understand that in adding two-digit numbers, one adds tens and tens, ones and ones; and sometimes it is necessary to compose a ten	SE 1B: 84–93, 94–100, 111–118, 123–131, 138–142, 143–149, 216–220, 221–227, 228–233, 234–241, 242–248

COMMON CORE STATE STANDARDS FOR MATHEMATICAL CONTENT		
STANDARD	**DESCRIPTOR**	**PAGE CITATIONS**
1.NBT.5	Given a two-digit number, mentally find 10 more or 10 less than the number, without having to count; explain the reasoning used.	SE 1B: 138–142, 143–149
1.NBT.6	Subtract multiples of 10 in the range 10-90 from multiples of 10 in the range 10-90 (positive or zero differences), using concrete models or drawings and strategies based on place value, properties of operations, and/or the relationship between addition and subtraction; relate the strategy to a written method and explain the reasoning used.	SE 1B: 101–110, 111–118, 234–241
1.MD MEASUREMENT AND DATA		
Measure lengths indirectly and by iterating length units		
1.MD.1	Order three objects by length; compare the lengths of two objects indirectly by using a third object.	SE 1A: 232–236, 246–252, 253 SE 1B: 1–5
1.MD.2	Express the length of an object as a whole number of length units, by laying multiple copies of a shorter object (the length unit) end to end; understand that the length measurement of an object is the number of same-size length units that span it with no gaps or overlaps. Limit to contexts where the object being measured is spanned by a whole number of length units with no gaps or overlaps.	SE 1A: 240–245, 246–252 SE 1B: 1–5
Tell and write time		
1. MD.3	Tell and write time in hours and half-hours using analog and digital clocks.	SE 1B: 164–169, 170–175, 176
Represent and interpret data		
1.MD.4	Organize, represent, and interpret data with up to three categories; ask and answer questions about the total number of data points, how many in each category, and how many more or less are in one category than in another.	SE 1B: 30–35, 36–41, 49
1.G GEOMETRY		
Reason with shapes and their attributes		
1.G.1	Distinguish between defining attributes (e.g., triangles are closed and three-sided) versus non-defining attributes (e.g., color, orientation, overall size); build and draw shapes to possess defining attributes.	SE 1A: 102–115, 141

COMMON CORE STATE STANDARDS FOR MATHEMATICAL CONTENT		
STANDARD	**DESCRIPTOR**	**PAGE CITATIONS**
1.G.2	Compose two-dimensional shapes (rectangles, squares, trapezoids, triangles, half-circles, and quarter-circles) or three-dimensional shapes (cubes, right rectangular prisms, right circular cones, and right circular cylinders) to create a composite shape, and compose new shapes from the composite shape.	SE 1A: 102–115, 122–129
1.G.3	Partition circles and rectangles into two and four equal shares, describe the shares using the words *halves*, *fourths*, and *quarters*, and use the phrases *half of*, *fourth of*, and *quarter of*. Describe the whole as two of, or four of the shares. Understand for these examples that decomposing into more equal shares creates smaller shares.	SE 1A: 102–115, 122–129

COMMON CORE STATE STANDARDS FOR MATHEMATICAL PRACTICE	
STANDARDS	**PAGE CITATIONS**
1. MAKE SENSE OF PROBLEMS AND PERSEVERE IN SOLVING THEM.	
How *Math in Focus*® Aligns: ***Math in Focus*®** is built around the Singapore Ministry of Education's mathematics framework pentagon, which places mathematical problem solving at the core of the curriculum. Encircling the pentagon are the skills and knowledge needed to develop successful problem solvers, with concepts, skills, and processes building a foundation for attitudes and metacognition. ***Math in Focus*®** is based on the premise that in order for students to persevere and solve both routine and non-routine problems, they need to be given tools that they can use consistently and successfully. They need to understand both the *how* and the *why* of math so that they can self-monitor and become empowered problem solvers. This in turn spurs positive attitudes that allow students to solidify their learning and enjoy mathematics. ***Math in Focus*®** teaches content through a problem solving perspective. Strong emphasis is placed on the concrete-to-pictorial-to-abstract progress to solve and master problems. This leads to strong conceptual understanding. Problem solving is embedded throughout the program.	*For example:* SE 1A: 4–12, 20–26, 30–36, 37, 59–62, 63, 87–93, 94–95, 102–115, 130–134, 138–140, 141, 151–163, 163–165, 189–194, 195, 215–220, 220–221, 246–252 SE 1B: 18–22, 23, 36–41, 49, 66–75, 76–77, 94–100, 101–110, 123–131, 143–149, 150, 170–175, 176, 213, 242–248, 249, 254–258, 263–266, 267, 296–301, 302–303

COMMON CORE STATE STANDARDS FOR MATHEMATICAL PRACTICE

STANDARDS	PAGE CITATIONS
2. REASON ABSTRACTLY AND QUANTITATIVELY.	
How *Math in Focus*® Aligns: ***Math in Focus*®** concrete-pictorial-abstract progression helps students effectively contextualize and decontextualize situations by developing a deep mastery of concepts. Each topic is approached with the expectation that students will understand both *how* it works, and also *why*. Students start by experiencing the concept through hands-on manipulative use. Then, they must translate what they learned in the concrete stage into a visual representation of the concept. Finally, once they have gained a strong understanding, they are able to represent the concept abstractly. Once students reach the abstract stage, they have had enough exposure to the concept and they are able to manipulate it and apply it in multiple contexts. They are also able to extend and make inferences; this prepares them for success in more advanced levels of mathematics. They are able to both use the symbols and also understand why they work, which allows students to relate them to other situations and apply them effectively.	*For example:* SE 1A: 20–26, 30–36, 42–54, 55–58, 59–62, 63, 87–93, 94–95, 138–140, 141, 151–163, 163–165, 189–194, 195, 215–220, 220–221, 232–236, 237–239, 246–252 SE 1B: 6–12, 18–22, 36–41, 66–75, 76–77, 101–110, 119–122, 123–131, 143–149, 150, 164–169, 170–175, 176, 182–192, 213, 242–248, 249, 254–258, 263–266, 296–301, 302–303
3. CONSTRUCT VIABLE ARGUMENTS AND CRITIQUE THE REASONING OF OTHERS.	
How *Math in Focus*® Aligns: As seen on the Singapore Mathematics Framework pentagon, metacognition is a foundational part of the Singapore curriculum. Students are taught to self-monitor, so they can determine whether or not their solutions make sense. Journal questions and other opportunities to explain their thinking are found throughout the program. Students are systematically taught to use visual diagrams to represent mathematical relationships in such a way as to not only accurately solve problems, but also to justify their answers. Chapters conclude with a Put on Your Thinking Cap! problem. This is a comprehensive opportunity for students to apply concepts and present viable arguments. Games, explorations, and hands-on activities are also strategically placed in chapters when students are learning concepts. During these collaborative experiences, students interact with one another to construct viable arguments and critique the reasoning of others in a constructive manner. In addition, thought bubbles provide tutorial guidance throughout the entire Student Book. These scaffolded dialogues help students articulate concepts, check for understanding, analyze, justify conclusions, and self-regulate if necessary.	*For example:* SE 1A: 4–12, 30–36, 87–93, 102–115, 122–129, 151–163, 215–220, 227–231 SE 1B: 119–122, 138–142, 143–149, 196–212, 254–258, 263–266, 296–301

COMMON CORE STATE STANDARDS FOR MATHEMATICAL PRACTICE

STANDARDS	PAGE CITATIONS
4. MODEL WITH MATHEMATICS.	
How *Math in Focus*® Aligns: ***Math in Focus*®** follows a concrete-pictorial-abstract progression, introducing concepts first with physical manipulatives or objects, then moving to pictorial representation, and finally on to abstract symbols. A number of models are found throughout the program that support the pictorial stage of learning. ***Math in Focus*®** places a strong emphasis on number and number relationships, using place-value manipulatives and place-value charts to model concepts consistently throughout the program. In all grades, operations are modeled with place-value materials so students understand how the standard algorithms work. Even the mental math instruction uses understanding of place value to model how mental arithmetic can be understood and done. These place-value models build throughout the program to cover increasingly complex concepts. Singapore Math® is also known for its use of model drawing, often called "bar modeling" in the U.S. Model drawing is a systematic method of representing word problems and number relationships that is explicitly taught beginning in Grade 2 and extends all the way to secondary school. Students are taught to use rectangular "bars" to represent the relationship between known and unknown numerical quantities and to solve problems related to these quantities. This gives students the tools to develop mastery and tackle problems as they become increasingly more complex.	*For example:* SE 1A: 37, 42–54, 59–62, 63, 69–78A, 79–83, 84–86, 87–93, 102–115, 116–121, 122–129, 130–134, 138–140, 163–165, 201–208, 215–220 SE 1B: 23, 49, 84–93, 94–100, 101–110, 111–118, 119–122, 123–131, 196–212, 213, 221–227, 228–233, 234–241, 242–248, 267, 302–303
5. USE APPROPRIATE TOOLS STRATEGICALLY.	
How *Math in Focus*® Aligns: ***Math in Focus*®** helps students explore the different mathematical tools that are available to them. New concepts are introduced using concrete objects, which help students break down concepts to develop mastery. They learn how to use these manipulatives to attain a better understanding of the problem and solve it appropriately. ***Math in Focus*®** includes representative pictures and icons as well as thought bubbles that model the thought processes students should use with the tools. Several examples are listed below. Additional tools referenced and used in the program include clocks, money, dot paper, place-value charts, geometric tools, and figures.	*For example:* SE 1A: 4–12, 13–19, 20–26, 30–36, 42–54, 87–93, 102–115, 122–129, 135–137, 163–165, 171–176, 177–180, 181–188, 237–239, 240–245, 246–252 SE 1B: 6–12, 13–17, 18–22, 23, 49, 57–62, 63–65, 66–75, 94–100, 111–118, 119–122, 123–131, 138–142, 143–149, 176, 182–192, 193–195, 196–212, 242–248, 254–258, 286–295, 302–303

COMMON CORE STATE STANDARDS FOR MATHEMATICAL PRACTICE

STANDARDS	PAGE CITATIONS
6. ATTEND TO PRECISION.	
How *Math in Focus*® Aligns: As seen in the Singapore Mathematics Framework, metacognition, or the ability to monitor one's own thinking, is key in Singapore Math®. This is modeled for students throughout ***Math in Focus***® through the use of thought bubbles, journal writing, and prompts to explain reasoning. When students are taught to monitor their own thinking, they are better able to attend to precision, as they consistently ask themselves, "does this make sense?" This questioning requires students to be able to understand and explain their reasoning to others, as well as catch mistakes early on and identify when incorrect labels or units have been used. Additionally, precise language is an important aspect of ***Math in Focus***®. Students attend to the precision of language with terms like factor, quotient, difference, and capacity.	*For example:* SE 1A: 4–12, 42–54, 69–78A, 87–93, 102–115, 122–129, 151–163, 171–176, 209–214, 215–220, 227–231 SE 1B: 94–100, 111–118, 119–122, 129, 138–142, 143–149, 242–248, 249, 254–258, 263–266, 286–295, 296–301
7. LOOK FOR AND MAKE USE OF STRUCTURE.	
How *Math in Focus*® Aligns: The inherent pedagogy of Singapore Math® allows students to look for, and make use of, structure. Place value is one of the underlying principles in ***Math in Focus***®. Concepts in the program start simple and grow in complexity throughout the chapter, year, and grade. This helps students master the structure of a given skill, see its utility, and advance to higher levels. Many of the models in the program, particularly number bonds and bar models, allow students to easily see patterns within concepts and make inferences. As students progress through grade levels, this level of structure becomes more advanced.	*For example:* SE 1A: 26, 87–93, 141, 189–194, 220–221 SE 1B: 18–22, 66–75, 76–77, 150, 249, 267
8. LOOK FOR AND EXPRESS REGULARITY IN REPEATED REASONING.	
How *Math in Focus*® Aligns: A strong foundation in place value, combined with modeling tools such as bar modeling and number bonds, gives students the foundation they need to look for and express regularity in repeated reasoning. Operations are taught with place value materials so students understand how the standard algorithms work in all grades. Even the mental math instruction uses understanding of place value to model how mental arithmetic can be understood and done. This allows students to learn shortcuts for solving problems and understand why they work. Additionally, because students are given consistent tools for solving problems, they have the opportunity to see the similarities in how different problems are solved and understand efficient means for solving them. Throughout the program, students see regularity with the reasoning and patterns between the four key operations. Students continually evaluate the reasonableness of solutions throughout the program; the consistent models for solving, checking, and self-regulation help them validate their answers.	*For example:* SE 1A: 20–26, 30–36, 42–54, 59–62, 69–78A, 79–83, 84–86, 87–93, 171–176, 189–194, 195, 209–214, 215–220 SE 1B: 76–77, 84–93, 94–100, 101–110, 111–118, 119–122, 123–131, 138–142, 143–149, 213, 221–227, 228–233, 234–241, 242–248, 254–258